Raid Sabbah

DER TOD IST EIN GESCHENK

Raid Sabbah

DER TOD IST EIN GESCHENK

Die Geschichte eines Selbstmordattentäters

DROEMER

INHALT

»Man versorge die Armen der Völker mitsamt den Armen Israels, man besuche die Kranken der Völker mitsamt den Kranken Israels und man begrabe die Toten der Völker mitsamt den Toten Israels – des Friedens wegen.«

aus dem Talmud, dem grundlegenden Werk der jüdischen Glaubenslehre

»Seid keine Opportunisten und sagt: Wenn die Menschen gut sind, so sind auch wir gut, und wenn die Menschen Unterdrückung ausüben, so üben auch wir Unterdrükkung aus, sondern eignet euch an, dass, wenn die Menschen gut sind, ihr gut seid, und wenn sie schlecht sind, ihr trotzdem kein Unrecht tut!«

aus den Hadithen, den Worten des Propheten Mohammed

VORWORT

Ihnen ist die Munition ausgegangen. Ihre Kräfte haben sich erschöpft. Ihr Kampf neigt sich langsam dem Ende zu. Sie sitzen im Flüchtlingslager von Dschenin fest. Um sie herum wüten Planierraupen, bringen jedes Haus zum Einsturz. Jamal, Mahmud, Muhammed, Ibrahim und einige andere junge palästinensische Männer warten. Darauf, dass auch sie unter den Trümmern begraben werden. Mehrere tausend Kilometer südöstlich geht ein Anruf im Sender »Al Dschasira« in Katar ein. Die Männer schildern ruhig, schon fast andächtig ihre ausweglose Situation. In der Redaktion hingegen herrscht Aufregung. Während der Nachrichtensendung stehen dem Sprecher Rat- und Fassungslosigkeit ins Gesicht geschrieben. Was soll er sagen? Wie soll er sich verhalten? Was kann er machen? Rauschen. Ein Knacken in der Leitung. Dann wird die Verbindung unterbrochen. Stille. Totenstille ...

Als ich das erste Mal mit den Männern in Dschenin zusammentraf, hörten sie mir aufmerksam zu. Ich erzählte ihnen über dieses Buch, über meine Intention, über meine unaufhörlichen Versuche aufzuklären, den Menschen ein halbwegs authentisches Bild des alltäglichen Lebens der Palästinenser unter der Besatzung und dem Friedensdiktat der Israelis im Westjordanland und im Gaza-Streifen zu vermitteln. Ich bat sie um ihre Hilfe. Jamal, dessen Gewehr immer in seinem Schoß lag, runzelte die Stirn. Ich sagte: »Ich möchte, dass ihr mir in Bildern erzählt, Alltägliches, Banales, Notizen eines Blickes auf eine mir fremde Wirklichkeit.« Jamal lachte und erwiderte: »Du redest wie einer, der zu viel gelesen und nichts erlebt hat. Unser Kampf, mein Bruder, wird niemals zu Ende sein, für uns nicht, für die anderen nicht, niemals, es ist ein Kampf auf Raten. Und wenn wir unser Ziel erreicht haben oder dies zumindest glauben, jagen uns anstelle der israelischen Soldaten oder der palästinensischen Behörden die Erinnerungen. Wir haben an alles gedacht und leben dennoch wie Gespenster, unsichtbar, in einer parallelen Welt. Aber wir werden dir helfen!« Diese wenigen Worte waren der Beginn einer intensiven, wenn auch nur kurzen Freundschaft, denn viele der Männer sind inzwischen dem Sharonschen Kugelhagel zum Opfer gefallen.

Lange, sehr lange, habe ich darüber nachgedacht, ob ich dieses Buch schreiben kann und will, und wenn ja, wie ich es schreiben soll. Ich weiß jetzt, dass ich es mir und all jenen Menschen, die mir zugehört, geholfen und an mich geglaubt haben, schuldig bin. Alle Stimmen, die ich während meines Aufenthalts vernommen habe, möchte ich hier in der Geschichte einer besonderen Person bündeln, einem jungen Mann, dessen Lebensbericht zu einem wesentlichen Teil diesem Buch zugrunde liegt. Ich habe ihm den Namen Said gegeben, denn seine wahre Identität durfte er mir nicht verraten und ich hätte sie auch nicht wissen wollen. Wenn wir uns im Schutze der Dunkelheit trafen, war er stets vermummt; doch er zögerte nicht, mir Nacht für Nacht tiefe Einblicke in sein Leben zu gewähren.

Ich hoffe, dass mein Bericht all jenen gerecht wird, die ich getroffen und in mein Herz geschlossen habe. Mögen sie ihr Ziel erreichen, ohne dass sie selbst oder andere Schaden nehmen …

EINLEITUNG

Ein kurzer Blick auf die Ereignisse des 21. März 2002, jenem Donnerstag, an dem ich von Dschenin nach Jerusalem zurückfuhr, um einige Stunden später meine Rückreise nach Deutschland anzutreten: Ich ging am Nachmittag durch die kleinen und verlassenen Gassen der Altstadt Jerusalems – in diesen Zeiten der Intifada schlossen die Läden bereits um 15.00 Uhr, zumindest im arabischen Teil –, den Kragen meines Hemdes eng an den Hals gedrückt.

Dieser letzte Tag in der Stadt erfüllte mich aus einem mir unerklärlichen Grund mit Unbehagen. Vielleicht lag es an dem rauen Wetter, denn durch die schmalen Gassen wehte ein kalter Wind und die tief über den Hausdächern liegenden Unheil verheißenden, dunklen Wolken ergossen sich von Zeit zu Zeit in kurzen, aber heftigen Regenschauern. Oder lag es an dem Gefühl, das man durchaus als Vorahnung hätte bezeichnen können – eine Vorahnung dessen, was nach den letzten drei Wochen voller Anspannung und Ängste noch passieren könnte oder vielmehr passieren würde. In Anbetracht der Tatsache jedoch, dass ich glaubte, nun das Schlimmste hinter mir zu haben, verwarf ich diese Gedanken und schlenderte weiter in Richtung Damaskus-Tor, vorbei an den leeren Auslagen der Geschäfte, vorbei an den Kaffeehäusern, aus denen in meiner Erinnerung noch immer arabische Musik, gepaart mit laut diskutierenden Männerstimmen erklang, vorbei an einem jungen Palästinenser, der geduldig die Prozedur einer Ausweiskontrolle durch zwei gleichaltrige, mit Rucksäcken bepackte Soldaten über sich ergehen ließ. Vorbei an Bildern und Situationen eines Landes, das ein Großteil der Menschheit heilig nennt, das in Wirklichkeit jedoch alles andere als das ist. Wenig später befand ich mich außerhalb der Stadtmauern vor dem Damaskus-Tor an der Suleiman Street. Blickte man hoch zum Hebron-Tor, konnte man erkennen, dass zusätzlich zu der mit Stacheldraht besetzten meterhohen Mauer in den Köpfen der Menschen eine weitere hinzu gekommen war. Die Prophet Street war gesperrt und eine massive Blechwand, die sich über den Platz erstreckte, hinderte den Straßenverkehr daran, von Ost nach West zu gelangen. Zu Fuß hingegen war es noch immer möglich, die Suleiman Street hinaufzugehen, um die Shlomo Hamelek Street und damit auch den israelischen Teil Jerusalems zu erreichen.

Noch bevor ich zu meinem kleinen Nachmittagsspaziergang aufgebrochen war, hatte ich mich unglaublich schläfrig gefühlt. Das war keine normale Müdigkeit. Es war ein intensives, übermächtiges Schlafbedürfnis. Diese Schläfrigkeit war dabei, mich allen Bewusstseins zu entkleiden. Und das war auch nicht weiter verwunderlich, denn ich war an diesem Tag gegen vier Uhr morgens aus Dschenin aufgebrochen, um der Gefahr zu entgehen, mehrere Stunden an einer der Straßensperren, die die israelische Armee vorwiegend an den Hauptverkehrsstraßen im Westjordanland errichtet hatte, warten zu müssen. In den Nächten zuvor war an Schlaf ohnehin kaum zu denken gewesen. Denn wenn der Schleier der Dunkelheit sich über Dschenin legte, machten israelische Einheiten immer wieder kleine Abstecher in das Flüchtlingslager und in den Ostteil der Stadt. Begleitet von einem Panzer fielen sie zumeist in die Wohngebiete ein, wo sie bewaffnete

Kämpfer vermuteten, und durchkämmten die Gegend. Es kam auch vor, dass sie mancherorts sogar Sprengsätze an Häuser anbrachten, ohne zu wissen, wer sich wirklich darin befand, um im nächsten Moment auf den Auslöser zu drücken. Nacht für Nacht. Immer wieder derselbe Höllenlärm. Explodierende Granaten, Feuergefechte, Detonationen, Sirenen unmöglich, auch nur wenige Stunden Schlaf zu finden. Neben mir lagen zwei meiner jüngeren Cousins, die sich vor Angst unter der Bettdecke verkrochen. Leise, ganz leise hörte ich sie manchmal schluchzen. Und immer dann, wenn ich glaubte, mich an den Kriegslärm und das Schluchzen der Knaben einigermaßen gewöhnt zu haben, begann ein weiterer, nicht weniger schauerlicher Tumult. Es waren die Hähne meines Onkels, dessen Haus nur wenige Meter von dem meiner Großeltern entfernt lag. Die Angst raubte ihnen jegliches Zeitgefühl. Sie schrien sich die Seele aus dem Leib. Es schien, als ob sie jede Maschinengewehrsalve, jede explodierende Granate, jede Detonation mit einem Kikeriki beantworteten. Und obwohl es nur zwei Hähne waren, mochte man meinen, dass sich nach und nach alle Hähne dieser traurigen Stadt anschlossen, um den Schmerz hinauszuschreien, mit einem einzigen, gewaltigen Laut, das den nächtlichen Kriegslärm übertönte und zu einem menschlichen Aufschrei, zu einem verzweifelten Hilferuf der vergessenen Seelen wurde.

Ich machte mich auf den Weg zur Shlomo Hamelek Street. An der blechernen Absperrung gelangte ich zwischen Verkaufsstände, wo einige Frauen am Boden sitzend und unter einem notdürftig aus verschiedenen Plastikplanen zusammengeflickten Behelfsdach auf Kundschaft warteten. Sie hatten Hemden, Hosen, Kleider, Schuhe und allerlei billigen Schmuck auf dem Boden ausgelegt. Ihre Gesichter zeugten von grenzenloser Trostlosigkeit.

Das Licht der Zuversicht schien in ihren feuchten Augen erloschen zu sein. Was war es, das sie den weiten Weg von ihrem Heimatdorf hatte zurücklegen lassen? Die Hoffnung auf zumindest einen Kunden an diesem kalten und regnerischen Tag? Oder die Hoffnung auf ein besseres Leben? Aber war das nicht dasselbe? Als ich schon lange an ihnen vorbeigegangen war, spürte ich noch immer ihre argwöhnischen Blicke. An diese hatte ich mich allerdings bereits gewöhnt, denn besonders in den palästinensischen Autonomiegebieten hielt man mich meines Aussehens wegen für einen Israeli. So auch, als ich beispielsweise in Dschenin das ehemalige Haus meiner Großeltern oder vielmehr den Ort, wo es einst gestanden hatte, aufsuchte. Über mir kreisten unaufhörlich Apache-Hubschrauber. Cashewnüsse essend stand ich wenige Meter davon entfernt in einem anderen Hauseingang und rief mir jene Zeit ins Gedächtnis, die ich als Kind dort verbracht hatte. Mir kamen meine Cousins und Cousinen in den Sinn, wie wir auf der Straße unbeschwert gespielt hatten, jeden nur erdenklichen Unfug trieben, jedoch immer auf der Hut vor den möglicherweise im nächsten Moment aus dem Nichts auftauchenden israelischen Militärjeeps, die nicht im Geringsten auf spielende Kinder Rücksicht zu nehmen pflegten. Es waren ja nur palästinensische Kinder! Und während ich weiterhin die Nüsse aß, hielt das Heute die Vergangenheit mit der Erinnerung eng umschlungen. Ringsherum herrschte völlige Stille. Mir war, als würde sich die Wehmut in Form eines Schnurknäuels in die Magengrube legen. Plötzlich ertönte lautes Motorengeräusch, riss mich aus meinen friedlich nostalgischen Gefühlen und brachte mich wieder dorthin zurück, wo ich mich gerade befand. In diesem Augenblick hielten mit quietschenden Reifen vier verschiedene Fahrzeuge. Die Türen wurden aufgerissen und aus den Autos sprangen insgesamt zwölf Männer, allesamt schwer bewaffnet. Sie postierten sich um mich herum. Einer von ihnen fragte mich harsch, wer ich denn sei. Ich erwiderte leicht verunsichert, dass ich Raid Sabbah hieße. »Was machst du hier?« Den eigentlichen Grund meines Aufenthalts verschweigend, sagte ich ihm, dass ich meine Verwandten besuchen wollte. Er runzelte die Stirn. Unter seinem ergrauten Schnurrbart spitzten sich die Lippen vorsichtig zu einer weiteren Frage. »Und was machst du hier … ich meine in dieser Straße?« »Dort drüben, seht ihr dieses neue Haus?« Ich zeigte auf das mächtige, kalksteinfarbene Gebäude, das sich nun an dem Ort meiner Erinnerungen erhob. »Dort stand einmal das Haus meiner Großeltern!« Ich nannte ihm den Namen der Familie, griff in meine Brusttasche und gab ihm meinen Pass. Eine kurze Pause. Während er das Bild und den Namen in dem Pass betrachtete, schien er angestrengt zu überlegen. »Dann bist du der Cousin von Muhammad, … der aus Deutschland!«, sagte ein breitschultriger, kahlrasierter junger Mann, der direkt neben mir stand. Ich nickte. Er klopfte mir auf die Schulter und lächelte aufatmend. »Muhammad ist ein enger Freund von mir. Er hat neulich erwähnt, dass sein Cousin Raid nach Dschenin kommt.« Der Mann, der mich anfangs befragt hatte, gab mir meinen Pass und trat einen Schritt zurück. Er entschuldigte sich aufrichtig für die Unannehmlichkeiten. »In diesen Zeiten können wir nicht vorsichtig genug sein. Wie du selber weißt, gibt es unter uns viele Spitzel, die für die israelische Seite arbeiten und die Armee mit Informationen versorgen. Deshalb müssen wir jeden Verdächtigen aufgreifen und befragen.« Dann verabschiedeten sie sich unter zahlreichen weiteren Entschuldigungen und verschwanden genau so schnell wie sie aufgetaucht waren. Später stellte sich heraus, dass das Haus, vor dem ich mich aufgehalten hatte, ein kleines Labor beherbergte, in dem TNT hergestellt wurde. Man hatte die Sicherheitsbeamten gerufen, weil man vermutet hatte, dass ich aufgrund meines Aussehens ein israelischer Soldat in Zivil sei, der die über mir kreisenden Apache-Hubschrauber zu diesem Haus lotsen wollte. Ich war peinlich berührt über diesen Vorfall, denn das Letzte, was ich wollte, war in dieser Hinsicht aufzufallen, zumal es sich in Dschenin so verhielt, dass über tausendundeine Ecke fast jeder jeden kannte. Aber ihre Vorsicht, aus der Angst erwachsen, konnte ich durchaus nachzuvollziehen.

Weiter oben, unweit der Jaffa Street, dort, wo bereits zwei Wochen zuvor ein Selbstmordattentäter in der Aufmachung eines orthodoxen Juden seine grausame Mission gleich neben dem Amtssitz des israelischen Premierministers Ariel Sharon erfüllt hatte, standen zwei palästinensische Jugendliche mit ausgestreckten Armen, gespreizten Beinen und ihrem Gesicht an die Altstadtmauer gepresst. Sie wurden von einer Gruppe Soldaten durchsucht und befragt. Ich ging an ihnen scheinbar desinteressiert vorbei, blieb aber kurz darauf in sicherer Entfernung stehen und beobachtete das Prozedere. Man ging mit den jungen Männern nicht gerade glimpflich um. Einer der Soldaten, mit Sicherheit nicht älter als 18 oder 19 Jahre, packte einen der Jugendlichen an den Haaren und knallte immer wieder seinen Kopf gegen die Mauer, während er ihn anschrie, ließ aber auf Anweisung seines Vorgesetzten in olivgrüner Montur und einer Mütze, die zusammengerollt wie ein Köcher unter der linken Schulterklappe seines Uniformhemds steckte, wieder von ihm ab. In Jerusalem waren bekanntermaßen viele Touristen unterwegs, denen man solche Anblicke ersparen wollte. Die Aggression, die Willkür und die ungezügelte Gewaltbereitschaft, die von den jungen Soldaten ausging, war mir noch in lebhafter Erinnerung, hatte ich sie auf meiner Reise doch fast am eigenen Leib erleben müssen.

Wenige Tage nach meiner Ankunft musste ich nach Ramallah, in die Hauptstadt der Autonomiegebiete, denn ich hatte dort eine Verabredung mit einem ranghohen Vertreter der Autonomiebehörde. Unter normalen Umständen hätte man Ramallah von Ostjerusalem aus mit einem Sammeltaxi innerhalb von 45 Minuten erreichen können. Da es aber auf dem Weg dorthin zwei nahezu unpassierbare Straßensperren gab – die erste nannte sich Machsum A'Rum, die zweite Machsum Qalandia (Machsum ist hebräisch und bedeutet Straßensperre) –, betrug die Anfahrtszeit das Doppelte. Ein Machsum beschränkt sich nicht nur auf Fahrzeuge, sondern schließt auch Fußgänger mit ein. Sollten die Soldaten uns also nicht wohlgesonnen sein, so würde das bedeuten, einen kleinen, aber dennoch beschwerlichen Fußmarsch in Kauf nehmen zu müssen. Wir hatten Glück! Sie ließen uns durch. Nun hieß es noch die Straßensperre von Qalandia zu passieren, was ein äußerst schwierigeres Unterfangen war, wie mir eine Frau versicherte, die ich im Sammeltaxi kennen lernte. Sie sagte, es gäbe Tage, da wäre es weitaus einfacher zum Mond zu reisen, als über Qalandia nach Ramallah zu gelangen. Und doch nehme sie dieses Wagnis Tag für Tag, Woche für Woche, Monat für Monat in Kauf, denn was bliebe ihr auch anderes übrig. Sie müsse schließlich von irgend etwas leben und arbeite hierzu in Jerusalem. Dann lachte sie. Ein Lachen, in dem weder Freude noch Fröhlichkeit lag, sondern nichts als pure Verzweiflung.

Nachdem alle Straßen – auch die Schleichwege – nach Ramallah gesperrt waren, niemand in Qalandia durchgelassen wurde und ich unbedingt die Verabredung einhalten wollte, war ich gezwungen, mein Glück auf eine andere Weise herauszufordern. Ich stellte mich ungefähr hundert Meter vor den Machsum Qalandia. Die linke Hand hielt ich mit meinem deutschen Pass in die Höhe, so dass die Israelis die von den üblichen Ausweisen abweichende Farbe erkennen konnten. Der Unteroffizier, der sich vor einem provisorischen Unterstand mit einer M16 im Anschlag postiert hatte, winkte mich zu sich. In der Barrikade befand sich ein weiterer in meine Richtung zielender Soldat. Ich ging nun ganz langsam, ohne irgendwelche ruckartigen Bewegungen zu machen, an den überall auf der Fahrbahn aufgestapelten Sandsäcken vorbei, direkt auf den Unteroffizier zu. Durch ein warnendes Handzeichen forderte er mich auf, wenige Meter vor ihm stehen zu bleiben. Noch immer waren die Waffen beider Soldaten auf mich gerichtet. Meine zitternden Hände wurden feuchter und feuchter. Schweiß rann mir den Rücken herunter. Was wäre, wenn irgendjemand der wartenden Menge hinter mir die Geduld verlieren oder eine unvorsichtige Bewegung machen würde? Die Soldaten sahen nicht so aus, als ob sie auch nur eine Sekunde zögern würden zu schießen, denn Angst war ihnen ins Gesicht geschrieben – die Angst davor, genau wie jene Soldaten zu enden, die nur wenige Tage zuvor einem Selbstmordattentat an einem Machsum in der Nähe von Nablus zum Opfer gefallen waren. Der Unteroffizier nahm mir den Pass aus der Hand, gleich einem Krokodil, das blitzschnell nach seiner Beute greift, und blätterte in ihm. Sein Gesicht wirkte versteinert. Unbeeindruckt gab er mir den Pass kurz danach zurück, musterte mich mit durchdringenden Blicken und warf mir irgendwelche hebräische Wortfetzen vor die Füße, die ich nicht verstehen konnte. Er bedeutete mir, dass ich nun passieren dürfe. Mein Herz pochte auf Hochtouren. Ich beeilte mich auf die andere Seite zu gelangen, dorthin, wo Taxis auf die Reisenden und Pendler warteten.

Doch als ich mich in Sicherheit wähnte, geschah etwas,

das mich wenig später vor Schreck und Fassungslosigkeit erstarren lassen sollte. Als ich einen Wagen erreichte, hörte ich hinter mir Schüsse. Erst einen, dann einen zweiten. Ich riss die Autotüre auf, und in dem Moment, in dem erneut ein Schuss abgefeuert wurde und ich mich gerade in den Wagen hinein schwang, schlug die dritte Kugel in die Verkleidung an der Innenseite der Wagentüre ein. Der Fahrer trat ohne einen Moment zu zögern auf das Gaspedal und wir rasten im nächsten Augenblick so schnell wie nur irgend möglich aus der Gefahrenzone. Sprachlos saß ich auf dem Rücksitz. Ich war wie gelähmt. Alles war so unglaublich schnell vonstatten gegangen. Sie hatten tatsächlich auf mich geschossen. Aber warum? Wenn sie mich hätten treffen wollen, so wäre es ein Leichtes gewesen, mir eine Kugel in den Rücken zu jagen. Schließlich kam ich zu der Erkenntnis, dass es reine Willkür gewesen sein muss. Es hätte an diesem Tag jeden treffen können. Wirklich jeden. Kurzum, wer auch immer dort durch wollte, ob Kind, Mann oder Frau, musste damit rechnen, in der nächsten Sekunde eine Kugel an irgend einer Stelle im Körper zu haben, weil zumindest diesen jungen Grenzposten ein Menschenleben schlichtweg egal war.

Ich war nun im israelischen Teil Jerusalems auf der Höhe der Queen Shlomzion Street und ging am Rande des Independence Park die Gershon Argon Street entlang. Wieder ergossen sich die Wolken auf die Stadt. Sie nahmen teilweise seltsame Formen an. Mir war, als ob sie ihre gesamte Verachtung der Menschheit gegenüber heute auf diesen Boden niederregnen lassen wollten. Die Leute, deren Weg ich kreuzte, eilten an mir vorbei. Schnell, schnell den Ort erreichen, wo sie hinmussten. Bloß keine Zeit auf der Straße vergeuden. Man weiß nie, was im nächsten Moment passieren könnte. In den halbleeren

Linienbussen, die an mir vorbeifuhren, verrieten die Gesichter der Fahrgäste eine beklemmende Anspannung. Die Angst vor einem Attentat war allgegenwärtig. An jeder Bushaltestelle, in jedem Bus, auf der Straße, in den Cafés und Restaurants.

Wenn man sich den Verlauf der letzten Jahrzehnte vor Augen führen würde, und das unter Berücksichtigung aller unterschiedlichen Interessen und Ereignisse, die Besatzungs- und Siedlungspolitik im Westjordanland, die Sicherheitsinteressen Israels, die tagtäglichen Demütigungen der palästinensischen Bevölkerung, die Opfer ihres Kampfes für Freiheit und staatliche Souveränität, heute und ehemals, die regelmäßigen Attentate, die die israelische Bevölkerung zu erleiden hat und die ungewiss vor sich hin tickende Zukunft, dann hat dieses Land mit Glauben in seinem tiefsten Sinn wenig zu tun. Und dennoch strömen unzählige Moslems in die Moschee auf dem Haram A'Sharif, Christen in die Geburtskirche, Juden zur Klagemauer. Sie beten zu Allah, dem Gütigen, zu Gott, dem Barmherzigen, zu Elokim, dem Gerechten. Sie preisen Ihn. Sie bitten Ihn, sie zu erhören. Sie, die nichtsnutzigen Würmer auf Gottes Erde. Und mit ihren flehentlichen Bitten hoffen sie, dass ihnen Untaten vergeben werden, ohne dass sie sich selbst oder ihresgleichen vergeben können, vergeben wollen.

Im selben Moment, als ich noch immer in Gedanken vertieft in die King George Street einbog, zerriss ein gigantischer Knall die feucht kühle Luft. Fensterscheiben zersprangen in tausend Scherben, die zusammen mit Nägeln aus der Bombe und abgetrennten Gliedmaßen durch die Luft flogen. Ich blieb wie angewurzelt stehen. Der Boden erzitterte. Er bebte. Die Straße glich einem kleinen Boot, das über ein mit meterhohen Wellen aufgepeitschtes Meer tuckerte. Dann, einige Sekunden später, war alles vorbei und eine reglose Stille senkte sich herab, die gerade so viel Zeit ließ, die Blicke der anderen auf der Straße befindlichen Personen einzufangen und festzustellen, dass auch sie dem, was gerade geschehen war, mit vor Schrecken erstarrtem Gesichtsausdruck gegenüberstanden. Ich hörte schmerzerfüllte Schreie, panisch kreischende Hilferufe. Meine Blicke nahmen unverzüglich ihre Suche auf. Sie schnellten von links nach rechts, von oben nach unten. Ich drehte mich in alle Himmelrichtungen, versuchte auszumachen, wo die Detonation stattgefunden hatte, wo der Ort des Grauens lag. Dann sah ich ihn, vielleicht 200 oder 300 Meter vor mir. Überall auf dem Boden verstreut lagen Glassplitter, Stühle, die vom Gehweg auf die Straße geschleudert wurden, von der Druckwelle abgerissene Arme und Beine und Hautfetzen auf dem blutroten Asphalt. Das, was ich dort gesehen hatte, waren die Überreste eines jungen Palästinensers, Muhammad Hashaika, aus dem kleinen Dorf Taluza in der Nähe von Nablus, der sich und einige israelische Zivilisten mittels einer selbstgebastelten und mit Nägeln versehenen Bombe in die Luft gesprengt hatte.

Noch immer konnte ich mich nicht bewegen. Fassungslosigkeit, Übelkeit. Der Schock steckte tief in jedem auch noch so kleinen Knochen meines Körpers. Ich wollte weg, nicht weiter diesen Anblick ertragen müssen, aber meine Füße gehorchten mir nicht. Sie waren taub. Taub vor Entsetzen. Vielleicht sollte es so sein! War dies die Vorahnung, die ich anfangs gehabt hatte? Mir schien, dass mir jemand diesen teuflischen Kreislauf in seinem gesamten Ausmaß vor Augen führen wollte. Der unglaubliche, der einfach nicht zu fassende Kreislauf von Geburt und Tod. Als würde irgendein Teufel persönlich am Rad des Lebens stehen und im Schweiße seines Angesichts Leid und Schrecken für die Menschheit herauskurbeln.

Plötzlich packte mich ein Polizist an meinem Arm und schrie, ich solle mich in Sicherheit bringen. Ich beeilte mich von hier weg zu kommen. Es hätte fatale Konsequenzen, hätte man festgestellt, dass ich Palästinenser war. Ich ging schneller und schneller, hastete durch die Gershon Argon, hinauf zur Shlomo Hamelek, dann weiter zur Suleiman Street, bis ich endlich vollkommen außer Atem am Damaskus-Tor ankam. Ich blieb dort regungslos stehen, holte tief Luft und blickte ins Leere. Als ich nachzudenken versuchte, spürte ich ein Pochen tief innen in meinem Kopf. In meiner Wahrnehmung herrschte ringsherum völlige Stille. Leise, als ob in der Ferne jemand spräche und sich nach und nach näherte, vernahm ich einen klagenden Aufschrei, der sich immer wieder aufs Neue wiederholte. Plötzlich erhallte die Stimme in aller Deutlichkeit in den Straßen von Jerusalem. Es war der Aufschrei des von unvorstellbaren Schmerzen gepeinigten Jesus am Kreuz. »Elî, Elî, lamâ sabachtanî?« – »Mein Gott, mein Gott, warum hast Du mich verlassen?«

SAIDS LETZTE WORTE

Mein Schicksal steht vor der Tür. Es klopft und klopft. Immer lauter und lauter. Und irgendwann wird es durch diese Tür regelrecht durchbrechen. Wenn Allah will, so wird dies meine letzte Nacht sein. Ich habe Euch nicht viel zu sagen. Nur einige wenige Worte. Hört sie Euch an. Hört auch Ihr sie, die Ihr in den Ministerien dieser Welt sitzt und mit Euren Kürzeln über das Schicksal von Millionen Menschen entscheidet. Ihr, die Ihr Euch mit aller Gewalt das anzueignen versucht, was Euch nicht gehört und was Euch nie gehören wird. Ihr, die Ihr vorgebt, im Namen der Menschlichkeit, der Gerechtigkeit und der Freiheit zu handeln.

Ihr haltet uns für Terroristen, für Menschen, die keinerlei Skrupel haben, andere – unschuldige Frauen, Männer und Kinder – mit in den Tod zu reißen. Ihr haltet uns für junge Männer, die so fanatisch sind, sich und ihresgleichen im Namen ihrer Religion mittels einiger Kilogramm TNT in die Luft zu jagen, ob nun in einem Bus oder Flugzeug, in einem Restaurant oder auf der Straße. Und Ihr glaubt, dass uns der Anblick von zerfetzten Leibern, blutgetränktem Asphalt und weinenden Müttern und Kindern Freude bereitet. So, wie es uns Freude bereitet, eine ganze Nation in Angst und Schrecken zu versetzen.

Ihr irrt, denn der Fanatismus und Terror hat seine Wurzeln in Eurem Bestreben, sich die Welt untertan machen zu müssen. Ohne Unterlass schickt Ihr die Planierraupen der Demokratie und die Freiheit verheißenden

Dampfwalzen aus – mancherorts nehmen sie sogar die Gestalt von Leben vernichtenden Splittergranaten und mörderischen Raketen an. Ohne Unterlass wüten sie, zerstören alles, was uns heilig ist, alles, was unsere Vorväter, Väter und wir geschaffen haben, alles, was wir Kultur und Religion nennen – jene Errungenschaften unserer Geschichte, die wir in uns tragen, gleich einer Mutter, die ihr Kind in sich trägt, bis es eines Tages das Licht der Welt erblickt. Eine Welt, die grausamer nicht sein könnte, weil sie den Boden unter den Füßen der noch Ungeborenen verschachert hat. Und alles im Namen der Herrschaft des Volkes und der Freiheit. Es ist aber nicht unsere, sondern Eure Freiheit!

Wir trauern um die Toten in den Restaurants, Diskotheken, Bussen und um jene, die auf den Straßen ihr Leben lassen mussten. Aber wer von Euch trauert um unsere Toten? Sind sie vergessen? War ihr Leben so viel weniger wert als das der Euren? Ist das der Geist Eurer Demokratien, Eurer Verfassungen, Eurer Gesetze, Eurer Gerichte? Diese traurigen Seelen finden keine Beachtung. Ihnen bekundet Ihr keine uneingeschränkte Solidarität. Das Recht ist immer nur auf der Seite derer, die es ohnehin schon haben, derer, die stärker zu sein glauben.

Wir wollen weder Euer geheucheltes Mitleid, noch Eure selbstgefällige Solidarität. Was wir wollen, ist, dass Ihr uns unser Recht zugesteht, ohne Wenn und Aber. Unser Recht auf unseren Grund und Boden, unser Recht auf unsere eigene Kultur und Religion. Unser Recht auf ein Leben, wie Ihr es führt. Ein Leben in Frieden, ein Leben in unseren eigenen Grenzen und mit unseren selbst geschaffenen Problemen. Und dafür werden wir kämpfen, koste es was es wolle …

I
MITTWOCH NACHT

Es war spät nachts. *Ich folgte Jamal und einigen seiner schwerbewaffneten Leibwächter durch das Gassengewirr des menschenleeren Muchajiam Dschenins, dem Flüchtlingslager der Stadt. Obwohl ich schon unzählige Male hier gewesen war, war es mir schlichtweg unmöglich, mich in diesem Labyrinth zurecht zu finden. Eine spärlich beleuchtete Gasse ging in die nächste über, schlängelte sich zwischen den provisorischen Behausungen oder Blechbaracken hindurch und führte auf einen kleinen Platz, der mit Müll und Unrat übersät war. In den Betonboden der Gassen waren kleine Vertiefungen eingelassen, in die das Abwasser aus den Haushalten floss, was im gesamten Muchajiam einen unangenehm beißenden Geruch verbreitete. Auf engstem Raum – im Schnitt leben hier in einem Zimmer vier bis sechs Personen – fristen im Flüchtlingslager von Dschenin ungefähr 15.000 Palästinenser ein armseliges und von der Außenwelt unbeachtetes Dasein.*

Jamal gegenüber hatte ich viel Überzeugungsarbeit leisten müssen – manchmal saß er mit verschränkten Armen vor mir, lächelte ungläubig, während er dabei den Kopf schüttelte –, bis er letzten Endes aber doch eingewilligt hatte, ein Treffen mit einem seiner Schützlinge zu organisieren. Jamal leitete die Märtyrer-Operationen, plante sie akribisch und suchte für die Attentate die Freiwilligen aus, allesamt junge und gläubige Moslems. Nachdem er jahrelang die Abteilung für die »Jugendarbeit« von Jassir Arafats Fatah-Bewegung geleitet und sich deshalb oft in Europa und in den Vereinigten Staaten aufgehalten hatte, war er aufgrund seiner Enttäuschung über die politi-

sche Situation in Palästina vor einiger Zeit zum Dschihad Al Islami (palästinensische Wiederstandsorganisation, der viele Selbstmordattentate angelastet werden) übergewechselt. Denn so konnte es seiner Ansicht nach nicht weitergehen. Lieber tot sein als dorthin zurückzukehren, woher er gekommen war – aus einer Zeit voller Entbehrungen und Qualen, aus der Zeit der israelischen Besatzung. Und nun war er einer der führenden Köpfe des Dschihad und stand damit ganz oben auf der schwarzen Liste der Israelis.

Während wir noch immer auf dem Weg zu dem vereinbarten Treffpunkt waren, kreisten über den Hausdächern des Lagers die Apache-Hubschrauber der Israelis. Zudem lauerten knapp 60 Merkava-Panzer an der Stadtgrenze, bereit in einer erneuten nächtlichen Militäroperation in das Muchajiam einzudringen, um die bewaffneten Palästinenser zu eliminieren. Zwei Wochen vor meiner Ankunft hatten sie es schon einmal probiert. Allerdings ohne Erfolg. Denn der erbitterte Widerstand der jungen Männer mit ihren alten Kalaschnikows und den unter dem Asphalt der Straßen platzierten, selbstgebastelten Sprengsätzen, machte es der israelischen Militärmaschinerie schier unmöglich, sich in das Labyrinth Dschenins hineinzuwagen. Selbst die hochmoderne israelische Armee hat ihre nur allzu menschlichen Schwachpunkte: die Angst der Soldaten, die Angst der jungen, wehrpflichtigen Männer ihr Leben zu verlieren.

Am Ende einer dunklen Gasse erreichten wir eine massive Eisentür. Jamal und seine Begleiter suchten die Gegend forschend ab. Niemand und nichts zu sehen. Selbst die Hubschrauber waren nicht mehr zu hören. Die Gegend schien sicher zu sein. Dann wandte sich Jamal an mich und sagte: »Entschuldige mich! Ich kann nicht mit hinein. Sollten die Israelis Wind von unserem Aufenthaltsort kriegen, ist es besser, wenn es nicht gleich alle von uns erwischt ... Ich hole dich gegen fünf Uhr morgens ab!« Dann klopfte er dreimal an das eiserne Tor. Eine leise Männerstimme war zu hören: »Wer ist da?« Jamal antwortete mit seinem Codenamen: »Abu Ahmad!« Dann wurde die mächtige Türe entriegelt und langsam geöffnet. »Du wirst schon erwartet!«, sagte Jamal und forderte mich auf, einzutreten. Kurz darauf befand ich mich in einem kleinen Innenhof einer dunklen Gestalt gegenüber. Hinter mir fiel die Tür ins Schloss. Ich stand nun vor meinem Gesprächspartner. Er streckte mir die Hand entgegen, umschloss die meine mit starkem Druck und begrüßte mich mit einem Salamu Aleikum – »Friede sei mit dir«. Dann sollte ich ihm folgen. Wir gingen durch das stockfinstere Haus, bis wir einen schlichten, von einer Öllampe erleuchteten Raum erreichten. Wir setzten uns einander gegenüber auf die Matratzen, die in einem Halbkreis auf dem Boden ausgelegt waren. Es war still. Außer uns schien niemand in dem Gebäude zu sein. Wir waren allein.

Der Mann, der in diesem verlassenen und schon fast unheimlich wirkenden Haus vor mir saß, trug seine Kefijeh – die traditionelle palästinensische Kopfbedeckung – in der Weise, dass sie sein Gesicht komplett verbarg. Nur die Augen waren nicht verdeckt. Ich fragte ihn nach seinem Namen, obgleich mir klar war, dass er diesen nicht preisgeben würde, denn niemand außer Jamal wusste von seinem Vorhaben. Niemand, nicht einmal seine Eltern und Geschwister. Womöglich hätten sie versucht, ihn daran zu hindern. Seine Augen fixierten mich einen Moment lang. Ich glaubte ein leichtes Lächeln in ihnen erkennen zu können, als ob er mich fragen wollte, ob ich tatsächlich eine Antwort darauf erwartete. Dann zog er eine Zigarette aus seiner Marlboro-Schachtel, zündete sie sich vollkommen ruhig an, um im nächsten Moment durch einen kleinen Schlitz in der Kefijeh genüsslich den Rauch zu inhalieren.

Er sagte: »Nenne mich einfach Said, mein Freund. Alle rufen mich jetzt so. Du wirst sehen, ich habe viele Namen, aber kein Gesicht.« Er zog erneut an der Zigarette, so tief, als wolle er so viele Rauchpartikel wie möglich in seiner Lunge halten. Erneut donnerten einige Hubschrauber über das Haus. Nach einem kurzen Schweigen stellte ich mich ebenfalls vor. Ich sagte *ihm, woher ich käme, dass ich Palästinenser sei, der in Deutschland lebe und mit meinem Vorhaben versuchte, ein wahrheitsgemäßes Bewusstsein für den Nahostkonflikt zu wecken; vor allem aber, um darüber aufzuklären, weshalb ein junger Mensch sich für den Märtyrertod entscheidet und warum Palästinenser und Palästinenserinnen sich einen TNT-Gürtel umschnallen, um sich in einem Restaurant mit seinen israelischen Gästen oder einem Bus mit seinen israelischen Insassen in die Luft zu jagen. »Sicherlich wirst du dich schon mit Jamal darüber unterhalten haben. Und ich denke, wenn ich sage, dass ich nicht gewillt bin, in meinen eigenen vier Wänden, einfach nur deswegen weil ich Palästinenser bin, erschossen zu werden, sondern vielmehr für meine Religion, mein Land und meine Geschwister sterben möchte, so erzähle ich dir nichts Neues. Jamal hat von deinen Ambitionen gesprochen. Wenn er sagt, dass er dir hilft, dann helfe auch ich dir!«, sprach Said. Er stand unvermittelt auf, entschuldigte sich für einen Moment und verschwand durch die Tür, durch die wir noch vor wenigen Minuten hereingekommen waren. Erleichtert atmete ich auf. Denn sicherlich hatte er meine Nervosität bemerkt, obwohl ich bemüht gewesen war, eine vertrauensvolle Atmosphäre für unser Gespräch zu schaffen. Mehr noch, vielleicht sogar sein Vertrauen zu gewinnen. Kurze Zeit später kam er wieder. In der einen Hand hielt er eine gusseiserne Teekanne an ihrem Henkel, die beim Gehen leicht hin und her wippte, in der anderen Hand zwei Gläser. Er stellte sie auf den Boden und goss uns Tee ein. Der Duft von frischer Pfefferminze durchströmte den kahlen Raum. Dann reichte er mir ein Glas und setzte sich.*

»Ist niemand außer uns in diesem Haus?«, fragte ich ihn. »Nein, heute nicht! In diesem Haus halten sich manchmal die von Israel Gesuchten auf. Tagsüber schlafen sie hier. Nachts sind sie alle im Muchajiam unterwegs, wechseln immer wieder ihren Standort, um nicht von den Israelis und deren palästinensischen Spitzeln ausfindig gemacht werden zu können. Du hast bestimmt vorhin die Hubschrauber gehört. Weiß man, in

welchem Haus sich diese Leute gerade befinden, kann man es gezielt in Schutt und Asche legen. Millimetergenau.«

Erst kürzlich hatten Hubschrauber einen Personenwagen in den Straßen von Ramallah bombardiert, von dem die Israelis geglaubt hatten, dass er von einem ranghohen Hamasführer gefahren wurde. Im Nachhinein stellte sich jedoch heraus, dass die bis zur Unkenntlichkeit verbrannten Leiber in dem verkohlten Autowrack die der beiden Kinder und der Ehefrau der Zielperson waren.

Auch nach den unzähligen Gesprächen, die ich vor dem Zusammentreffen mit Said geführt hatte, ob nun mit Verwandten, Freunden oder flüchtigen Bekannten, war ich noch immer der Überzeugung, dass weder die israelische noch die palästinensische Seite durch Waffengewalt ihre Ziele erreichen würde. Es war nichts weiter als ein nicht enden wollender Teufelskreis der Rache und Vergeltung.

»Nein, vielleicht erreichen wir nicht direkt ein politisches Ziel. Vielleicht aber indirekt. Unsere Mütter haben Angst um ihre Kinder. Die palästinensischen Frauen Angst um ihre Männer. Seit Jahrzehnten. Und auf israelischer Seite lebte man in Sicherheit und glaubte, dass der Konflikt mit den Palästinensern sehr weit weg sei. Durch die Selbstmordattentate jedoch ist dieser Konflikt für die Israelis greifbar nah geworden. Genauso wie unsere Angst, Eltern, Geschwister und Freunde verlieren zu können, herrscht nun auch in den israelischen Städten die Angst um ihre Liebsten. Das ist der wahre Effekt dieser Attentate.« Said sprach seine Worte mit dem Ton der Verbitterung, der zugleich Wut und Entschlossenheit verriet. Ich hatte von ihm keine zufrieden stellende Antwort auf meine Frage nach dem Warum erhalten. Ich wollte mehr wissen. Hatte er keine Angst davor, auf solche Art und Weise zu sterben? Wie konnte er es mit seinem Gewissen und seiner Religion vereinbaren, Unschuldige mit in den Tod zu reißen? Was waren die Beweggründe für solch eine Tat?

Wieder glaubte ich ein Lächeln in seinen Augen zu erkennen.

Er nippte an seinem Tee. Dann änderte er seine Position und setzte sich aufrecht in den Schneidersitz. Er zog am rechten Zipfel der Kefijeh das Tuch noch einmal fest um seinen Kopf. Würdevoll saß er nun vor mir und setzte mit gespitzten Lippen an, mir meine Fragen zu beantworten.

»Täglich erleben wir, wie unsere Leute gefoltert und liquidiert werden. Und das nicht erst seit Sharon. Die Palästinenser zahlen, seitdem die Juden in unser Land gekommen sind, seit vielen Generationen, immer wieder mit ihrem Leben. Und warum? Weil wir Araber sind. Weil wir palästinensische Araber sind. Ein Ende ist nicht abzusehen. Schau dich doch einmal um. Was haben wir schon? Als wir noch Kinder waren, wünschten sich die Mütter für ihre Kinder ein besseres Leben. Wir haben lange, sehr lange gehofft und all die Entbehrungen und Schmerzen ertragen. Wir dachten, dies sei der Preis, den wir für einen eigenen Staat und für unsere Freiheit zahlen müssen. Aber nun hat man uns selbst diese Träume genommen. Wenn man meint, nichts mehr zu verlieren zu haben und allein gegen alle anderen zu stehen, glaubt man doch irgendwann, nichts als den eigenen Körper zu besitzen.« Plötzlich hörten wir Gewehrsalven in unmittelbarer Nähe. Ich horchte auf. Und obwohl Said sich davon kurz unterbrechen ließ, schien es ihn nicht weiter zu stören. Wahrscheinlich deshalb, weil es wohl kein Schusswechsel mit israelischen Soldaten war, sondern es sich dabei nur um einige Jugendliche handelte, die ihre neuen Gewehre ausprobieren wollten.

»Deine Fragen, mein Freund, sind Fragen, die sich ein Mensch stellt, der das Leben hier nie gelebt hat. Die Antworten darauf wirst du nur dadurch finden, indem du dich selbst der Entrechtung und den damit verbundenen Schikanen und Demütigungen aussetzt. Alle jungen Männer hier haben Dinge gesehen, die du und andere sich kaum vorzustellen vermögen. Ich kann dir nur von mir erzählen. Ich kann dir von Straßen und Häusern erzählen, die heute nicht mehr existieren, weil sie von uns bewohnt wurden. Ich kann dir von Menschen erzählen, die

ich gesehen habe, von Menschen, die es nicht mehr gibt. Ich erwarte nicht, dass du verstehst, denn du hast nichts davon gesehen. Worüber möchtest du als Erstes sprechen?«.
Ich sagte, dass es wohl das Einfachste wäre, mit dem Anfang zu beginnen, mit seiner Geburt.
Er dachte einige Minuten nach. Dann fragte er: »Glaubst du wirklich, dass das Leben mit der Geburt beginnt?«
Eine Antwort auf diese Frage hatte er aber nicht erwartet, denn er begann unmittelbar aus seiner Kindheit zu berichten. Vielleicht hatte er auch nur laut gedacht. Jedenfalls erzählte er und ich nahm mir schließlich selber das Versprechen ab, ihn nicht zu unterbrechen.

Ich erblickte am 5. September 1972 in dem Dorf Beit Ijza nahe der Stadt Ramallah im Westjordanland das Licht der Welt. Meine Eltern waren einfache Bauern, die auf der Ostseite des zwischen zwei Hügeln gelegenen Dorfes 80 Dunam (ein Dunam entspricht einem Morgen) Land besaßen. Seit vielen Generationen war dieses im Besitz der Familie. Mein Vater führte die Tradition des Olivenanbaus weiter. Doch beschränkte er sich nicht nur darauf, denn auf einem anderen Teil des Landes wuchsen wechselweise Gerste und Mais. Meine Eltern hatten bereits zwei Töchter, Khouloud und Abir, und wünschten sich nichts sehnlicher als einen Jungen, der ihnen bei der Arbeit zur Hand ginge und eines Tages das Land und den Hof übernähme und der die Früchte der Arbeit später mit seinen Geschwistern teilen würde.

Meine Mutter stammt aus dem Dorf Qaliba. Ihr Name ist Souad. Sie war das zweitälteste Kind ihrer Familie. Auch ihre Vorfahren lebten von der Landwirtschaft. Sie hatten ebenfalls Mulk *(Privatbesitz an Land)* am Rande ihres Dorfes, das sie Jahr für Jahr bewirtschafteten, bis 1948 der Krieg ausbrach und sie aus dem Westteil Qalibas vertrieben wurden. Die Familien der Brüder ihres Vaters verstreuten sich über das ganze Westjordanland. Die Eltern meiner Mutter ließen sich mit ihren sieben Kindern in Tulkarem nieder. In dem kleinen Haus, das mein Großvater nach der Vertreibung mit seinen bloßen Händen gebaut hatte, lebte zum Zeitpunkt meiner Geburt nur noch meine Großmutter. Mein Großvater war bereits vier Jahre zuvor an einem Herzinfarkt gestorben. Doch trotz ihrer siebzig Jahre, trotz ihres altersschwachen Köpers weigerte sie sich, jenes Haus zu verlassen, das zu bauen ihnen viele Entbehrungen abverlangt hatte. Sie sagte, dass sie in diesem Haus sterben wolle. Das tat sie dann auch. Allah yirhamha! Gott möge ihrer Seele gnädig sein!

Die Eltern meines Vaters lebten zusammen mit uns in dem Haus meiner Kindheit. Man sagte, dass mein Großvater einen Sonnenstich erlitten hatte, denn er redete nur noch wirres Zeug und hielt sich ohnehin nur selten im Haus auf. Manchmal verschwand er über Tage hinweg. Und wenn meine Großmutter meinen Vater nach ihm suchen schickte, war er entweder in einem Café und rauchte eine Hargile *(eine Wasserpfeife)* oder er saß lethargisch in der Moschee des Dorfes und murmelte unverständliche Laute vor sich hin. Meine Großmutter erzählte uns einmal, dass mein Vater ganze drei oder vier Stunden auf meinen Großvater gewartet hatte, als er ihn beim Beten in der Moschee antraf. Im Vergleich zu meinem Vater war er sehr mutadajin, ein gläubiger Mensch, der immer die Nähe zu Allah gesucht hatte, auch in seinem Zustand höchster Verwirrung. Niemand konnte sich diesen erklären. Er war ohne Vorwarnung eingetreten. Vielleicht hatte mein Großvater genug von diesem Dasein gesehen, genug erlebt. Vielleicht war er müde, dieses Lebens unter der israelischen Okkupation überdrüssig. Von einem Tag auf den anderen schlief er dann ein und wachte am nächsten Morgen nicht mehr auf.

Ich war damals drei Jahre alt, kann mich aber dennoch an den Anblick meines verstorbenen Großvaters erinnern. Er lag zugedeckt auf einer Matratze im Wohnzimmer und rührte sich nicht mehr. Seine Augen waren geschlossen, seine Hände lagen übereinander, die rechte auf der linken. Meine Großmutter und meine hochschwangere Mutter saßen daneben und weinten. Obgleich sie schon lange vermutet hatten, dass er nicht mehr lange zu leben hatte, war es ein großer Schock für sie gewesen.

Das Leben geht manchmal seltsame Wege, denn kaum war Großvater gestorben, kaum hatten seine Angehörigen die Tränen der Trauer von ihren Wangen gewischt, gebar meine Mutter neues Leben. Wieder ein kleiner Junge, der nur drei Jahre jünger war als ich. Mein Bruder Farid war nun der zweite Junge in der Familie. Vielmehr kann ich dir aus meiner Kindheit nicht erzählen, zumindest nicht aus den ersten Jahren nach meiner Geburt. Und es ist mir aus den Erzählungen meiner Eltern auch nichts Außergewöhnliches bekannt.

So vergingen die Jahre und ich wuchs auf jenem idyllischen Fleckchen Erde heran, das mein Vater sein Eigen nannte. Während er den Boden bestellte, sich mit aller Liebe den Pflanzen und Bäumen widmete, trieb ich mich mit meinen Schwestern Abir und Khouloud in den Olivenhainen herum. Abir war lediglich ein Jahr, Khouloud hingegen fünf Jahre älter als ich. Wir waren immer draußen, spielten zusammen, machten unserem Vater manchmal das Leben schwer, wenn er sah, mit welcher Ausgelassenheit wir der Zeit unserer Kindheit frönten. Es stimmte ihn zeitweise nachdenklich, wenn er sich ins Bewusstsein rief, in welcher Zeit und unter welchen Umständen wir lebten. Doch von der israelischen Besatzung hatten wir zu Beginn unserer Kindheit nicht viel zu spüren bekommen. Die Ernte fiel von Jahr zu Jahr besser

aus und über die Geschäfte in der Hisbeh, dem Großmarkt von Ramallah, konnte mein Vater auch nicht klagen. Der fruchtbare Boden unserer Heimat ernährte und
ermöglichte es uns, das Haus, in dem wir lebten, zu erweitern. Mein Vater begann mit einem Anbau von zwei
Zimmern für meine Großmutter, in die sie sich zurückziehen konnte, wenn ihr danach war.

Wie bereits erwähnt, nahm ich die politischen Ereignisse nur am Rande wahr. Ich war noch ein Kind von sieben Jahren und wurde nur selten direkt mit Israelis konfrontiert, wohl deshalb, weil wir ziemlich abseits wohnten und Beit Ijza trotz der Nähe zu Ramallah bisher von
der israelischen Armee verschont geblieben war. Hin und
wieder begegnete ich einem Militärjeep auf dem Schul-
weg. Aber das war auch schon alles. Als jedoch im Jahre
1978 der ägyptische Staatspräsident Anwar As Sadat mit
dem ein Jahr zuvor gewählten israelischen Premiermini-
ter Menachem Begin den Friedenvertrag von Camp David
unter der Schirmherrschaft der Vereinigten Staaten unter-
zeichnete, kam es zum ersten Mal bei uns zu Hause zu
empörten Diskussionen. Nach alldem, was die Israelis
den Palästinensern angetan hatten, nachall dem, was sie
selbst den ägyptischen Gefangenen im Krieg von 1948 angetan hatten, nach all diesen Gräueltaten, hatte es Sadat
gewagt, mit den Juden einen Friedensvertrag einzugehen. Mein Vater war entrüstet. Abu Marouan, ebenfalls
ein Bauer, der in der Gegend Grund und Boden besaß,
prophezeite den Tod des ägyptischen Staatspräsidenten.
Eines Abends, wenige Tage nach der Unterzeichnung des
ägyptisch-israelischen Friedensvertrages, saßen die beiden Männer zusammen auf unserer Veranda und tranken
Tee, während sie sich gegenseitig aufheizten, sich immer
mehr in ihre Wut hineinsteigerten und den palästinensischen Freiheitskampf beschworen. Ich verstand noch nicht

viel von dem, was gesagt wurde. Aber ich fühlte dass, etwas nicht in Ordnung war. Ich ahnte, dass der Schein unseres friedlichen Daseins etwas Trügerisches hatte.

Am selben Abend, als sich mein Vater und Abu Marouan verabschiedet hatten, um noch herumzuschlendern und einen Abstecher in das einzige Café des Dorfes zu machen, dorthin, wo sich die Bauern der Umgebung immer wieder zu einem Plausch über ihre Ernte trafen, trat ich an meine Mutter heran und fragte: »Bin auch ich Palästinenser?« Sie setzte sich, nahm mich auf ihren Schoß, strich mir über die Haare und bejahte meine Frage. Eine beklemmende Stille senkte sich über das Haus. Ihr Gesichtsausdruck enthüllte die Traurigkeit und Sorge, die sie unentwegt mit sich trug. Sie schaute mir zärtlich in die Augen. Dann begann sie leise zu weinen. Tränen, die aus der Ungewissheit für die Zukunft ihrer Kinder herrührten. Tränen des Schicksals ihres Volkes. Obgleich ich damals noch nicht verstand, warum meine Mutter weinte, begann ich mit ihr zu weinen. Sie drückte mich fest an sich und verharrte. Erinnerungen, die ich unentwegt in mir trage, gleich einem Bild, das an meinem Herzen in einer Brusttasche steckt.

Und dann kam der Tag, der alles verändern sollte. Anfang des Jahres 1979 tauchten drei fremde Männer auf der Anhöhe oberhalb unseres Landes auf. Es waren offensichtlich Israelis. Ich erinnere mich, dass sie seltsame Gerätschaften bei sich hatten. Einer von ihnen schaute durch ein Fernglas auf drei Beinen, während der andere eine Messlatte senkrecht auf den Boden hielt. Der dritte hatte an seiner Hüfte einen Revolver in einem Halfter stecken und notierte irgendwelche Daten auf einen Block. Den ganzen Tag wanderten sie auf dem Hügel umher, inspizierten jeden Winkel, jeden Flecken des Bodens und machten Notizen. Meine Neugierde trieb mich zu meinem Vater, der weiter unten Olivenbäume beschnitt. Ich fragte ihn, was diese Männer denn da oben machen würden. Mein Vater hatte sie schon früh am Morgen bemerkt, als ich noch in der Schule gewesen war. Er stieg vom Baum und erklärte mir mit besorgtem Gesichtsausdruck, dass dies Landvermesser seien. Sie würden das Land begutachten, ob es für den Bau einer Siedlung geeignet sei. Anhand ihrer Notizen mache dann ein Architekt einen Plan für den Bau von Gebäuden und Straßen. Noch begriff ich nicht, welche Konsequenzen dies für meine Familie haben könnte und freute mich insgeheim, mit den gleichaltrigen Kindern, die dort einziehen würden, spielen zu können. Den misstrauischen Blicken und Bemerkungen meines Vaters schenkte ich anfangs noch keinen Glauben. Das sollte sich jedoch schnell ändern. Denn obwohl man noch gar nicht mit den Bauarbeiten begonnen hatte, wurde um das Land ein Maschendrahtzaun errichtet, der an seiner Oberseite noch zusätzlich mit Stacheldraht versehen war. Es war ein seltsamer Anblick, denn kein Bauer, kein Landbesitzer hatte je um seinen Grund einen Zaun gezogen. Der Boden ging nahtlos ineinander über und doch wusste jeder, wo sein Eigentum endete. Wenige Monate später, es muss im Sommer desselben Jahres gewesen sein, rückten Planierraupen, Bulldozer und Kräne an. Ich stand oftmals an den Zäunen und beobachtete das Geschehen, wie diese lärmenden Riesen tiefe Gruben in den Boden rissen, den Schutt und die Erde in Lastwagen schütteten, wegfuhren und nach einiger Zeit leer wiederkamen, um mit einer neuen Ladung zu verschwinden. Eines Tages tauchte plötzlich ein Mann, der ein Gewehr umgehängt hatte, auf der anderen Seite des Zaunes auf. Er hielt seinen Zeigefinger am Abzug und kam direkt auf mich zu. Dann blieb er stehen und fixierte mich. Der Mann hatte dichte schwarze Haare, dicke Augenbrauen, darunter kleine dunkle Knopfaugen, eine plattgedrückte Nase und einen breiten Mund. Er wirkte regelrecht bedrohlich, da er mich, ohne etwas zu sagen, grimmig, schon fast verächtlich anschaute. Das Gewehr war geladen und schussbereit. Im selben Moment, in dem ich mich entschloss, den Mann zu fragen, warum er denn bewaffnet sei, ging ein Schuss los. Ich zuckte zusammen, drehte mich um, hielt mir dabei die Ohren zu und rannte so schnell ich konnte den Hang hinunter, zwischen den Olivenbäumen hindurch, direkt auf das rettende Elternhaus zu. Dann riss ich die Haustüre auf und eilte in die Küche zu meiner Mutter, die den Schuss gehört hatte. Ich hielt mich an ihr fest. Mein Vater saß am Küchentisch und schlürfte Addas, gelbe Linsensuppe. Er hatte mir schon unzählige Male gesagt, dass ich mich von der Baustelle fernhalten solle. Diese Menschen seien Zionisten und hätten keine friedlichen Absichten. Das hätte ich jetzt davon. Vielleicht sei mir dies nun eine Lehre. In dieser Nacht war ich noch lange wach. Immer wieder musste ich an den Gesichtsausdruck des Mannes an der Baustelle denken. An seine kleinen, gefühllosen Augen. An das Gewehr, das er getragen hatte. Und an den Schuss, den der Fremde ausgelöst hatte, an diesen ohrenbetäubenden, schrecklichen Knall. Ein Geräusch, das ich bisher noch nie gehört hatte. Der Israeli hatte einen Schuss in die Luft abgegeben, vielleicht weil er begierig darauf gewesen war, mich rennen zu sehen. Und ich bin gerannt. So schnell mich meine Beine trugen. Ich stellte mir vor, wie der jüdische Mann mit einem breiten Lächeln auf seinem Gesicht mir hinterher geblickt hatte. Aber warum war dieser Mann so gehässig? Was hatte ich ihm getan? Diese und andere Fragen gingen mir noch lange durch den Kopf, bis ich spät nachts eingeschlafen war.

Solche und ähnliche Vorkommnisse zwischen der einheimischen Bevölkerung, sprich den Palästinensern, und den zionistischen Siedlern oder den Sicherheitskräften des IDF (Israeli Defence Forces), die die Siedlungen beschützen, sind keine Seltenheit.

Besonders in den 70er und 80er Jahren hörte man von israelischer Seite, dass die Siedlungspolitik für die »arabischen Mitbürger« keine Gefahr darstelle. Vor der Knesseth sagte beispielsweise der damalige Premierminister Menachem Begin am 27. Juli 1977 in seiner Antwortrede auf die US-Kritik bezüglich der israelischen Siedlungspolitik in den seit dem Junikrieg im Jahre 1967 besetzten Gebieten: »...Dazu kann ich schlicht und ergreifend nur Folgendes sagen: Die jüdische Besiedlung im Westjordanland schadet den Arabern in keiner Weise!... « Kurz darauf schrieb Moshe Aumann, ein Politiker und ehemaliger Generalkonsul Israels: »Die israelischen Siedlungen stellen keine existenzielle Bedrohung für die arabische Bevölkerung dar. Ganz im Gegenteil! Sie werden letzten Endes zu der friedlichen Koexistenz von Juden und Arabern in diesem Gebiet beitragen.«

Doch die Realität spricht bis zum heutigen Zeitpunkt eine vollkommen andere Sprache. Denn die Grundidee des Zionismus war die Schaffung eines jüdischen Staates in Palästina ohne Rücksicht auf die dort bereits ansässige Bevölkerung. Hierzu vermerkte Theodor Herzl am 2. Juni 1895 in seinem Tagebuch: »Die arme Bevölkerung trachten wir unbemerkt über die Grenze zu schaffen, indem wir ihr in den Durchzugsländern Arbeit verschaffen, aber in unserem Lande jede Arbeit verweigern ...Das Expropriationswerk muss – ebenso wie die Fortschaffung der Armen – mit Zartheit und Behutsamkeit erfolgen.« Israel Zangwill, Schriftsteller und Delegierter auf dem Ersten Zionistischen Weltkongress im Jahr 1897, fand eindeutigere Worte: »Palästina hat bereits seine Einwohner ... deshalb müssen wir uns darauf vorbereiten, das eingesessene Volk entweder mit dem Schwert zu verjagen, so wie das unsere Vorfahren getan haben, oder mit dem Problem zu kämpfen, das eine große fremde Bevölkerung darstellt ...«

Zu keinem Zeitpunkt war der zionistische Gedanke also darauf angelegt, mit oder neben den Palästinensern zu leben. Ganz im Gegenteil.

Im Winter des Jahres 1979 war die Siedlung Hadasha, die nun auf dem Hügel oberhalb unseres Land thronte und noch immer von einem Zaun umgeben war, fertiggestellt und die Häuser bereits bewohnt. Die Ansammlung der kalksteinfarbenen Gebäude glich einer Festung, die die darunter liegenden arabischen Dörfer zu unterjochen schien. Hinzu kam, dass die Menschen bereits von unzähligen Übergriffen auf verschiedene palästinensische Familien gehört hatten. All dies zusammengenommen erzeugte auch in meiner Familie unbehagliche Gefühle. Oft unterhielten sich meine Eltern über die Siedlung und die damit verbundenen Gefahren. Denn schon unzählige Male hatten die israelischen Behörden palästinensischen Bauern Land weggenommen und dem Staat einverleibt, um zum Schutze der Siedler eine Sicherheitszone zu errichten oder das Territorium der jüdischen Trabantendörfer zu erweitern. Angst und Ungewissheit herrschte in unserem Hause. Mein Vater betonte immer wieder, dass von nun an in Beit Ijza andere Zeiten anbrechen würden. Er sollte Recht behalten.

Wenig später, im Jahre 1980, schritten mein Vater, mein Bruder Farid und ich an einem kalten Wintermorgen über unser Land. Die Bäume waren kahl und der Boden frostig. Der Winter war in diesem Jahr besonders hart. Als wir den Hang zu der Siedlung erreichten, blieb mein Vater unvermittelt stehen. Er glaubte seinen Augen nicht zu trauen. Nochmals schaute er dorthin, wo jener Zaun stand, der sein Land von dem Grund der Siedlung trennte. Irgend etwas kam ihm verändert vor. Der Zaun stand nicht mehr an seinem ursprünglichen Platz, sondern war verrückt worden. Um ganze zwei Dunam – auf unsere Kosten. Alle Befürchtungen und Ängste meines Vaters hatten sich nun bewahrheitet. Die Siedler hatten es auf sein Land abgesehen und hierzu den Zaun versetzt. Er ging mit meinem Bruder und mir zurück in das Haus, berichtete unserer Mutter empört von der nächtlichen Schandtat der jüdischen Nachbarn, zog sich um und machte sich auf den Weg nach Ramallah zu dem dort ansässigen Militär-Gouverneur.

Mein Vater erzählte uns, dass er lange auf dem Gang vor dem Büro des Gouverneurs saß. Soldaten und israelische Beamte rannten überall herum. Manche kamen aus dem Büro, in das der er hinein wollte, um seinen Unmut über die Siedler von Hadasha loszuwerden und sein Anliegen vorzutragen. Aber niemand schenkte ihm auch nur die kleinste Beachtung. Immer dann, wenn er all seinen Mut zusammennahm, an die Tür klopfte und anschließend, nach einer Aufforderung einzutreten, die Tür einen Spalt breit öffnete, wurde er auf einen späteren Zeitpunkt vertröstet. Zuweilen schien es ihm, dass diese Türe gar nicht für ihn bestimmt war. Und dennoch wollte er nicht aufgeben. Denn das war sein Land, das Land seines Vaters und das Land seines Großvaters. Seit Generationen war es im Besitz der Familie und das würde sich auch nicht ändern. Dafür wollte er mit allen ihm zur Verfügung stehenden Mitteln kämpfen. Die Sonne hatte schon den höchsten Stand des Tages erreicht, der Muezzin rief zum Mittagsgebet, als plötzlich ein junger Soldat aus dem Büro trat und meinen Vater mit einem prüfenden Blick musterte. Dann grüßte er beiläufig mit einem »Shalom!« und forderte ihn auf einzutreten.

Der Gouverneur saß ruhig mit verschränkten Armen hinter seinem Schreibtisch. Die Ärmel seines Hemdes hatte er hochgekrempelt und seine Mütze steckte zusammengerollt unter der Schulterklappe seines Uniformhemdes. Er hörte aufmerksam zu, als mein Vater sein Anliegen vortrug. Dann stand er auf, stolzierte einige Schritte hinter dem Schreibtisch zu einem der Fenster, jedoch ohne den Blick von ihm abzuwenden. Er sagte, dass er sich um diese Angelegenheit kümmern wolle, kehrte zum Schreibtisch zurück, nahm einen Stift und schrieb einige Zeilen auf ein Blatt Papier. Anschließend setzte er seinen Stempel darunter und überreichte das Dokument meinem Vater. Er erklärte ihm, dass er nun die offizielle Erlaubnis der Militär-Verwaltung hätte, das Land, das er besäße, zu bearbeiten. Dann entließ er ihn.

Die Wochen verstrichen und ich ging, nachdem ich von der Schule heimgekehrt war, zu Mittag gegessen und meine Hausaufgaben gemacht hatte, meinem Vater zur Hand. Allmählich verabschiedete sich der Winter, die Luft wurde wärmer und der Boden weicher. Die Bäume fingen an Blüten zu tragen, die ihren süßlichen Duft in der gesamten Gegend versprühten. Es wurde wieder Frühling. Doch die ganze Zeit über hatte mein Vater vom israelischen Militär-Gouverneur wegen des Zaunes der jüdischen Siedlung, der noch immer zwei Dunam in unser Land hineinreichte, nichts gehört. Nicht einmal einen Brief hatte er erhalten.

Stattdessen ereignete sich ein neuer Vorfall, diesmal unmittelbar mit den Bewohnern Hadashas. Meine Eltern, Farid und ich waren in den Olivenhainen und gruben den Boden um, als plötzlich dreizehn mit Revolvern und Maschinenpistolen bewaffnete Siedler vor uns standen und uns aufforderten, das Land unverzüglich zu verlassen. Diese Dreistigkeit glich einem Schlag mitten ins Gesicht. Hatten wir denn richtig gehört? Selbstsicher zog mein Vater das Schreiben, das ihm erlaubte diesen Boden zu bestellen, aus seiner Brusttasche – er hatte es bei der Arbeit auf den Feldern seit seinem Besuch beim Gouverneur immer bei sich getragen – und zeigte es den Siedlern. Ein Mann namens Amon las es den anderen vor. Schallendes Gelächter. Noch einmal forderten sie uns auf, diesen Boden zu verlassen. Doch mein Vater, der nun sichtlich verunsichert war, weigerte sich und fuhr mit seiner Arbeit fort. In einer blitzschnellen Bewegung schlug Amon ihn mit dem Griff seines Revolvers zu Boden. Dann trat er ihn mit seinen Füßen in die Seite. Einmal, zweimal, dreimal. Ich stand hilf- und fassungslos daneben. Ich musste etwas unternehmen. Ohne Unterlass schlug er meinen Vater. Dann setzte ich mich in Bewegung und rannte auf den Mann zu, sprang ihm an die Kehle und drückte unter Tränen zu, während meine Mutter sich nicht anders zu helfen wusste als zu schreien und Farid aufgrund des Tumults ebenfalls die Fassung verlor und zu weinen begann. Als ich zubiss und um mich schlug, rissen mich die übrigen Siedler von Amon los. Inzwischen kam im Hintergrund eine schreiende Frau aus der Siedlung auf uns zugerannt. Aufgebracht wiederholte sie irgendwelche hebräischen Wörter. Es schien, als ob sie den Siedlern Einhalt gebieten wollte. Sofort ließ Amon von meinem Vater ab und wandte sich der Frau zu. Offensichtlich rief sie die Gruppe zur Besinnung und forderte sie auf, wieder zurück in die Siedlung zu gehen. Gleich einer Herde wild gewordener Wölfe, die ihrem Alphatier Folge leisten, gingen sie dann den Hang zu ihrem Dorf hinauf. Was war in diese Menschen gefahren? Hatten sie den Verstand verloren? Wollten sie uns allen Ernstes von unserem Grund und Boden vertreiben? Und wenn wir uns weigerten, uns sogar mit ihren Revolvern und Maschinenpistolen erschießen? Noch immer lag mein Vater stöhnend am Boden und wandte sich vor Schmerzen. Er hatte eine Platzwunde am Hinterkopf, die unbedingt genäht werden musste.

Dies geschah, als ich acht Jahre als war. Zum ersten Mal wurde mir richtig bewusst, in welcher Situation wir nun lebten und in Zukunft zu leben gezwungen waren. Der Willkür der Siedler ausgesetzt, die nun auch noch unsere Erde beanspruchen wollten.

*Man erzählt sich noch heute, dass die Juden bei der ersten
Aliyah (Einwanderung) nach Palästina auf ein verlassenes
und unkultiviertes Land stießen. Dem Buch »Erinnerung und
Vermächtnis« des ersten israelischen Ministerpräsidenten Ben
Gurion zufolge seien sie in ein »menschenleeres, hier und dort
mit elenden Hütten bebautes Land« gekommen. Jerusalem sei
»ein verfallenes Dorf« gewesen, »wo Slums mit verwahrlosten
Denkmälern abwechselten«. Ferner wird dort behauptet, das
der Boden keine Früchte getragen hätte und die einheimische
Bevölkerung überwiegend auf der Arabischen Halbinsel um-
herziehende Nomaden gewesen wäre. Die Zionisten hätten den
Fortschritt in die Region importiert. Sie erst hätten dieses Land
zum Erblühen gebracht.*

*Doch waren nicht nur die natürlichen Begebenheiten –
Bodenbeschaffenheit, Klima, Vegetation und die menschliche
Arbeitskraft – für eine entwickelte Wirtschaft vorhanden, sondern man nutzte sie auch. Palästina war mit einigen Produk-
ten und Erzeugnissen aus der Landwirtschaft nicht nur ein
wichtiger Handelspartner des Vorderen Orients, sondern beteiligte sich auch am Export nach Europa. Haifa, Jaffa und Akka
waren um 1850 Umschlaghäfen für Weizen, Gerste, Mais, Se-
sam und Olivenöl. Jaffa exportierte bei steigenden Ausfuhr-
mengen Mitte des 19. Jahrhunderts in hohem Maße Seife, Wolle
und Orangen.*

*Was die Besiedlung Palästinas anging, so war man sich
dessen bewusst, dass die Aneignung des Bodens dort Konflikte
schüren würde, wo die Palästinenser ihre Hauptsiedlungs- und
Landwirtschaftsräume hatten. Dennoch begann man, nachdem
sich 1897 die Delegierten auf dem Ersten Zionistischen Weltkongress für Palästina als Territorium für einen künftigen
jüdischen Staat ausgesprochen hatten, mit der Besiedlung des
Landes. Der deutsche Zionist Franz Oppenheimer schilderte
einige Jahre später eindringlich, wie man hierzu vorgehen sollte:
»Nun, meine Freunde, wir wollen ein Netz von Bauernkolo-
nien über das Land spannen, das wir erwerben wollen. Wenn*

man ein Netz spannen will, so schlägt man zuerst an den Stellen die Haken ein, zwischen denen das Netz entstehen soll. Dann spannt man zwischen den Stricken stärkere Fäden und stellt derart ein grobes Machwerk her, das man dann nach Bedarf durch das Dazwischenwirken feinerer Fäden zu immer feineren Maschen ausgestaltet. Genauso haben wir, meine ich, vorzugehen.«

Das Netz der zionistischen Siedlungen spannt sich immer feinmaschiger über das Land, um den Palästinensern nach und nach den Lebensraum zu entziehen und sie systematisch aus dem Land zu drängen. Überall dort, wo Siedlungen in den letzen Jahrzehnten entstanden sind, überall dort, wo sie noch heute gebaut werden, trifft man immer wieder auf die Menschen verachtenden und in ihrer Konsequenz rassistischen Aspekte des Zionismus. Besonders deutlich wird dies in der Äußerung des Mitglieds des Zionistischen Komitees Dr. Eder aus dem Jahre 1921: »In Palästina kann es nur eine nationale Heimstätte geben, die jüdisch sein muss. Zwischen uns Juden und den Arabern ist keine Gleichheit möglich, sondern nur ein jüdisches Übergewicht, das sich dann einstellen wird, wenn die Vertreter unserer Rasse sich genügend vermehrt haben.« Auch Ben Gurion schloss sich diesem Gedanken an. 1937 sagte er: »Das Land ist in unseren Augen nicht das Land seiner jetzigen Bewohner ... Wenn man sagt, dass Israel das Land zweier Nationen sei, so verfälscht man die zionistische Wahrheit doppelt ... Palästina muss und soll nicht die Fragen beider Völker lösen, sondern nur die Fragen eines Volkes, des jüdischen Volkes in der Welt.«

Wenige Tage später erhielt mein Vater einen Brief vom Militär-Gouverneur mit der Bitte, ihm vier Dunam Land zu verkaufen, die unterhalb der Siedlung lagen und zum Bau eines Wasserreservoirs für die Siedlung dienen sollten. Die Frage stellte sich, warum die Siedler nun versuchten, im Namen der Militär-Verwaltung an Land zu gelangen, obgleich ihm der Gouverneur versprochen hatte, dass er sich um die Sache mit den zwei Dunam kümmern wolle, von sich aus jedoch nichts hatte hören lassen. Meinen Vater ärgerte dieses Verhalten. Er hatte nicht die Absicht, Land zu verkaufen, weder an die Siedler noch an die Militär-Verwaltung. Nicht einen halben Dunam würde er hergeben. Und wenn sie ihm noch soviel böten. Ich kann mich genau erinnern, wie zornig und wütend er war. Der Vorfall mit den Siedlern bestärkte ihn nur noch mehr in seiner Entschlossenheit, gegen sie vorzugehen.

Ein Tag später sollte ich meinen Vater zu einem israelischen Anwalt in Jerusalem begleiten. Für mich war dies eine kleine Weltreise, denn ich war noch nicht allzu oft in die Heilige Stadt gefahren. Manchmal hatte mich mein Vater mit zum Freitagsgebet nach Al Quds genommen. Aber diesmal fuhren wir nicht nach Ostjerusalem, auch nicht in die Altstadt, sondern in den westlichen und damit in den israelischen Teil.

Frühmorgens gingen wir ins Dorf, stiegen dort in eines der sechstürigen Sammeltaxis, um nach Ramallah zu gelangen. Auf dem Busbahnhof in Ramallah, wo morgens reges Treiben herrschte, die Händler ihre Waren in den Läden und Verkäufer auf Karren Getränke, Obst und Gemüse, Zigaretten oder Harisseh – eine Süßigkeit aus Gries und Butterschmalz mit Zuckersirup – feilboten, frühstückten wir Falafel und Hummus mit Brot. Dann stiegen wir in einen Bus nach Jerusalem. Ich stand auf meinem Sitz, hielt mich an der Kopflehne meines und des Sitzes vor mir fest und betrachtete die vorbeiziehenden Stadtteile von Ramallah und Jerusalem. Immer wieder rauschten Jeeps der israelischen Polizei mit Sirenengeheul und Blaulicht an uns vorbei. Hier und dort gab es auch Kontrollen der Passanten durch israelische Soldaten oder jordanische Polizisten. Und dann erreichten wir den Busbahnhof im Osten Jerusalems. Mein Vater nahm mich an die Hand, als wir durch das Bab Al Amud, das Damaskus-Tor, in die Altstadt gingen und durch das christliche Viertel zum Jaffa-Tor gelangten. Dort fing der Westteil der Stadt an. Hinter dem Tor stand ein Mann mittleren Alters. Er war dicklich, trug einen dunklen Anzug und ein Brille. Unsicher kam er uns entgegen und fragte meinen Vater, ob er Abu Said sei. Mein Vater bejahte und schüttelte ihm die Hand. Doch spürte ich das Misstrauen meines Vaters. Der Mann, der sich als Nathaniel Arnon vorgestellt hatte, war sehr vorsichtig. Vielleicht weil mein Vater ihm bereits am Telefon erzählt hatte, was vorgefallen war und wir uns mit ihm auch noch im israelischen Teil Jerusalems treffen mussten. Es hätte uns jederzeit eine Polizeistreife aufgreifen können. Mein Vater zeigte ihm den Brief des Militär-Gouverneurs und schilderte ihm die Ereignisse. Er erzählte von dem Zaun, den die Siedler zwei Dunam weit in sein Land hinein versetzt hatten, von der Unterredung und dem Schreiben des Gouverneurs und von den Handgreiflichkeiten mit den Siedlern, allen voran einem gewissen Amon. Nathaniel gab ihm immer wieder nickend zu verstehen, dass er seinen Ausführungen folgte. Dann, als mein Vater geendet hatte, sagte der israelische Anwalt: »Ich werde Ihren Fall übernehmen. Ich versuche, Ihnen so gut es geht zu helfen, aber versprechen kann ich Ihnen leider nichts. Ich denke, wir sollten ein Verfahren gegen die Siedler einleiten!« Meinem Vater war dies nur recht, denn er war fest entschlossen, für sein Land zu kämpfen. Dann verabschiedeten sie sich und wir gingen und fuhren denselben Weg wieder nach Hause, wo uns meine Großmutter mit einer bedenklichen Nachricht konfrontierte. Kurz nachdem wir an diesem Tag das Haus verlassen hatten, tauchten erneut israelische Landvermesser auf und begutachteten einen Teil unseres Landes. Es war merkwürdig, denn meine Großmutter erzählte, dass sie sich an der Grenze zu dem Boden von Abu Marouan entlang bis hinauf zu der Siedlung auf dem Hügel gearbeitet hatten. Sie konnte sich nicht erklären, was sie dort zu suchen gehabt hätten. Mutter, Abir und Khouloud hatten die Männer ebenfalls beobachtet, sich jedoch nicht aus dem Haus getraut, nach alldem, was uns mit den Siedlern passiert war. Ratlosigkeit war meinem Vater ins Gesicht geschrieben. Denn wie auch Großmutter und Mutter hatte er seine Zweifel, ob gerichtliche Schritte, wie sie Nathaniel Arnon empfohlen hatte, die ganze Angelegenheit wieder in die rechten Bahnen bringen könne. Ganz im Gegenteil glaubte er, dass es durchaus nur noch schlimmer kommen könnte. Den Israelis war nun mal nicht zu trauen, das hatten die stillen Toten in den alten und frischen palästinensischen Gräbern schon mehrmals gezeigt.

In diesem Frühling besuchte uns der jüngere Bruder meines Vaters und seine Familie aus Dschenin. Onkel Abu Omar hatte Beit Ijza schon vor Jahren verlassen. Er war ein recht aufmüpfiges Kind und in seiner Jugend im Unterschied zu meinem Vater und zum Leidwesen meiner Großeltern selten folgsam gewesen. Für Landwirtschaft hatte er sich nie besonders interessiert. Seinem Bruder hatte er immer vorgehalten, dass er nur ein Bauer werden würde, der wenig oder gar nichts von der Welt wisse. Doch Vater pflegte zu sagen, dass das Wissen auch alles, was man nicht wüsste, mit einschließt.

Onkel Abu Omar studierte nach seinem Abitur Elektrotechnik in Kairo und kehrte danach für kurze Zeit zu seiner Familie nach Beit Ijza in das Westjordanland zurück, fand jedoch keine Arbeit, die seiner Ausbildung entsprach und verließ die Heimat wieder in Richtung Osten. In Kuwait, wo man seinerzeit durch den unverhofften Geldsegen, der dem schwarzen Gold zuzuschreiben war, mit dem Aufbau des Landes begann, fand er schließlich eine Stelle, allerdings keine, die seinen Qualifikationen entsprach. Er blieb dort einige Jahre, bis er etwas Geld zusammengespart hatte. Dann kehrte er nach Palästina zurück, heiratete in Beit Ijza und eröffnete mit einem ehemaligen Kommilitonen, der mit ihm in Kairo studiert hatte und aus Dschenin stammte, einen kleines Restaurant in dessen Heimatstadt. Da das tägliche Hin- und Herfahren ziemlich ermüdend war und ihn viel Zeit kostete, die er lieber mit seiner Familie verbrachte, zog er nach Dschenin in ein kleines, aber geräumiges Haus.

An dem Tag, als Onkel Abu Omar bei uns ankam, trat er mit einem sperrigen Gegenstand, der die Größe eines kleinen Koffers hatte, zur Tür herein. Ein Tuch lag darüber, so dass ich nicht erkennen konnte, worum es sich dabei handelte. Wir begrüßten ihn, seine Frau und seine drei Kinder. Dann kam Onkel Abu Omar auf mich und meinen Bruder Farid zu. »Ich habe ein kleines Geschenk für euch beide. Aber ihr müsst mir versprechen, dass ihr darauf aufpasst. Denn es ist ein besonderes Geschenk!« Wir nickten freudig mit dem Kopf. Dann nahm er das Tuch ab. Ein kleiner Vogel kam zum Vorschein, der in seinem großen Käfig umherflatterte, hin und wieder auf einer der Stangen sitzen blieb, um uns neugierig anzustarren. Er zwitscherte einige Male, verstummte aber sogleich wieder und begann erneut nervös von einem Ende zum anderen zu hüpfen, dieses Mal ohne mit den Flügeln zu schlagen. Obgleich mich der Anblick dieses kleinen Vogels, der in seinem Käfig verloren zu sein schien, etwas traurig stimmte, jubelten wir vor Freude über dieses ungewöhnliche Geschenk. Wir dankten dem Onkel, nahmen den Käfig mit unserem neuen gefiederten Freund an den Tragering und eilten in unser Zimmer. Dort stellten wir ihn auf dem Bett ab. Nun klammerte sich der kleine, verstört wirkende Vogel mit seinen zarten Füßchen an dem Käfig fest. Dann steckte er seinen Schnabel zwischen die Gitterstäbe, so als ob er sie auseinanderbiegen wollte, um seiner Gefangenschaft entfliehen zu können. Farid und ich beobachteten den Vogel ein Weile. Mein Bruder, der damals fünf Jahre alt war, schaute mich mit seinem pausbäckigen Gesicht und seinen naiv fragenden, runden Augen an. »Warum fliegt er so aufgeregt herum?« »Ich weiß es nicht!«, antwortete ich. Der Vogel saß nun wieder auf einem der Stäbe und schlug mit den Flügeln, ohne sich jedoch fortzubewegen. Sein kleiner Körper war angespannt und seine Augen schienen zornig zu sein. Dann stand Farid auf und verschwand aus dem Zimmer. Ich begann mit dem Vogel zu sprechen, versuchte einige besänftigende Worte zu finden. Ich hätte ihn gerne gestreichelt, aber sicher hätte er seinen spitzen Schnabel in meine Hand gerammt. Warum war er so aufgebracht? Warum war er so wütend? Kurz darauf erschien Farid mit meinem Onkel. Er zog ihn regelrecht zur Tür hinein und sagte: »Der Vogel fliegt die ganze Zeit wild durch den Käfig. Warum flattert er so aufgeregt herum, Onkel Abu Omar?« Ich erwiderte, dass er womöglich Angst habe. »Vor wem hat er Angst?«, fragte Farid. »Vielleicht vor uns!«, sagte ich, während ich einen bestätigenden Blick von Onkel Abu Omar suchte. Der schüttelte jedoch den Kopf. »Ich weiß genauso wenig wie ihr, warum der Vogel so aufgeregt umherfliegt. Möglicherweise ist ihm sein neues Zuhause noch fremd. Vielleicht muss er sich noch an den Käfig gewöhnen! Lasst ihm etwas Zeit!« Und wirklich, wenn man genauer hinsah, so machte der Vogel den Eindruck, als ob er den Käfig und damit seine Umgebung erforschte. In der einen Ecke befand sich ein Behälter mit Körnern, in der anderen, gegenüberliegenden Ecke ein Behälter mit Wasser. Der Plastikboden war mit feuchtem Sand bedeckt. Wahrscheinlich deshalb, weil während der Fahrt Wasser aus dem Behälter ausgelaufen war. Farid gab sich mit der Erklärung meines Onkels zufrieden und ging hinaus zu den anderen Kindern. Ich erinnere mich, noch ein Weile mit dem Vogel in unserem Zimmer gesessen und ihn beobachtet zu haben. Ich dachte nach, weshalb der Vogel sich in seinem Käfig nicht zu Hause fühlte, wo er doch alles zum Leben hatte. Und falls mein Onkel ihn nicht erst vor wenigen Tagen gekauft hatte, wenn er ihn überhaupt gekauft und nicht selbst gefangen hatte, warum sollte sich dann der Vogel erst noch an den Käfig gewöhnen? Es waren solche Fragen, die sich ein Junge von acht Jahren nun mal stellt, ohne aber die wesentlichen Dinge des Lebens in Betracht zu ziehen, einfach deshalb, weil er sie noch nicht kennt.

Am selben Abend – ich war wieder bei dem Vogel, während meine Geschwister zusammen mit den Kindern meines Onkels vor dem Fernseher saßen und sich einen syrischen Film anschauten – stieß meine Großmutter zu mir. Sie setzte sich auf das Bett und betrachtete den Vogel, der unermüdlich und noch immer verwirrt in seinem Käfig herumflatterte. »Was hat er, Großmutter?«, fragte ich sie nachdenklich. Sie drehte sich mir zu, legte ihre Hände auf die meinen und sprach mit ihrer sanftmütigen Stimme: »Ein Vogel hat zwei Flügel, um zu fliegen, so wie du zwei Beine hast, um zu gehen, um zu laufen und um zu rennen. Stell dir vor, du müsstest die ganze Zeit nur in diesem Raum verbringen, würdest du nicht auch ständig von einem Ende zum anderen gehen? Und obwohl du hier alles zum Leben hättest, so wärst du doch nicht glücklich. Denn der Vogel ist wie der Mensch, dessen Glück in der Freiheit liegt, sich dorthin zu begeben, wo sein Herz ihn hinführt. Mein Sohn, das Herz eures Vogels leidet. Es blutet!« Während sie mir anschließend über den Kopf strich, als ob sie den Worten, die sie gesagt hatte, etwas von ihrer Deutlichkeit nehmen wollte, fragte ich sie traurig: »Heißt das, dass er nun sterben wird?« »Nein, das heißt nur, dass er nicht so lange leben wird!«

Eines Morgens klingelt das Telefon. Nathaniel Arnon, der israelische Anwalt, war am anderen Ende der Leitung. Ich rief meinen Vater und reichte ihm den Hörer. Mein Vater hörte der Stimme, die laut aus der Ohrmuschel drang, aufmerksam zu. Es war nicht so, dass er sich freute. Er war verhalten. Dennoch konnte man ein wenig Zuversicht in seinem Gesicht erkennen. Wie sich herausstellte, hatte Nathaniel Arnon eine Anordnung des Obersten Gerichts erreichen können, die die Konfiszierung des Landes so lange aufschob, bis der Militär-Gouverneur den Nachweis erbringen würde, dass das Land öffentlichen Zwecken dienen sollte. Hierbei ging es nun nicht nur um die zwei Dunam, der sich die Siedler bedient hatten, sondern nun auch noch um die vier Dunam, die mein Vater nicht an den Militär-Gouverneur verkaufen hatte wollen. So wurde die gute Nachricht der Aufschiebung von einer schlechten begleitet. Niemand hatte ernsthaft erwartet, dass der Militär-Gouverneur seinen Äußerungen nach wirklich gute Absichten hegte. Mein Vater hätte von heute auf morgen sein Recht, diesen Boden zu bearbeiten, verlieren können, einfach nur aus dem Grund, dass er Araber war.

Wenige Tage später, es war noch immer im Frühjahr 1981, hörten wir frühmorgens unweit unseres Hauses lärmende Fahrzeuge. Kaum war der Tag angebrochen, schon hatten sich israelische Planierraupen und Bulldozer zwischen unserem Land und dem von Abu Marouan postiert und machten sich an die Arbeit, den Boden weit unterhalb der Siedlung am Fuße des Hügels aufzureißen. Mein Vater hegte die Vermutung, dass sie eine Straße bauen wollten, die zusätzlich zu jener Zufahrt auf der anderen Seite des Hügels nun von der Dorfseite her nach Hadasha führen sollte. Meinen Vater beschlich sichtbar die Angst, unsere Existenzgrundlage zu verlieren. Angespannt und nervös suchte er nach der Visitenkarte von Nathaniel

Arnon, fand sie schließlich in einer Schublade, wohin sie meine Mutter verstaut hatte. Er war verärgert darüber, dass sie nie etwas an seinem Platz ließ und für einen kurzen Moment verlor er sich in einem grundlosen Streit mit ihr. Dann wählte er die Nummer. Er wartete, während draußen die Bulldozer zugange waren und scheinbar immer näher kamen. Allerdings hob in der Kanzlei niemand ab. Es war auch noch ziemlich früh am morgen. Vielleicht halb sieben. In den folgenden Stunden wählte mein Vater die vor ihm auf der Visitenkarte stehende Nummer noch mindestens zwanzigmal. Immer ohne Erfolg. Er wollte sogar hinausgehen und die Männer an ihrer Arbeit hindern. Aber was hätte dies schon gebracht. Hilflos setzte er sich wieder an das Telefon und probierte erneut, Nathaniel Arnon zu erreichen. Dieses Mal hob jemand ab. Eine Frauenstimme war zu hören. Sie verband meinen Vater unverzüglich mit dem Anwalt. Aufgeregt schilderte ihm mein Vater, was hier vor sich ginge. Nathaniel Arnon sagte ihm, dass er ein formales Protestschreiben an das »Komitee für Beschwerden« richten solle.

Dort teilte man ihm mit, dass eine Gruppe jüdischer Siedler bereits im Jahr 1921 Land gekauft hätten, das sich in jenes hineinzog, welches nun von seiner Familie bewirtschaftet wurde. Mein Vater erzählte uns, dass man ihm sogar eine Landkarte aus der Zeit der osmanischen Besetzung gezeigt hatte, die diesen Umstand bestätigen sollte. Außerdem sagte man ihm, dass es sich nicht nur um zwei oder vier Dunam, sondern um 25 Dunam handelte, die seither weder bebaut noch anderweitig landwirtschaftlich genutzt wurden und deshalb in jüdisches Staatseigentum überführt werden müssten.

Dieses Komitee war eine während der 80er Jahre des letzten Jahrhunderts eingerichtete Institution, die unter anderem dazu diente, Ansprüche des Staates Israel hinsichtlich der Enteig-

nung von palästinensischem Boden in den besetzten Gebieten und damit verbundene Beschwerden zu prüfen. Ferner leitete es entsprechende Maßnahmen zur Expropriation des betreffenden Bodens ein. Das Komitee bestand zumeist aus Reservisten der israelischen Armee, die vom Truppenkommandanten der besetzten Gebiete ernannt wurden, somit also keine rechtliche Legitimation durch die Gerichtsbarkeit besaßen.

Seit dem Junikrieg im Jahre 1967 glich die Politik der Landnahme in den besetzten Gebieten in vielerlei Hinsicht der Politik der israelischen Regierung in ihrem Staatsgebiet von 1948. Israelische Behörden und das Militär machten sich bereits bestehende Bodengesetze zunutze – hierbei ist vor allem von den während der englischen Mandatszeit veränderten osmanischen Bodengesetzen die Rede – und fügten die ein oder andere Militärverordnung hinzu, um eine legale Enteignung oder eine direkte Konfiszierung zu erreichen. Ferner blieb nach der israelischen Staatsgründung die 1945 durch die britische Mandatsmacht erlassene Verteidigungs- und Notstandsgesetzgebung (Defence Regulation), welche auf der Ausnahmegesetzgebung gegen die sich erhebenden Araber aus dem Jahr 1936 beruhte, in Kraft und bot dem Staat Israel mit ihren 170 Bestimmungen jede Möglichkeit, sich in die Angelegenheiten des Individuums einzumischen. Für die Bodenfrage war der Artikel 125 entscheidend, wonach der Militär-Gouverneur jedes beliebige Gebiet zum militärischen Sperrgebiet erklären konnte. Außerdem kamen mit der Zeit weitere Verordnungen und Gesetzte hinzu, die der israelischen Regierung erlaubten, ein Land, das ein Jahr brach lag, oder das Land von Abwesenden, etwa Flüchtlingen oder in Israel lebenden Palästinensern, dem Staate einzuverleiben.

1979 wurde dann zur Vereinfachung der Bodenkonfiszierung eine Verordnung (Nr. 59) erlassen, die alle Böden zu Staatsböden erklärte, auf denen die Eigentumstitel nicht eindeutig festgestellt wurden und die nicht im Landkataster eingetragen waren. Der Eigentumsnachweis hatte der Betroffene

selbst zu erbringen. Dafür stand ihm eine Frist von einund-
zwanzig Tagen zur Verfügung, was nach den Erfahrungen der
Bauern, die es betraf, schlichtweg unmöglich war.

Meinem Vater wurde über unseren Anwalt mitgeteilt,
dass bis zur endgültigen Klärung unseres Falles laut den
Bestimmungen des Komitees weder seine Familie noch
die Siedler aus Hadasha die strittigen 25 Dunam bewirt-
schaften oder betreten dürften. Ich kann mich auch daran
erinnern, dass die Planierraupen und Bagger verstummten. Sie mussten ebenfalls ihre Arbeiten für den Bau der
Zufahrtsstraße nach Hadasha einstellen. Es war ungewiss, was nun passieren würde. Manchmal sprachen wir
von der Ruhe vor dem Sturm. Denn bei uns zu Hause
wurden die Wolken immer dunkler, die Stimmung ange-
spannter.

Die ganze Familie saß im Wohnzimmer und aß zu
Abend. Meine Mutter hatte Makloubeh gekocht *(eine*
Speise, die aus Reis, Hühnchen und Blumenkohl besteht). Ich
erwähne das deshalb, weil ich schon lange keine Makloubeh mehr gegessen habe. Es ist bestimmt einige Jahre her.
Vielleicht habe ich sie einmal irgendwo gegessen. Ich
kann mich nur nicht mehr daran erinnern. Wahrscheinlich liegt es an meiner Wahrnehmung. Die Makloubeh
der Gegenwart schmeckt einfach nicht wie die meiner
Kindheit.
 An diesem Abend genossen wir das Essen. Khouloud,
Abir und ich stritten uns um die Hühnchenstückchen –
das taten wir immer, wenn es um Hühnerteile ging –
während Farid keinen Hunger hatte und lustlos neben
meiner Mutter Platz nahm. Nebenher lief der Fernseher
mit den neuesten Nachrichten. An der israelisch-libane-
sischen Grenze war es zu starken Schusswechseln zwischen israelischen Soldaten und den palästinensischen

Freiheitskämpfern gekommen. Mein Vater bat meine Mutter, die sich mit Großmutter über irgendwelche Frauen aus dem Dorf unterhielt, den hinter ihr stehenden Fernseher auszuschalten. Zuweilen hielt er die Nachrichten nicht aus. Unentwegt nur Meldungen über Mord und Totschlag, über Verbrechen und Kriege. Als meine Schwestern und ich unseren Kampf um die Hühnchenstücke beigelegt hatten und jeder zufrieden mit dem war, was auf dem Teller lag, senkte sich eine erholsame Stille über den Raum. Jeder war mit dem Essen beschäftigt. Niemand sagte etwas. Plötzlich aber durchschnitt die Stimme meines Vaters den Schleier der Stille, indem er kopfschüttelnd und in Anerkennung seines Kummers sagte: »Was ist, wenn wir dieses Land verlassen müssen?« Trotz seiner selbstbewussten und sicheren Erscheinung wirkte er wie ein kleiner Junge, der Rat und Trost bei seiner Mutter suchte. Meine Großmutter wandte sich ihm verständnisvoll zu, während wir Kinder aufhorchten und sie nun voller Erwartung ansahen. Denn sie fand immer ermutigende Worte, und alles, was sie zu sagen pflegte, hatte Tiefe. Weisheiten einer alten Frau, die schon viel erlebt und dennoch nie ihre Freude und ihren Frohsinn verloren hatte. Dieses Mal aber sagte sie nichts. Gar nichts. Stattdessen lächelte sie stillschweigend. Es ist das einzige Mal gewesen, dass Großmutter nur mit einem Lächeln, mit einer Geste geantwortet hatte. Ein Lächeln, das mein Vater als Aufforderung verstehen hätte können, auch dann noch weiter zu machen, wenn das Schlimmste eintreten sollte.

Ich begleitete meinen Vater an einem Nachmittag zu einem Bauern in der Nachbarschaft, um einen Schaufeltraktor für wenige Stunden auszuleihen. Ihm war noch eingefallen, dass er ein Loch ausheben wollte, um es mit einer Plastikplane auszulegen und anschließend mit Wasser zu füllen. Wie sich später herausstellte, sollte es ein kleines Planschbecken für uns Kinder sein, denn es war ein heißer Sommer. Als wir mit dem ausgeliehenen Traktor zurück zu unserem Land fuhren, kamen wir an einer Grenzpolizeistreife vorbei. Die beiden Polizisten standen am Straßenrand, lässig an die Türen ihres Jeeps gelehnt und rauchten eine Zigarette. Sie schauten immer wieder den Autos hinterher, die, sobald sie an ihnen vorbeifuhren, ihre Geschwindigkeit drosselten. Es schien, dass um sie herum alles langsamer und vorsichtiger wurde. Sie waren sich dessen bewusst und genossen die Macht ihrer Waffen, die sie in den Händen hielten, sichtlich. Ein besonderer Blickfang waren natürlich mein Vater und ich, die wie in Zeitlupe an ihnen vorbeituckerten. Sie schnippten die Zigaretten nach uns.

Die Schaufel bohrte sich in die Erde und hub nach und nach eine Grube aus. Mein Vater saß auf dem Traktor und ich stand gleich neben der Stelle, wo er gegraben hatte, als plötzlich jene Polizisten auftauchten, die wir noch kurz zuvor auf unserem Rückweg gesehen hatten. Langsam stolzierten sie uns entgegen. Sie waren beide noch verhältnismäßig jung, doch sehr selbstsicher. Der kleinere der beiden war ein israelischer Druse, der auch arabisch sprach. Er fragte meinen Vater, was er auf diesem Land zu suchen habe. Er antwortete, dass dies sein Land sei und er hier arbeite. Der Druse sagte mir, ich solle nach Hause gehen und meiner Mutter mitteilen, dass Vater sie nach Ramallah in das Militär-Hauptquartier begleiten werde. Aber ich wollte meinen Vater nicht alleine zurücklassen. Ich beschloss, nicht auf den Drusen zu hören, bis dieser seinen Wunsch in harschem Befehlston wiederholte und mir mein Vater durch eine eindeutige Geste anzeigte, dass ich nun gehen solle. Dann nahmen sie ihn mit, und ich sah ihn erst am kommenden Tag wieder, nachdem meine Mutter Nathaniel Arnon angerufen und dieser die Freilassung meines Vaters erwirkt hatte.

Offensichtlich war er geschlagen worden, denn er hatte einen blauen Fleck am Unterarm. Aber er redete nicht darüber. Er wollte uns die entwürdigenden Einzelheiten ersparen. Am selben Tag noch begann mein Vater wieder mit der Arbeit an der Grube. Demonstrativ baggerte er mit dem Traktor, den er noch nicht zurückgegeben hatte, weiter. Er wollte es darauf ankommen lassen. »Entweder die oder ich!«, murmelte er.

Kurze Zeit später passierte dasselbe, was sich schon einen Tag zuvor zugetragen hatte. Wieder kamen Polizisten. Wieder schickten sie mich weg. Und wieder nahmen sie meinen Vater mit. Doch diesmal hatten sie ihn nicht über Nacht festgehalten. Der Ausweis wurde ihm im Militär-Hauptquartier abgenommen. Man sagte ihm, dass er sich am nächsten Tag bei ihnen melden müsse und schickten ihn nach Hause. Den ganzen Weg bis nach Beit Ijza musste er zu Fuß zurücklegen, denn als sie ihn entließen, war es bereits so spät, dass keine Busse, Taxis oder Autos mehr fuhren.

Von einem Tag auf den anderen wurden wir von Schikanen der israelischen Behörden überschwemmt. Urkunden und Lizenzen, Erlaubnisschreiben und andere Dokumente verlangte man von meinem Vater zu sehen. Es erschien ihm unmöglich, innerhalb der kurzen Frist von einundzwanzig Tagen, die man ihm gesetzt hatte, all dies herbeizuschaffen. Wieder beriet er sich telefonisch mit dem Anwalt aus Westjerusalem. Der sagte ihm, dass wir nichts zu befürchten hätten. Er würde alles in seiner Macht Stehende tun, um uns zu helfen. Nur dürften wir nicht die Nerven verlieren und solange nicht der Militär-Gouverneur oder ein Mann namens Eli erschiene, brauchten wir den Anweisungen der Grenzpolizisten keine Folge zu leisten.

Ich verstand nun gar nichts mehr. Wahrscheinlich hatte mich hier die Ratlosigkeit meiner Eltern angesteckt.

Nathaniel Arnon behauptete, dass wir nichts zu befürchten hätten und doch verhafteten die Polizisten meinen Vater immer wieder von Neuem. Und was hatte es mit dieser rätselhaften Person Eli auf sich? Es schien, als ob sich all die Ereignisse der letzten Zeit verdichteten, als ob nur noch die finale Explosion ausstand. Die Siedlung oberhalb unseres Landes wuchs stetig an. Neue Häuser wurden gebaut und Türme aufgestellt. Nach und nach glich Hadasha einem militärischen Stützpunkt, einem Wehrdorf, das zur Kontrolle dieser Gegend und seiner arabischen Bewohner errichtet worden war. Trotz der Beteuerungen des Anwalts, alles würde wieder in Ordnung kommen, hatten wir das Gefühl, dass man uns Schritt für Schritt den Boden unter unseren Füßen wegzog. Am meisten belastete dies meinen Vater. Wo sollte er hingehen, wenn man ihm das Land nehmen würde? Was sollte er machen? Und wovon sollte er seine vier Kinder ernähren?

Zwischenzeitlich war der Vogel, den mein Bruder Farid ins sein Herz geschlossen hatte, dem ich aber nach dem Gespräch mit meiner Großmutter am liebsten die Freiheit geschenkt hätte, zur Ruhe gekommen. Farid glaubte, dass er sich nun an den Käfig, sein neues Zuhause, gewöhnt hatte. Wenn ich ihn aber in seinem Gefängnis sitzen sah, erfüllte mich sein Anblick mit Traurigkeit. Denn ich musste mich immer wieder an das erinnern, was Großmutter erzählt hatte. Ich glaubte nicht, dass er sich an diesen kleinen Lebensraum je hätte gewöhnen können, vielmehr war ich der Ansicht, ich dass er nach einiger Zeit einfach aufgegeben hatte und deshalb nicht mehr umherflatterte. Spät am Abend saß Farid vor dem Käfig und wollte mit dem Vogel spielen. Er ließ ihn nie frei herumfliegen, denn er hatte Angst, dass er wegfliegen könnte. Also machte er Geräusche, pfiff oder fuhr mit seinen Fingern über die Gitterstäbe und erzeugte so ein klapperndes Geräusch. Doch der Vogel rührte sich nicht. Khouloud, Abir und ich setzten uns zu ihm und schauten den Bemühungen meines Bruders, bei dem Vogel eine Reaktion hervorzurufen, belustigt zu. Khouloud, die dreizehn Jahre alt und damit die Älteste von uns war, fragte ihn, was er da mache. Farid antwortete:»Der Vogel fliegt nicht mehr herum! Schon seit Tagen nicht mehr. Ich versuche ihn ein bisschen aufzumuntern! Vielleicht ist er einfach nur traurig!« Unter lautem Protest von Farid öffnete ich die Käfigtür und steckte meine Hand hinein. Aber der Vogel zeigte keine Reaktion. Ich strich ihm über sein Gefieder, zog die Hand wieder heraus und schloss die Tür. Nachdem sich Farid beruhigt hatte, schaute er mich fragend an.»Warum bewegt er sich nicht mehr?« Ich zuckte ratlos mit den Schultern. Khouloud runzelte die Stirn und schien einen Moment zu überlegen. Dann sagte sie:»Ich glaube dein Vogel stirbt!«

Der Mann mit dem Namen Eli, von dem unser Anwalt gesprochen hatte, tauchte eines Tages auf unserem Land auf, während mein Vater und ich arbeiteten. Er war ein hagerer Mann, offensichtlich ein Zivilist, mit dunklen lockigen Haaren und einem Vollbart. Sein Gesicht war kantig und machte einen strengen Eindruck. An seiner Hüfte trug er einen Revolver in einem Halfter. Er blickte uns finster an und fragte im nächsten Moment, wer uns erlaubt hätte hier zu arbeiten. Mein Vater erwiderte, dass wir nicht auf den 25 Dunam arbeiten würden, über welche das Komitee für Beschwerdefragen noch entscheiden müsste. Er arbeite lediglich auf dem übrigen Land, welches ihm gehöre. Ich weiß nicht, wer dieser Mann war und welche Funktion er inne hatte. Vielleicht war er ein Angehöriger des GSS *(General Security Service)*. Jedenfalls hatte Nathaniel Arnon meinem Vater gesagt, dass, wenn eine Person mit dem Namen Eli auftauchen würde, es ratsam wäre, sich dessen Anweisungen zu fügen. Man konnte schon auf den ersten Blick erkennen, dass er nichts Gutes im Schilde führte. »Nun gut! Ihr beide, ihr kommt mit ins Militär-Hauptquartier in Ramallah! Dort werden wir schon sehen, wessen Land das ist und ob ihr darauf arbeiten dürft«, befahl er uns. Mein Vater legte die Arbeit nieder und bat mich, die Schaufel und Hacke zurück in den Schuppen zu bringen, bevor wir mit dem Mann aufbrechen wollten. Ich gehorchte, nahm die beiden Gerätschaften, drehte mich um und ging langsam zu dem nahegelegenen Schuppen. »Bleib stehen«, schrie Eli mir hinterher. »Sofort!« Schüsse hallten zwischen den Bäumen, die mich erschaudern ließen. Ich blieb wie angewurzelt stehen und wagte es nicht mich zu bewegen. Der Angstschweiß rann mir über den Nacken. Ich stand mit dem Rücken zu dem Mann, der gerade auf mich geschossen hatte. »Geh keinen Schritt weiter, sonst erschieße ich dich«, drohte er mir. In seiner Stimme lag die Entschlossenheit eines Menschen, der keine Sekunde lang an dem, was er sagte, zweifelte. »Dreh dich jetzt um und komm zurück!« Meine Hände zitterten. Der ganze Körper erzitterte vor Angst. So behutsam wie möglich drehte ich mich um und erblickte meinen Vater, der starr vor Entsetzen den Mann zu besänftigen versuchte. »Mein Junge, hör auf ihn, lass Hacke und Schaufel einfach dort liegen und komm langsam hierher«, flehte er. Ich hob automatisch die Hände. Ich weiß nicht warum. Vielleicht weil ich schon unzählige Male Männer gesehen hatte, die mit erhobenen Händen an der Wand aufgereiht standen, um von israelischen Soldaten durchsucht, kontrolliert und schließlich geschlagen zu werden. Indem ich einen Fuß vor den anderen setzte bewegte ich mich zurück. Vor mir stand der Mann und zielte, die Waffe mit beiden Händen umfasst und einen Finger am Abzug seines Revolvers, auf meinen Kopf. Verachtung loderte in seinen Augen. Hingegen Verzweiflung in jenen meines Vaters, der zwischen mir und dem Israeli schnell hin- und herblickte. »Lass ab von dem Jungen! Wir kommen ja schon mit«, bat ihn mein Vater. Der Mann senkte den Revolver, steckte ihn wieder in den Halfter und wir setzten uns vor ihm in Bewegung, um zu seinem Wagen zu gelangen. Trotz der nun veränderten Situation ließ die Anspannung meines Körpers nicht nach. Der Israeli mit dem Namen Eli stieß uns grob in den hinteren Teil des Polizeijeeps hinein, der vom Fahrerhaus abgetrennt war und dessen mit Gittern versehenen Fenster sich nur von außen öffnen ließen. Die Tür schlug mit einem lauten Knall zu. Wir nahmen auf den Bänken Platz, die sich an beiden Seiten entlang zogen.

Der Mann führte uns unter Schlägen in einen Raum im Militärgebäude. Um uns herum waren nur bewaffnete Soldaten. Ihre Blicke fingen uns ein, durchbohrten uns. Mir war, als ob von jedem dieser Männer dieselbe Verachtung ausging, wie ich sie von dem Mann mit dem Namen Eli erfahren hatte. Er hieß meinen Vater sich auf einen der Stühle zu setzen. Ich sollte neben ihm stehen bleiben. Dann verschwand er. Kaum war er aus der Tür hinaus, suchte ich den Schutz und Trost meines Vaters. Er setzte mich auf seinen Schoß und nahm mich in den Arm, drückte mich fest an sich, wie wenn er sich für lange Zeit von mir verabschieden würde. Ich wollte weinen, konnte nur nicht. Der Stolz meines Vaters verbot es mir. Oder vielmehr verbot ich es mir, um meinem Vater zu beweisen, dass auch ich stark war. »Du wirst sehen, wir werden gleich wieder nach Hause gehen können«, versuchte er mir glauben zu machen. Plötzlich kamen zwei Männer in Uniform herein, Grenzpolizisten. Sie sagten, dass mein Vater hier bleiben müsse. Mich aber würden sie nach Hause bringen. Es widerstrebte mir, meinen Vater allein in diesem Raum zurückzulassen. Ich hatte Angst um ihn. Ich bildete mir ein, ihm helfen zu können. In Wirklichkeit hätte uns aber nur ein Wunder des Himmels helfen können.

Die Polizisten rasten durch Ramallah. Es war noch früher Abend und reges Treiben herrschte in der Stadt. Die Menschen erledigten Einkäufe oder kehrten von der Arbeit zurück. Ohne aber auf Passanten und Verkehr Rücksicht zu nehmen, donnerten sie durch die Straßen. In den Kurven wurde ich hin und her geschleudert und bei jeder Bremsung flog ich gegen die Wand zur Fahrerkabine. Als sie außerhalb der Stadt anhielten und mich zum Aussteigen aufforderten, war mir schlecht und schwindlig. Mein ganzer Körper schmerzte. Ohne etwas zu sagen knallten die Polizisten die Türe zu und rauschten davon, zurück nach Ramallah.

Ich stand allein in einer von dem Jeep aufgewirbelten Staubwolke auf einer Landstraße, die nach Beit Ijza führen sollte. Ich machte mich auf den Weg nach Hause und dachte über all das, was bisher geschehen war, nach. Mit jedem Schritt kam ein neuer Gedanke, der meist mit der allgegenwärtigen Frage nach dem Warum verbunden war. Bis zu diesem Tag hatte ich viele Geschichten über die israelischen Besatzer gehört, Erinnerungen meiner Großmutter aus dem Krieg von 1948.

Autos rauschten auf der Landstraße dicht an mir vorbei. Doch bemerkte ich sie kaum. Der Schock steckte tief in meinen Knochen und meine Gedanken rissen mich immer wieder aus der Sorge um meinen Vater heraus. Was würde mit ihm noch passieren? Ich hatte einmal einer Geschichte meiner Großmutter gelauscht, die nicht für meine Ohren bestimmt war, sondern zu später Stunde für jene meiner Eltern. Ich hatte aber nicht schlafen können und da die Türen zumeist offen standen, meine Geschwister sich in ihrer Traumwelt befanden, konnte ich der leisen Stimme meiner Großmutter gut folgen. In einem Dorf, das es heute nicht mehr gibt, war Abu Karim ein angesehner Mann. Er hatte einen kleinen Laden, in dem er Schreibwaren und Lebensmittel verkaufte. Während des Krieges im Jahre 1948 stürmten israelische Einheiten das Dorf und versammelten die Einwohner auf dem kleinen Marktplatz. Auch Abu Karim stand in der Menge der Dorfbewohner. Der Mann, der die Soldaten befehligte, fragte nach dem Sprecher des Dorfes. Da trat Abu Karim hervor. Hinter ihm standen seine zwei Kinder und seine Frau, die aus Angst um ihren Vater und Ehemann weinten. Der israelische Offizier ging auf sie zu. Er fragte:»Deine Familie?« Abu Karim nickte.»Wie heißt deine Tochter?« Abu Karim antwortete:»Munna!« Sie weinte. Der Offizier nahm seinen Revolver aus dem Halfter und zielte auf ihren Kopf mit den großen dunklen Augen, die Ausdruck endlosen Entsetzens waren. Es war still. Niemand wagte auch nur einen Laut von sich zu geben. In der Luft lag eine unermessliche Anspannung. Dann fielen zwei Schüsse. Im nächsten Moment fiel Munna rücklings zu Boden. Mit aller Wucht schlug ihr Kopf auf. Blut tropfte aus ihrem langen braunen Haar und versickerte in der sandigen Erde. Abu Karim starrte fassungslos auf den leblosen Körper seiner Tochter. Dann schritt er zwischen den Soldaten hindurch, hob die tote Munna auf und trug sie gesenkten Blickes die Straße entlang, bis er hinter einer Mauer verschwand. Zurück blieb nur eine rote Spur von dem Blut, das aus ihrem Kopf rann.

Abu Karims Frau schlug die Hände über dem Kopf zusammen. Sie weinte und schrie»Allahu Akbar! Allahu Akbar! Gott ist groß! Gott ist groß!« Einer der Soldaten trat an sie heran und befahl ihr zu verstummen. Doch der Schmerz von Abu Karims Frau war zu stark. Das blutende

Herz einer Mutter, deren Kind vor ihren Augen erschossen wurde, musste sein Leid hinausschreien. Nachdem die jammernde Frau dem Soldaten nicht gehorcht hatte, begann er sie mit seinen Füßen in den schwangeren Bauch zu treten. Sie fiel zur Seite und er trat weiter auf sie ein. Dann setzte er die Mündung seines Gewehres an ihren Kopf und drückte ab. Es fiel ein Schuss.

Als Abu Karim zurückkehrte, war seine Kleidung blutverschmiert. Seine Hände und Ärmel waren dreckig. Er hatte seine Tochter auf dem nahegelegenen Friedhof begraben. Als er bleich vor Entsetzen auch seine Frau auf der blutroten Erde erblickte, hob er sie auf und trug sie gebeugten Ganges wieder die Straße hinunter, bis er erneut hinter der Mauer zum Friedhof verschwand.

Der Sohn von Abu Karim war noch jung. Vielleicht fünf oder sechs Jahre alt. Er weinte und weinte und weinte. Zusammen mit all den Menschen, die hilflos um ihn herumstanden. Er klammerte sich an den Rock einer Frau, vergrub sein Gesicht darin und versteckte sich. Sie drückte seinen Kopf mit einer Hand an ihre zitternde Hüfte. Dann sackte der kleine Karim in sich zusammen.

Der Offizier erblickte den laut schluchzenden Jungen und befahl ihm, hinter dem Rücken der Frau hervorzukommen. Als Karim nicht gehorchte, ging der Offizier auf ihn zu, riss ihn an seinem rechten Arm hervor und schleifte ihn über den Boden. Dann ließ er ihn liegen und ging um das kleine wehrlose Kind herum. Die Menschen hielten den Atem an. Dann fielen zwei Schüsse, die dem kleinen Jungen die Brust durchlöcherten. Er bewegte sich noch, rang nach Luft, bevor das Leben seinem Kinderkörper entschwand.

Nachdem Abu Karim auch seinen Sohn beerdigt hatte, forderten die Juden ihn auf, mitzukommen. Er sagte aber, dass er noch seinen Ausweis holen müsse. Dann verschwand er einen Moment in seinem Laden, welcher sich gleich an dem Platz befand, auf dem sie standen. Schließlich gaben sie den Dorfbewohnern nur wenig Zeit, ihre Habseligkeiten zusammenzupacken, zerstörten vor ihren Augen ihre Häuser und Geschäfte, legten sie in Schutt und Asche und trieben die Menschen wie Vieh vor sich her, um sie irgendwann ihrem Schicksal zu überlassen. Abu Karim hatten sie jedoch mit in das Militär-Hauptquartier genommen. Man erzählte sich, dass dort wenig später eine Bombe explodierte und unzählige israelische Soldaten den wohlverdienten Tod fanden. Abu Karim konnte jedoch nicht beerdigt werden.

Ein lautes Hupen riss mich aus meiner Wut und meinem Zorn heraus. Hätte ich in diesem Moment einen Israeli gesehen, ich wäre ihm sicherlich an die Gurgel gesprungen. Dann hielt direkt neben mir ein Wagen an. Es waren Bekannte meines Vaters, die in Ramallah arbeiteten und am Abend nach Beit Ijza zurückkehrten. Ich stieg bei ihnen ein. Sie brachten mich nach Hause, wo meine Mutter voller Sorge auf mich wartete. Sie hatte bereits Nathaniel Arnon verständigt, der ihr mitgeteilt hatte, dass ich mich bereits auf dem Heimweg befände und mein Vater im Militärgefängnis achtundzwanzig Tage Haft verbüßen müsste. Weshalb wusste selbst er nicht!

Parallel zur territorialen Expansion während des Krieges von 1948 erfolgte jetzt auch die planmäßige und gewaltsame Vertreibung der Palästinenser durch die Zionisten. Dazu existierte ein gewisser Plan »Dalet«, der entsprechende militärische Operationen beinhaltete. Auch wenn die erste Operation »Nachshon« des Dalet-Plans schon am 1. April 1948 begann, so setzte die massenhafte Fluchtwelle der Palästinenser erst nach dem Massaker von Deir Yassin ein. Am 9. April 1948 ermordeten Einheiten der zionistischen Untergrundgruppen Irgun und Lechi in dem Dorf bei Jerusalem insgesamt 254 un-

bewaffnete Männer, Frauen und Kinder. Das Blutbad erzielte seine beabsichtigte Wirkung, indem aus Angst vor weiteren Terrorakten und Massakern Zehntausende von Palästinensern panikartig ihre Heimat verließen. Schließlich folgten die Massaker von Irqit im Jahre 1951, die von Al-Tira bei Ramla und von Abu Gosh bei Jerusalem im Jahre 1953, sowie die in Akka und Kufur Kassem im Jahre 1956. Menachem Begin, damaliger Führer der Irgun und späterer Premierminister und Friedensnobelpreisträger, rechtfertigte das Massaker von Deir Yassin, weil es ohne den Sieg über dieses Dorf keinen Staat Israel gegeben hätte. Waffengewalt bestimmte somit die zionistische Vertreibungspolitik. Die Legende von der angeblich freiwilligen Flucht der Palästinenser hingegen entbehrte jeglicher Grundlage. Die Behauptung, arabische Behörden hätten über Radioaufrufe und Zeitungsmeldungen die Palästinenser aufgefordert, das Land zu verlassen, war schlichtweg falsch. Solche Meldungen hat es nie gegeben.

Zwischen 1947 und 1949 wurden etwa eine Million Palästinenser vertrieben. Sie waren der traurige Preis für die Gründung Israels. Durch die Operationen nach dem Dalet-Plan gelang es, das Gebiet für den Siedlerstaat bis zum 15. Mai 1948, dem Tag der Staatsgründung, von den durch den UNO-Beschluss festgesetzten 56 Prozent auf rund 77 Prozent der gesamten Landesfläche Palästinas auszudehnen. Man war zwischenzeitlich von den Mitteln des Landkaufs zum Landraub übergegangen.

Damit hatte der Zionismus sein Ziel erreicht und der von Herzl und anderen zionistischen Politikern propagierte Judenstaat war unter der Führung von Ben Gurion Wirklichkeit geworden. Den Palästinensern jedoch wurde ihr Land gewaltsam entrissen. Sie wurden entwurzelt und ihrer Heimat beraubt. Davon zeugen noch heute die Flüchtlingslager im Libanon, in Syrien, in Jordanien und in den besetzten Gebieten. Der Judenstaat entstand und entsteht noch immer auf Kosten der palästinensischen Bevölkerung.

Mein Vater saß nun im Gefängnis und Nathaniel Arnon stand den Ereignissen machtlos gegenüber. Ein Tag, nachdem der Mann mit dem Namen Eli uns gezwungen hatte, mit in das Militär-Hauptquartier zu fahren, begannen die Planierraupen und Bagger wieder mit ihrer Arbeit. Sie rissen unsere Erde auf und gruben immerfort. Meine Mutter wusste nicht, was sie machen sollte. Und wir Kinder waren ihr keine große Hilfe. Der Anwalt hatte ihr gesagt, dass zusätzlich zu den 25 strittigen Dunam nun noch weitere 50 Dunam hinzukämen, die ebenfalls seit Jahren nicht genutzt wurden, und aus diesem Grund die Konfiszierung und Überführung in jüdischen Staatsboden auch in diesem Fall geprüft werden müsste. Außerdem liege den Behörden für das Haus, also den restlichen 5 Dunam, keine Baugenehmigung vor, zumindest keine, die sich mit dem tatsächlichen Gebäude decke. Das wären dann zusammengenommen die 80 Dunam, auf denen und von denen wir lebten.

Anfänglich vergingen die Tage nur sehr langsam. Ich traf meine Mutter oft weinend an, obwohl sie noch nie viel Aufhebens um ihre Gefühle gemacht hatte. Sie saß zurückgezogen in einem Zimmer, ganz für sich allein, hatte die Hände in den Schoß gelegt und weinte. Wenn eines von uns Kindern hineinkam, wischte sie sich schnell über die Wangen und es schien, als ob sie kurz zuvor keine einzige Träne vergossen hätte. Aber ihre Traurigkeit und ihr Kummer lagen nicht in den Tränen, sondern in ihrer bedrückten Art, in ihrem Wesen, das all diese Sorgen in sich hineinfraß. Großmutter fand ebenso wenig tröstende Worte. Ich glaube, dass von meinen Geschwistern, vielleicht bis auf Khouloud, niemand so recht begriff, in welcher Situation wir uns im Moment befanden. Und ich selbst sah auch nur deswegen so klar, weil der Mann mit dem Namen Eli auf mich geschossen hatte und ich meinen Vater bei den Israelis zurücklassen hatte müssen. Meine Gedanken kreisten nur darum, wie es ihm dort wohl erginge. Die Gesichter der Soldaten, die uns auf den Fluren begegnet waren, ihre verächtlichen Blicke, sah ich noch immer ganz nah vor mir.

Nachdem zehn Tage vergangen waren, gab uns Nathaniel Arnon telefonisch Bescheid, dass mein Vater vorzeitig entlassen wurde. Wieder aus uns unerklärlichen Gründen, hatte der Anwalt doch nichts unversucht gelassen, ihn gleich einen Tag nach seiner Verhaftung freizubekommen.

Wenig später kam mein Vater nach Hause. Wir jubelten, als er zur Türe hereinkam und stürmten auf ihn zu. Mutter und Großmutter konnten ihre Freudentränen nicht zurückhalten. Mir fiel aber auf, dass sich ziemlich dunkle Ringe um seine Augen zogen, so als ob er seit Wochen nicht geschlafen hätte. Er war blass, hatte keine Farbe im Gesicht. Ich hatte mir nicht vorstellen können, was damals bei den Israelis mit ihm geschehen war. Vater verlor kein einziges Wort darüber. Heute weiß ich es aber. Heute, nachdem ich selber Jahre im Gefängnis verbracht habe. Es gibt Dinge, die man selbst erlebt haben muss, um sie zu verstehen. Ich weiß jetzt, weshalb er zumindest mit uns nie darüber geredet hat. Er ist unser Vater …

Es geschah am Morgen danach. Wir schliefen alle noch. Ich hörte Geräusche, maß ihnen aber keine Bedeutung bei, drehte mich um und schloss wieder die Augen. Nur das monotone Ein- und Ausatmen meiner Geschwister war zu hören. Ich musste an unseren Vogel denken. Und ich musste an Farid denken, wie er in die Küche gestürmt kam, große Kindertränen in den Augen, und den reglosen Vogel auf der glatten Handfläche hielt. Er sagte mit gebrochenem Herzen: »Mein Vogel ist tot!« Khouloud entgegnete: »Ein Vogel gehört eben nicht in einen Käfig. Dort stirbt er!« Mutter bedeutete Khouloud mit einer

Handbewegung den Mund zu halten. Dann nahm sie sich Farids an und tröstete ihn. Der Vogel wurde hinter dem Haus beerdigt. Es dauerte Tage, bis Farid wieder ansprechbar gewesen war. Schließlich sei er in Trauer um den Vogel gewesen, sagte er später. Jetzt schlief er tief und fest. Spuckefäden hingen aus seinem geöffneten Mund und er schnarchte leicht.

Plötzlich hämmerte es an der Tür. Es war nicht nur eine Hand, die auf die Tür einschlug. Ein dröhnendes Geräusch, das Tote geweckt hätte. Bestimmt waren es mehrere Füße und Fäuste, die da hämmerten. Wir wachten alle auf. Auch Großmutter. Mutter schaute aus dem Küchenfenster, das zum Hof hinaus ging. Es waren vier Militärfahrzeuge zu sehen. Sie erschrak. Vater ging verunsichert zur Tür und entriegelte sie. Kaum hatte er sie einen Spalt breit geöffnet, wurde die Tür mit aller Wucht aufgestoßen und es fielen vielleicht zehn oder zwölf Soldaten in das Haus ein. Vater lag auf dem Boden, weil ihn die Tür nach hinten umgeworfen hatte. Er stand wieder auf. Ich erkannte den Mann mit dem Namen Eli unter den Soldaten. Er ging auf meinen Vater zu und zeigt ihm ein Dokument. Es ordnete die Enteignung unseres Landes und die Räumung unseres Hauses an, das nicht nach den Maßgaben der Baubehörde und unserer Baugenehmigung errichtet worden war. Höhnisch grinste der Mann meinem Vater ins Gesicht. Er genoss seinen Triumph sichtlich und sprach in herrischem Ton:»Dieses Land ist jüdisches Gebiet. Es gehört uns. Das ist das biblische Judäa und Samaria. Gott hat uns hierher geführt. Wir sind immer hier gewesen. Warum sind daraus aber arabische Dörfer geworden? Weil wir vor euch geflohen sind. Doch in diesem Land liegen unsere Wurzeln. Unausrottbar. Jetzt kehren wir zurück und machen das fruchtbar, was ihr verkommen habt lassen. Schaut euch doch um! Ihr kippt euren Müll einfach vor die Türe …Ich wüsste nicht, warum ihr

noch länger unser Land verdrecken solltet!« Währenddessen stießen die mit Gewehren bewaffneten Soldaten
Stühle, Tische und Schränke um. Einfach alles, was sich
ihnen in den Weg stellte. Eli gab uns dann dreißig Minuten, um zu packen und zu verschwinden. Wir hatten keine
Zeit zu verlieren. Wir hatten schon früher erfahren, wie
ernst es dem Mann war. Meine Mutter rannte quer durch
das Haus, stopfte ihre Kleidung, die von Vater und die
von uns Kindern in einen Plastiksack. Khouloud half
meiner Großmutter sich anzuziehen und ihre Sachen zu
suchen. Ich nahm ebenfalls eine Tüte, eilte in die Küche
und wollte Proviant mitnehmen, aber dort hatten sich bereits die Soldaten über das Essen, das Besteck und die
Teller hergemacht und alles in einem Chaos von Scherben und zertretener Nahrung zurückgelassen. Abir hatte
scheinbar denselben Einfall wie ich gehabt, blieb aber
ebenfalls entsetzt an der Küchentüre stehen. Dann packte
sie eine Hand von hinten und riss an ihren Haaren. Sie
schrie, während sie hinausgeschleift wurde. Ein Soldat
sagte irgendetwas auf Hebräisch, doch konnte ich es
nicht verstehen. Er deutete auf seine Uhr, packte mich am
Arm und zog mich ebenfalls aus dem Haus, vor dem
schon meine jammernde Mutter, mein gebrochener Vater
und meine ratlose Großmutter, die von Khouloud gestützt wurde, standen. Die Zeit, die sie uns gelassen hatten, waren keine dreißig Minuten. Es waren zehn Minuten. Zehn Minuten, um jenes Land, das sich schon seit
Generationen in unserem Besitz befand, zu verlassen.
Langsam rückte eine Planierraupe an. Der Schuppen fiel
ihr als Erstes zum Opfer. Das Holz krachte und zersplit-
terte. Dann war das Haus an der Reihe. Langsam stürzte
die Mauer der Südseite ein. Anschließend fiel das Dach
in sich zusammen. Ein großer, grauer Pilz stieg in die Höhe
und verdeckte das wahre Ausmaß der Verwüstung. Wir
standen noch immer fassungslos in unseren Nachthem-

den vor unserem Haus, das nun nichts als Schutt und Trümmer war. Die Planierraupe hörte nicht zu wüten auf. Jeder Zentimeter, der noch aus dem Boden ragte und an die Mauer eines Hauses oder Ähnliches erinnern soll- te, wurde rigoros dem Erdboden gleichgemacht. Und als davon nichts mehr übrig war, machte man sich an die Olivenbäume, die hinter dem Haus standen. Auch diese wurden von dem Kettenmonster einfach niedergerissen, bis von dem Erbe des Vaters meines Vaters und des Großvaters meines Vaters nichts mehr zu erkennen war. Die Arbeit von Generationen war in wenigen Minuten zerstört worden. Unsere Erde haben sie uns genommen. Das Haus meiner Kindheit existierte nicht mehr. Und uns ließen sie mit nichts als uns selbst zurück. Das war im Jahre 1981. Ich war inzwischen neun Jahre alt. Das erste Mal in meinem Leben verspürte ich einen bis dahin noch ungeahnten Zorn in mir. Hass stieg in mir auf. Maßloser, alles Israelische verachtender Hass …

II
DONNERSTAG NACHT

Obgleich ich mir fest vorgenommen hatte, Said nicht zu unterbrechen, stiegen, während er erzählte, immer wieder Bilder aus den unergründlichen Tiefen meiner selbst herauf. Es waren Erinnerungen, von denen ich aufgrund meiner langen Abwesenheit von Palästina geglaubt hatte, längst nicht mehr über sie zu verfügen. So dachte ich etwa an ein kleines Mädchen in Gaza, die zehnjährige Malaak, die Tochter von Abu Aschraf, die immer in derselben Haltung im Wohnzimmer saß: still, fast unbeweglich. Seit Jahren gab sie sich nicht der leisesten Regung hin und verlor nur selten ein Wort. Als ich einmal ihren Vater besuchte und schwarzen Tee mit frischer Pfefferminze mit ihm trank, versuchte ich, gelegentlich einen Blick auf sie zu werfen. Sie saß da wie ein Stillleben des palästinensischen Malers Suleiman Mansour. Mit ihrem Unterarm hatte sie ihr Gesicht verdeckt und hockte leicht zitternd nach vorne gebeugt auf dem Boden. Ihr Vater erklärte mir, was sie derart bewegte: die Tatsache, dass Soldatenstiefel ihrem geliebten Bruder den Schädel zertrümmert hatten ... Unfassbare Traurigkeit überfiel mich. Welche Welt war das, in der Soldaten nicht einmal vor Kindern Halt machten?

Die erste »Sitzung« mit Said dauerte ungefähr vier Stunden. Ich hatte nicht erwartet, dass er von Anfang so mitteilsam sein und mir Ereignisse aus seiner Kindheit schildern würde. Sicherlich hatte er den einen oder anderen Teil, die eine oder andere Geschichte ausgespart, weil er sich zum einen noch unsicher und unschlüssig war und zum anderen vielleicht sogar manchen

Episoden keine Wichtigkeit beimaß. Seine Kindheit hatte sich offensichtlich auf dieses einschneidende, alles verändernde Ereignis reduziert.

Said wusste es zu erzählen. Sein Bericht schien mir zuweilen ein schon vorgefasster Text zu sein. Und obwohl viele seiner Erinnerungen lange zurücklagen, hatte er sich alles ohne größere Anstrengungen wieder ins Bewusstsein rufen können. Nur wenig erschien mir verschwommen. Aber im Hinblick auf die Umstände, unter denen wir zusammenkamen – im Muchajiam waren nachts alle Bewaffneten in Alarmbereitschaft, die präzise auf die israelischen Panzerdivisionen am Stadtrand achteten, um im Falle eines Angriffs umgehend reagieren zu können –, war dies nur menschlich.

Bevor ich Said um kurz nach fünf Uhr morgens verlassen hatte, verabredeten wir ein Treffen für die kommende Nacht. Es überraschte mich, hatte ich doch geglaubt, dass er aufgrund der kurzen Nacht und des bevorstehenden arbeitsreichen Tages die nächste Zusammenkunft weit später anberaumen würde.

Ich ging in das Haus meiner Großeltern, frühstückte und schlief. Als ich am späten Nachmittag aufwachte, drangen laut aus der Küche die Nachrichten des Vortages. In Netanya, einem Vorort von Tel Aviv, waren zwei junge Palästinenser mit Gewehren in ein Lokal eingedrungen, hatten wahllos um sich geschossen und mehrere israelische Zivilisten getötet oder verletzt. Als die Sicherheitskräfte eintrafen, waren sie liquidiert worden.

Ich setzte mich mit meinen Notizen an den Esstisch auf der Veranda, richtete meine Augen auf die Ebene unterhalb von Dschenin und beobachtete nachdenklich die schon in der Abenddämmerung hellerleuchteten israelischen Städte Afula und Nazareth. Von ihnen trennten uns nur wenige Kilometer. Und dennoch lagen dazwischen Welten, die Welten von Recht und Unrecht.

Ich schaute immer wieder von meinem Notizblock auf. Die Panzer, die vor der Stadt auf der Pirsch lagen, kamen bedroh-

lich nah an Dschenin heran. Kein Mensch war nun mehr in der Innenstadt, und die Bewohner aus dem Flüchtlingslager hatten sich ebenfalls schon in Sicherheit gebracht, so wie die Familie Abu Nabils, der bei der leisesten Truppenbewegung Zuflucht bei seiner Tochter in einer Ortschaft unweit der Stadt zu suchen pflegte. Die Jugendlichen und die jungen Männer aber blieben und stellten sich der übermächtigen israelischen Armee. Die kommende Nacht verlief jedoch ohne nennenswerte Vorkommnisse. Die üblichen Feuergefechte, die üblichen Detonationen und die üblichen Streifzüge der bewaffneten Männer des Muchajiams, sonst nichts.

Dieses Mal trafen sich Said und ich uns an einem anderen Ort, in einem neuen Haus, in einem helleren Zimmer. Wir begrüßten uns kurz und Said kehrte in seiner Erinnerung in eine andere Zeit – die Zeit der Intifada – zurück.

Als das Haus meiner Kindheit der israelischen Planierraupe zum Opfer fiel, die Soldaten uns von unserem Land vertrieben und uns verboten, es jemals wieder zu betreten, verständigte mein Vater zum letzten Mal Nathaniel Arnon, den israelischen Anwalt ausWestjerusalem. Er sagte, dass er nichts mehr für uns machen könne. Nun, man hatte auch nichts anderes mehr von ihm erwartet. Obgleich er unentwegt beteuert hatte, dass alles wieder in Ordnung käme, steckte er sicherlich mit den israelischen Behörden, die die Enteignung veranlasst hatten, unter einer Decke. Davon bin ich heute noch felsenfest überzeugt.

Erfolg sei, einmal mehr aufzustehen als hinzufallen. Das hatte Großmutter uns schon immer eingebläut. Nicht nur uns Kindern, sondern auch meinem Vater. Wir siedelten also nach Dschenin zu meinem Onkel Abu Omar über. Wir hätten auch in Beit Ijza oder Ramallah bleiben können, denn in hier waren alle bereit, uns im Rahmen ihrer Möglichkeiten zu helfen. Doch diese waren begrenzt und meine Eltern wollten ohnehin niemandem zur Last fallen. Hinzu kam, dass das Lokal meines Onkels bestens lief und er meinem Vater angeboten hatte, bei ihm zu arbeiten. Als er uns abholte, ließen wir alles, was uns einst gehört und uns mit Stolz erfüllt hatte, zurück und brachen in eine neue Stadt auf. Es war eine schweigsame Autofahrt. Selten wurde ein Wort gewechselt. Selbst Onkel Abu Omar steuerte wortlos den Wagen, auf dessen Dach wir unsere verbliebenen Habseligkeiten festgezurrt hatten. Ich saß auf der Rückbank neben meinen Schwestern und neben meiner Großmutter, die bei jedem Stein ihrer Mesbaha *(eine Gebetskette)* den Namen Gottes pries, und nun nach 1948 zum zweiten Mal in ihrem Leben ihr Zuhause verloren hatte. Ein wirres Geflecht von verschiedenen Geschichten, Wahrheiten und Ereignissen, eine Vielzahl an klagenden und die Israelis verfluchenden Stimmen hatte sich über die letzten Wochen und Monate in meinem Kopf breit gemacht und sich dort festgesetzt. Noch begriff ich nicht die Wurzeln und Ursachen dessen, was uns widerfahren war. Noch begriff ich nicht, dass unser Schicksal nur ein kleines Glied in der langen Schicksalskette meines Volkes war. Aber dass die Juden jene waren, die uns beraubt und entwürdigt hatten, dass sie diejenigen waren, die an uns Unrecht begingen, das hatte ich unschwer begreifen können. Meine kindlichen Ansichten von Gut und Böse ordneten uns auf der Seite der Guten, die Juden und die Männer in den olivgrünen Uniformen in die Reihen der Bösen ein.

Mein Onkel hielt an, stieg aus und verschwand in einem der Läden der Ortschaft, in der wir uns befanden. Es war heiß und wir hatten alle Fenster geöffnet. Eine leichte Brise ließ die Schweißperlen auf meiner Haut trocknen. Ich klebte an mir selber fest. Mutter, Vater und Farid saßen vorne. Mutter fragte meinen kleinen Bruder, ob er etwas zu trinken wollte, und als er nickte, kehrte mein Onkel

Abu Omar mit einer Plastiktüte voller Coladosen und gerösteten Kürbiskernen zurück. Er stieg ein und reichte die Tüte herum. »Trinkt und esst!« Er blickte in die traurigen Gesichter, die ihn umgaben. »Wisst ihr, ich habe mal ein marokkanisches Sprichwort gehört, das besagt: Ein Leben voller Fallgruben, ein Leben, das nur aus Warten besteht, ist besser als gar kein Leben.« Er nickte meinem Vater aufmunternd zu. »Mein geliebter Bruder, mit geeinten Kräften werden wir euch wieder zurück auf den Pfad des Lebens bringen. Vertrau mir!« Dann drehte Onkel Abu Omar den Zündschlüssel um und gab Gas. Seine Worte waren Balsam für unsere leidenden und angsterfüllten Seelen. Wir setzten unseren Weg nach Dschenin fort.

Die Jahre vergingen und wir lebten uns nach und nach in Dschenin ein. Mein Vater arbeitete in dem Lokal meines Onkels, wir Kinder gingen in die Schule, Mutter und Großmutter kümmerten sich zusammen mit Um Omar, der Frau meines Onkels, um die häuslichen Angelegenheiten. Anfänglich besuchte ich nach der Schule oftmals meinen Vater in der Arbeit. Das Restaurant meines Onkels hieß Al-Sham *(noch bevor es zu den Nationalstaaten Jordanien, Syrien oder Libanon kam, nannte man im Arabischen alle Länder des Nahen Ostens »Bilad Al-Sham« – Länder des Ostens).* Jeden Morgen wurden die großen Messingbehälter in dem kleinen Lokal mit frischem Hummus *(Kichererbsenmus mit der Sesampaste Tahine)*, Fuhl *(Feldbohnen, die püriert serviert werden)* oder M'tabal *(aufgebackene Auberginen, mit Knoblauch püriert)* aufgefüllt. Dann zog sich ein appetitanregender Duft durch die anliegenden Räume, ja selbst in den umliegenden Straßen konnte man die Köstlichkeiten riechen. Sobald ihre Duftschwaden die Nasen der Arbeiter oder der Ladenbesitzer in der Nachbarschaft kitzelten, strömten die Leute in das Lokal, wie nach einem morgendlichen Aufruf zum Frühstück, dem sie gehorsam Folge leisteten. Wenn ich nach der Schule meinem Vater und meinem Onkel aushalf, stellte ich mich hinter den Tresen, über dem ein Ventilator hing und der in heißen Tagen ständig kühlende Luft durch das Restaurant trieb, packte die Speisen ab oder servierte sie den Gästen, während zumeist mein Onkel an der Kasse die Münzen oder Scheine der zahlenden Gäste entgegennahm. Al-Sham ist in meinen Erinnerungen der Zeit nach Beit Ijza irgendwie der Mittelpunkt der Stadt, der Mittelpunkt meines Lebens gewesen. Bestimmt deshalb, weil mir anfänglich noch alles fremd und das Restaurant mein einziger Anlaufpunkt in Dschenin war. Dort sog ich das neue Leben in mich ein, fasziniert von den unterschiedlichen Leuten, die ein und aus gingen. Mir fiel besonders ein Mann auf, der tagtäglich vor dem Al-Sham auftauchte. Er ging barfusß, hatte eine alte, schwarze Hose an und ein verschmiertes, weißes Hemd, das seitlich zur Hose heraushing. Seine Haare waren vollkommen zerzaust, teilweise sogar verfilzt, und wenn er lachte, was er ständig tat, kamen seine von Karies befallenen, dunklen Zähne zum Vorschein. Er redete mit sich selber, kicherte schüchtern, wenn ein junges Mädchen vorbeiging und forderte die Leute gestenreich auf, einen weiten Bogen um ihn zu schlagen, weil er den Weg und die Straße vor dem Restaurant kehrte. Manchmal besorgte er sich einen Eimer Wasser von meinem Vater und reinigte den mit roten Steinen gepflasterten Boden, der jedoch im nächsten Moment durch die vorbeieilenden Leute wieder schmutzig wurde. Doch es zählte nicht die Tatsache, dass er den Weg sauber machte. Es waren seine guten Absichten, die ihm mein Onkel oder mein Vater honorierten. Jeden Tag bereiteten sie ihm ein Essen zu, nachdem er die sich selbst auferlegte Arbeit verrichtet hatte. Wenn er sich dann an einen der Tische weit ab der übrigen Gäste setzte, holte er einen Stift und einen Block hervor und schrieb, während er genüsslich sein Mahl verzehrte. Die Art, wie er den Bleistift hielt und mit dem über den Tisch gebückten Oberkörper das Papier ganz nah vor seinen Augen beschrieb, erinnerte mich an ein kleines, malendes Kind. Sein Name war Chalil. Ich erinnere mich, dass ich eines Tages – es muss ein Freitag gewesen sein, denn es war Vormittag und ich hatte keine Schule – vorsichtig auf ihn zuging und mich an seinen Tisch setzte. Er war so sehr in seine Aufzeichnungen vertieft, dass er mich nicht bemerkte. Laut sagte er jedes einzelne Wort vor sich hin, bevor er es zu Papier brachte. Nur ergaben sie keinen Sinn. Ich wollte ihn bei seiner Arbeit nicht stören und doch war ich neugierig, was er auf den vor ihm liegenden Block niederschrieb. Ich fragte ihn, was er machte. Plötzlich hob er ruckartig seinen Kopf, blickte mich entsetzt an und drückte den Notizblock an seine Brust. Er verhielt sich wie jemand, den man auf frischer Tat ertappt hatte. Dann sprang er auf, so dass sein Stuhl umfiel. Er rief mir laut zu, dass sie noch immer da wären, während er fluchtartig das Lokal verließ, ohne dabei an die belegten Brote zu denken, die ihm mein Onkel immer noch zusätzlich zum Essen mitgab. Mich erschütterte seine Reaktion, hatte ich doch insgeheim geglaubt, mich mit ihm normal unterhalten, vielleicht sogar den ein oder anderen Grund für sein sonderbares Verhalten erfahren zu können. Mein Vater hatte meinen zaghaften Versuch, mich Chalil zu nähern, aufmerksam beobachtet. Während ich dem Mann noch verwundert hinterherschaute, kam mein Vater zu mir herüber und setzte sich auf den gegenüberliegenden Stuhl. Er sagte:»Said, mein Sohn, niemand weiß woher Chalil kommt, noch was ihm zugestoßen ist. Er ist allein, ohne Eltern, ohne Freunde. Er ist verrückt. Nur Allah weiß, warum er den Verstand verloren hat.« Konnte es wirklich sein, dass Chalil niemanden hatte, der sich seiner annahm? Und wo schlief und lebte er? »Chalil schläft in der Großen Moschee. Der Imam *(Vorbeter und Leiter der muslimischen Gemeinde)* hat ihm dort Zuflucht gewährt. Jeden Freitag nach dem Gebet geben ihm die Gläubigen ein Almosen, das er für Kleidung und Essen verwenden kann. Du siehst, Allah ist gütig und führte ihn in gute Hände!«

Noch Jahre danach sah ich ihn immer wieder am Eingang der Großen Moschee Dschenins sitzen, meistens dann, wenn die Sonne bereits untergegangen war. Und wenn er sich im Schutze der Dunkelheit unbeobachtet fühlte, sang er eine herzzerreißende Melodie, wieder und immer wieder. Ich weiß nicht, was das für eine Melodie war, noch woher sie kam. Doch wenn er sang, war es, als ob die Radiogeräte in der Gegend abgeschaltet wurden und die Gespräche in den Straßen und hinter den Mauern der Häuser verstummten. Jeder schien seinem Gesang zu lauschen, der nichts weiter war als Widerstand oder Ausdruck endlosen Erschreckens. Hätte das Unglück eine Nationalhymne, dann gewiss diese …

Ich gewann viele neue Freunde in der Schule, die von dem Haus meines Onkels in der Hara Al Sharkijeh *(Ostteil der Stadt)* nur einen Katzensprung entfernt lag. Allen voran Mohammad Al Badaouijeh, der zusammen mit seinen Eltern und sieben Geschwistern im Muchajiam, dem Flüchtlingslager am Rande von Dschenin, wohnte, wo ich allerdings bis dahin nur selten gewesen war. Mühelos fügte ich mich in die Klassengemeinschaft ein. Das lag zweifellos an Muhammad, der mich in Schutz genommen hatte.

Beim Frühstück war ich allein mit meinem Vater. Meine Geschwister waren schon weg. Meine Mutter, Großmutter und die Frau meines Onkels hatten sich auf den Weg zum Markt gemacht. Ich hatte verschlafen.

Es war schon halb neun. Als ich in der Schule ankam, musste ich in das Klassenzimmer gehen und mich mit unserem strengen Lehrer Abu Driss anlegen. Er war ein alter Mann mit Nickelbrille, einem kleinen Schnurrbart in einem schmalen und faltigen Gesicht, das nie ein Gefühlsregung verriet. Stets stand er starr wie eine Steinsäule vor seiner Klasse. Seine Hände klammerten sich am Kragen seines an heißen Tagen unter den Ärmeln durchgeschwitzten Sakkos fest. Solange er mein Lehrer war, kann ich mich nicht erinnern, dass er es jemals gewechselt hätte. Er verlangte von uns, ihn Abu Al Nour *(Vater des Lichtes)* zu nennen, weil er glaubte, das Licht und das Zentrum des Wissens zu sein, das die unwissenden und unterwürfigen Schüler über das Leben aufklären würde. Er war ein Tyrann, dem sich die meisten beugten. Nur Muhammad nicht. Er forderte den alten Abu Driss heraus wo er nur konnte. Wenn er ihn anredete, dann nur mit Abu Driss. Nie mit Abu Al Nour. Dafür handelte er sich dann eine Strafarbeit ein. Einmal kam Muhammad sogar mit einer Sonnenbrille in die Schule und setzte sie partout nicht ab. Abu Driss kochte vor Wut, als Muhammad ihm sagte, dass seine Erscheinung und sein Wissen ihn blende und er deshalb eine Sonnenbrille im Unterricht tragen müsste. Er bekam eine Ohrfeige und eine Strafarbeit. Deshalb genoss Muhammad sowohl bei den Schülern wie auch den übrigen Lehrern – Abu Driss war nicht besonders beliebt in der Schule – großes Ansehen. Nie bekam er eine schlechtere Note als 80 *(die Notenskala beginnt bei 100 als beste Note und endet bei 40, die einer Sechs entspricht)* und das, obwohl er wirklich selten für die Schule lernte und sich öfters in der Stadt oder im Muchajiam herumtrieb, anstatt in den Unterricht zu gehen.

Mein Herz raste vor Aufregung. Es war das erste Mal, dass ich zu spät war. Ich drückte die Klinke und öffnete leise die Tür einen kleinen Spalt breit. Ich sah die über die

Pulte gebeugten Rücken der Schüler. Muhammad war noch nicht da. Ich schloss die Türe wieder. Ich fürchtete mich davor einzutreten und überlegte, was ich als Entschuldigung hervorbringen könnte. Mir fiel aber nichts ein. Plötzlich tippte mir jemand auf die Schulter. Ich drehte mich erschrocken um und blickte in das grinsende Gesicht von Muhammad. Er sagte:»Na, hast du Angst reinzugehen?« Ich erwiderte, dass ich nur den passenden Moment abwarten würde, und versuchte meine Nervosität zu verbergen. Doch Muhammad konnte man nicht täuschen.»Weißt du was, Said? Wir gehen zusammen rein. Dann fällt deine Verspätung nicht allzu sehr auf. Eine Strafarbeit bekomme ich sowieso. Der Alte wartet doch nur darauf, mich zu quälen. Dann machst du die eine Hälfte der Strafarbeit und ich die andere! Okay?« Ich dachte einen Moment nach. Etwas Besseres konnte mir in meiner Situation nicht passieren! Ich willigte ein. Muhammad warf die Tür weit auf. Abu Driss stand mit erhobenem Zeigefinger vor den Schülern und hielt, entsetzt über die provokative Art Muhammads, wie er mit großen Schritten durch den Raum stolzierte, damit die Aufmerksamkeit auf sich zog und sich anschließend hinsetzte, inne.»Na, Monsieur Muhammad Al Badaouijeh, soll ich Ihnen womöglich noch eine Tasse Mokka reichen?« Abu Driss' Kopf lief hochrot an. Er war außer sich, hatte Muhammad es doch wieder einmal geschafft, seine Autorität zu untergraben. So formulierte es Abu Driss jedenfalls. Er streckte fünf Finger in die Höhe. Das bedeutete fünf Seiten Strafarbeit, die er sich nach dem Unterricht abzuholen hatte. Ich war währenddessen gebückt durch das Klassenzimmer zur letzten Reihe geschlichen und hatte mich auf meinen Platz gesetzt. Meine Verspätung blieb unbemerkt. Muhammad, dessen Pult in der ersten Reihe stand, drehte sich um und, obwohl er eine Strafaufgabe aufgebrummt bekommen hatte, warf er mir ein siegesbewusstes Blinzeln zu.

Das war der Beginn unserer Freundschaft. Dass die Strafarbeit zur einen Hälfte ich und zur anderen Hälfte Muhammad gemacht hatte, flog natürlich wegen der unterschiedlichen Schriften auf. Dafür bekamen wir dann wieder eine Strafarbeit. Abu Driss lächelte schadenfroh, hatte er nun ein neues Opfer entdeckt. Mich!

Aber das störte mich nicht weiter. Die Leichtigkeit, wie Muhammad solche Strafen auf sich nahm und dennoch nicht aufgab, beeindruckte mich zutiefst. Und sein unerschütterliches Wesen trug ebenfalls dazu bei, dass ich mich in den folgenden Jahren veränderte. Der dunkle Fleck der Vergangenheit löste sich nach und nach auf wie Ameisenspuren im Wüstensand.

Muhammad kam oftmals nach der Schule mit zu mir. Mutter bereitete mir, meinem neuen Freund und meinen Geschwistern, die auf dieselbe Schule gingen, das Mittagessen zu, und wenn ich mich danach an die Hausaufgaben machen wollte, sagte Muhammad meist, dass ich sie doch auch am Abend erledigen könne. Meine Mutter gefiel das nicht. Sie meinte, ich würde zu wenig für die Schule tun. Ich solle mich nicht mit Muhammad vergleichen. Es gäbe Kinder, die dafür arbeiten müssten, um gute Noten zu schreiben. Andere eben nicht, weil Allah sie mit übermäßig viel Intelligenz gesegnet hatte. Ich wusste, dass sie damit Muhammad meinte. Und Großmutters sorgenvolle Blicke bezogen sich zumeist auf ihre Bedenken, die sie bezüglich meines Umgangs mit Muhammad hatte. Aber dennoch ging ich nachmittags unverrichteter Dinge mit Muhammad in die Stadt oder trieb mich mit ihm in den Zederwäldern auf den Hügeln oberhalb von Dschenin herum.

Das Gras, in dem Muhammad und ich lagen, hatte das frische Grün, das es während des Frühlingsregens gehabt hatte, verloren und besaß stattdessen nun das langweilige

Aussehen von Sommergras. Ich hatte an diesem Tag keine Lust gehabt, nach Hause zu gehen. Mit unseren Schulranzen bepackt rannten wir über die an die Schule angrenzenden Felder und Wiesen, schnallten die Taschen ab und ließen uns fallen. Um uns herum konnte man das Zirpen der Grillen hören. Ich schaute eine Zeit lang in den blauen Himmel. Ich stellte mir vor, dass wir in einem Raumschiff durch die Wolken flogen, hinaus in die unendlichen Weiten des Universums, wo wir auf allen Sternen landen und dabei die Propheten und Marsmenschen treffen würden. Und wenn wir auf die Erde zurückkämen, würden uns Menschenmassen empfangen, uns begrüßen und uns als Helden feiern. Wir würden in die Geschichte eingehen als die ersten Menschen, die außerirdische Lebewesen kennen gelernt haben. Unsere Fotos wären somit in Büchern zu sehen. Darunter würden unsere Namen stehen. Der schreckliche Abu Driss würde dann damit angeben, uns in der Schule unterrichtet zu haben. Stolz würde er seinen Schülern erzählen: Said und Muhammad habe ich gekannt … sie waren meine Schüler … ich habe sie unterrichtet … bei mir haben sie alles gelernt, was sie für ihr Leben brauchten … Plötzlich ertönte ein lauter Knall, der durch die gesamte Gegend hallte. Ein Knall, als wäre irgendwo eine riesige Bombe hochgegangen. Aber es war nur ein israelischer Kampfjet, der die Schallmauer durchbrochen hatte. Er beendete unsere kindlichen Träumereien und brachte uns wieder in die Wirklichkeit zurück.

»Ich habe eine Idee, was wir jetzt machen können. Hast du Hunger, Said?« Ich bejahte. »Mächtigen Hunger!« »Dann gehen wir jetzt auf die Jagd!« Muhammad holte im nächsten Augenblick eine Schlingschleuder aus seiner Schultasche hervor. »Was willst du denn damit jagen?« Er sagte, ich solle mitkommen. Ich würde schon sehen, was es zum Essen geben würde. Wir ließen die Schultaschen, wo sie waren und gingen zu einer Baumgruppe in der Nähe. Je näher wir den Bäumen kamen, desto mehr schlich sich Muhammad an. Ich tat es ihm gleich. In den Wipfeln der höchsten Bäume saßen einige Vögel. Anfänglich konnten wir nur ihr Gezwitscher hören. Als ich aber eine Taube erblickte, stupste ich Muhammad an und zeigte mit dem Finger auf unser potenzielles Beutetier. Er nahm einen Stein vom Boden, spannte ihn in die selbstgebastelte Schlingschleuder, zielte einen Moment lang und ließ das Geschoss durch die Luft direkt auf die Taube zufliegen, aber der Stein hatte sein Ziel nicht erreichen können, weil Muhammad ihn nicht genug in die Schleuder gespannt hatte. Als der Stein in das Geäst des Baumes fiel, scheuchte er die Vögel auf und sie ergriffen die Flucht. Ich wollte es auch einmal probieren und nervte Muhammad so lange, bis er nachgab und mir die Schleuder in die Hand drückte. Nachdem die Vögel einige Male um die Baumgruppe gekreist waren und geglaubt hatten, dass nun die Gefahr gebannt sei, ließen sie sich wieder auf den Ästen nieder. Nun hob ich einen Stein vom Boden auf, spannte ihn in die Schleuder, zielte fachmännisch auf einen der gefiederten Zweibeiner und jagte meinerseits den Stein durch die Luft. Aber auch ich hatte kein Glück. Er ging weit daneben im hoch gewachsenen Gras nieder. Aber weder ich noch Muhammad gaben auf. Wir hatten uns in den Kopf gesetzt, einen dieser Vögel zu erlegen. Voller Enthusiasmus probierten wir es so lange, bis wir Erfolg hatten. Muhammad erwischte den ersten Vogel. Meine Versuche scheiterten jedoch noch immer. Die Entfernung war einfach zu groß und ich hatte noch keine Übung im Schlingschleuderschießen. Also verringerte ich die Distanz und wartete, bis sich wieder einige Vögel auf die Äste setzten. Wieder ließ ich einen Stein auf einen Vogel zuschnellen. Treffer! Ich hatte ihn erwischt. Er fiel durch das Geäst auf den Boden. Ich jubelte. Muhammad grinste.

Wenig später machten wir ein kleines Feuer – Vorsicht war geboten, denn wir befanden uns unweit einer israelischen Militär-Patrouille – rupften die Vögel, nahmen sie aus und brieten sie auf zugespitzten Stöcken über den Flammen. Ein unvergesslicher Genuss, der mir noch heute in lebhafter Erinnerung ist, jetzt, da Muhammad nicht mehr unter uns weilt. Aber das Schlingschleuderschießen trieben wir in der Folgezeit bis zur absoluten Perfektion. Und das sollte uns noch von Nutzen sein.

Nachdem ich mich mit Muhammad angefreundet hatte, war ich oft im Muchajiam gewesen. Ich hatte seine Familie kennen gelernt, seine drei Schwestern und vier Brüder. Sie lebten in einem Rohbau, der lediglich vier Räume hatte. Die Küche war ein Bretterverschlag und im Innenhof wuchsen Strauchtomaten und Pfefferminze. Bis heute hat sich an ihrer und der Situation aller nichts geändert. Der Wohn- und Lebensraum erschöpft sich zunehmend. Gebäudeerweiterungen und der Neubau von Häusern sind in der Regel verboten. Hingegen entstehen im Westjordanland und Gaza-Streifen unentwegt neue israelische Siedlungen und die bereits bestehenden wachsen und wachsen und wachsen ...
Der Winter war inzwischen eingebrochen. Die Sonne neigte ihr Antlitz schon gegen sechs Uhr abends und hinterließ nichts als Kälte. An manchen Tagen zeigte sie sich gar nicht. Der Himmel war dann bewölkt und Regen prasselte auf die unasphaltierten Straßen und weichte sie auf, so dass Autos und Fußgänger in einem Matsch von Wasser und Erde die Wege entlang schlitterten.
Ich übernachtete bei Muhammad. An jenem Abend lernte ich viele seiner Freunde aus dem Muchajiam kennen. Manche hatte ich schon tagsüber auf dem Souk gesehen. Sie verkauften Obst oder Gemüse auf Karren, die sie vor sich herschoben. Andere verdingten sich als

Schuhputzer. Sie mussten arbeiten. Der tägliche Überlebenskampf zwang sie dazu. Das war mir vorerst erspart geblieben.

Im Muchajiam begann der Tag lange vor Sonnenaufgang. Wenn man einen Job in Israel hatte oder wie viele Männer zum »Sklavenmarkt« in die Jefet Street nach Jaffa wollte, um vielleicht für einen Tag oder mehrere Wochen einen Billigstjob zu ergattern, musste man sehr, sehr früh aufbrechen. Nidal beispielsweise, der älteste Bruder von Muhammad, hatte Bauingenieurwesen studiert, aber keine Anstellung gefunden (*die Israelis verweigern Palästinensern eine ihren Qualifikationen entsprechende Anstellung – nur deshalb, weil sie Araber sind*), und fuhr jeden Morgen um halb fünf zu einer Baustelle in Tel Aviv, wo er als einfacher Bauarbeiter ohne Versicherungsschutz arbeitete. Und man hatte pünktlich zu sein. Entschuldigungen wurden nicht akzeptiert. Wenn man nicht rechtzeitig erschien, gab es genügend andere, die nur darauf warteten, die Arbeit zu übernehmen. Ich weiß wovon ich rede, denn ich habe selbst in Israel gearbeitet ...

In diesen frühen Morgenstunden lag bereits der Rauch von unzähligen Feuern über dem Meer der primitiven Wellblech- und Bretterhütten. Wir waren zusammen mit Muhammads Vater und Nidal aufgestanden und hatten mit ihnen gefrühstückt. Nun standen Muhammad und ich auf dem Dach seines Elternhauses. Die Sonne erhob sich langsam aus ihrem tiefen Schlummer. Unter dem dunkelroten Himmel waren die ersten Geräusche des erwachenden Lagers zu hören. Gackernde Hühner, Sammeltaxis, die die Arbeiter abholten, Geschäfte, die ihre Türen öffneten, erste Transporter, die Gemüse und frisch gebackenes Brot aus Dschenin brachten. Ich blickte Richtung Norden, dort, wo sich hinter der vor uns liegenden weiten Ebene und der Grenze zu den besetzten Gebieten die israelischen Städte Nazareth und Afula befanden. Die Beleuchtung unterschied sich von der unseren. Sie war viel heller. Dann stiegen wir vom Dach hinunter und gingen durch die kleinen Gassen des Muchajiams. Muhammad und ich wechselten kein Wort. Ich dachte, dass er noch zu müde sei. Aber später war ich zu der Erkenntnis gekommen, dass die Bilder, die er mich sehen lassen wollte, für sich sprachen und kein Wort dieser Welt sie hätte beschreiben können. Es waren Bilder von Armut und Elend. Bilder, die ich bis dahin nicht gekannt hatte. Sie weckten ein Bewusstsein für die Trost- und Hoffnungslosigkeit unseres in Flüchtlingslagern wie diesem zusammengepferchten Volks. Es hätte auch Shati in Gaza, Balata in Nablus oder Shatila in Beirut sein können. Ich sah in den Gassen des Muchajiams eine alte Frau, die sich in einer offenen Tür – über eine Schüssel gebeugt – bedachtsam ihre Zähne putzte; einen jungen Mann, dem die Müdigkeit noch im Gesicht stand und der sich wie in Zeitlupe vor einem kleinen Stück Spiegelglas rasierte; eine Mutter, die ihr in Lumpen gekleidetes und schreiendes Baby in den Armen hielt und das sie zu beruhigen versuchte, indem sie es hin und her wiegte; einen Mann, der sich mit dem Fahrer eines israelischen Tankwagens um den Preis des Wassers für den täglichen Bedarf seiner Familie stritt; einen kleinen barfüßigen Jungen, der schlotternd vor Kälte Holzspäne in den Feuerofen stopfte und eine junge Frau, die einen Nachttopf entleerte, um ihn vermutlich gleich wieder unter einem ungemachten Bett verschwinden zu lassen. Uns kam ein alter Mann entgegen, der auf einem Stock gestützt neben einem mit Strohsäcken beladenen Esel herging. Für einige Shekel verkaufte er seine Ware auf dem Markt, um damit an diesem Tag von neuem über die Runden zu kommen. In seinem Gang lag eine Schwere, wie ich sie selten zuvor gesehen hatte. Jeder Schritt, den er tat, jede Bewegung, die er machte, jedes noch so kleine Augenzwinkern schien eine Last zu sein …

Ich hatte meinem Vater versprochen, ihm im Al-Sham auszuhelfen, da mein Onkel an diesem Tag geschäftlich nach Jordanien reisen wollte. Ich verabschiedete mich von Muhammad, der heute sonderbar ruhig wirkte, und machte mich auf den Weg zurück in die Stadt. Als ich am Busbahnhof unweit des Souks angekommen war, entdeckte ich zufällig einen kleinen Wagen mit gelbem Kennzeichen *(Fahrzeuge aus Israel haben ein gelbes, die aus der Westbank ein blaues und Autos aus dem Gaza-Streifen ein grünes Kennzeichen)* vor dem Laden eines Optikers. Ein Israeli stieg aus und ging auf den vor dem Laden sitzenden und Kaffee trinkenden Ladenbesitzer zu. Der Palästinenser sprang fröhlich auf. Sie umarmten sich herzlichst. Ich war zu weit von ihnen entfernt, um verstehen zu können, was sie sagten. Sicherlich erkundigten sie sich über das Wohlbefinden ihrer Angehörigen. Es ging eine Vertrautheit von ihnen aus, die ich zwischen Israelis und Palästinensern nie für möglich gehalten hatte. Vielleicht hatte ich mich auch zu sehr von meinen eigenen Erfahrungen verleiten lassen und sie auf alle Israelis übertragen. Scheinbar gab und gibt es ebenso unter ihnen Menschen, die nichts gegen ein friedfertiges Nebeneinander haben. Aber das Misstrauen, das sich nach unserer Vertreibung und nach all den Bildern im Muchajiam und den tagtäglichen Ausweiskontrollen in der Innenstadt Dschenins, in mir festgesetzt hatte, konnte durch einen einzigen, scheinbar friedlich gesinnten Israeli nicht erschüttert werden. Er war sicherlich ein Händler, dem seine Herzlich- und Freundlichkeit in den besetzten Gebieten zugute kam.

Als ich beim Restaurant meines Onkel angekommen war, stellte ich zu meinem Erstaunen fest, dass es noch nicht geöffnet hatte. Dabei war es inzwischen doch schon halb neun. Hatte mein Vater womöglich verschlafen? Oder begleitete er meinen Onkel zu dem Taxistand, von wo die Wagen zur jordanischen Grenze aufbrachen? Ein seltsames Gefühl beschlich mich. Weder hatte mein Vater jemals verschlafen, noch glaubte ich, dass er meinen Onkel begleitet hatte. Erfahrungsgemäß brachen die Reisenden zur jordanischen Grenze in den frühen Morgenstunden auf, um zügig durchzukommen und nicht in den Stau der endlosen Sammeltaxikolonnen zu geraten. Ich glaubte, dass etwas passiert sein musste. Aber wenn dem so gewesen wäre, hätte mich doch Mutter oder die Frau meines Onkels verständigt. Ratlos setzte ich mich auf den Bordstein des Gehwegs vor dem Restaurant und überlegte und überlegte. Die Zeit verging, die Straßen füllten sich und immer wieder kamen Kunden, die verwundert fragten, warum wir heute denn nicht öffnen würden. Ich sagte ihnen, dass mein Onkel verreist und mein Vater noch in der Moschee wäre. Als ich jedoch eine Stunde gewartet hatte, ohne dass Vater aufgetaucht war, begab ich mich besorgt auf den Weg nach Hause. Ich nahm den Weg, den Vater morgens zur Arbeit ging, um ihn für den Fall, dass er sich verspätet hatte, abfangen zu können und mit ihm zum Al-Sham zurückzukehren. Aber Vater tauchte nicht auf.

Ich öffnete die hellblaue Stahltüre zum Innenhof des Hauses meines Onkels, in dem wir nun schon seit einem Jahr Zuflucht gefunden hatten. Wir wohnten im Erdgeschoss, mein Onkel und seine Familie im ersten Stock. Es war ein großes und geräumiges Haus. Wir hatten es so eingerichtet, dass wir alle immer zusammen aßen und die Abende auf der Dachterrasse bei einem Glas Tee, Dattelgebäck und vielen Erinnerungen aus der Kindheit meines Onkels und Vaters verbrachten. Meine Großmutter hatte gesagt, dass durch diese Fügung des Schicksals wenigstens ein Teil der Familie wieder beieinander wäre. Doch seit einigen Monaten drängte meine Mutter, dass wir uns etwas Eigenes suchen sollten. Onkel Abu Omar hätte uns nun schon lange genug ausgehalten. Und damit hatte sie nicht ganz Unrecht, auch wenn Vater ihm eine monatliche Miete anbot, die der Onkel jedoch beleidigt zurückgewiesen hatte. Unter Brüdern spiele Geld keine Rolle, pflegte er zu sagen. Vater hätte es ihm gleichgetan, wenn er an seiner Stelle gewesen wäre, denn sie waren beide ein Herz und eine Seele. Sie stritten nur selten und wenn, dann nur hinter vorgehaltener Hand. Nie erhoben sie die Stimmen gegeneinander. Regelrechte Bilderbuchgeschwister.

Leise öffnete ich die Tür zur Wohnung im Erdgeschoss, dachte ich doch, dass mein Bruder Farid noch schlief. Langsam ging ich durch die Räume. Aber es schien niemand da zu sein. Die Küche war leer. Das Wohnzimmer auch. Und im Schlafzimmer war auch niemand zu finden. Es mussten doch zumindest meine Mutter und Farid zu Hause sein! Ein kaum hörbares Klagen war nun zu vernehmen. Aber es stammte nicht aus diesem Teil des Hauses. Es kam aus dem ersten Stock. Schnell ging ich hinauf, klopfte an die Tür, öffnete sie, ohne wie gewohnt darauf zu warten eingelassen zu werden, und stolperte in das Wohnzimmer, in dem alle versammelt saßen. Alle bis auf meinen Vater und Onkel Abu Omar. Mutter und Um Omar jammerten: »Ya Allah! Ya Allah! Mein Gott! Mein Gott!« Tränen liefen meiner Großmutter über die Wangen. Meine Vermutung, die ich schon zuvor gehabt hatte, als ich am geschlossenen Restaurant wartete, sollte sich bestätigen. Es war etwas passiert. Man hatte in der vorigen Nacht beobachtet, wie mein Vater und mein Onkel auf dem Heimweg von einer israelischen Militär-Patrouille aufgehalten worden seien. Nachbarn hatten dies erzählt. Die Soldaten hatten ihre Identitätskarten überprüft, sie anschließend unter Schlägen in den Wagen gezerrt und mitgenommen. Meine

Mutter wollte nach mir schicken, wusste aber nicht wohin. Das Muchajiam war ein Labyrinth und niemand kannte die Telefonnummer der Al Badaouijehs. Sie hätte auch nicht wissen können, dass Muhammads Familie gar keinen Telefonanschluss besaß. Und seit gestern Abend, während ich mich mit den Jungen aus dem Muchajiam rumtrieb und nichts Besseres zutun hatte, als mit unseren Schlingschleudern über weite Distanzen auf Coladosen zu schießen, hatten alle bis auf Farid kein Auge zumachen können. Die Angst um die Söhne, die Angst um die Ehemänner, die Angst um die Familienväter hatte allen den Schlaf geraubt. An meinem Herzen nagte das schlechte Gewissen.

Uns blieb nun nichts anderes übrig als zu warten. Stunde um Stunde verstrich. Eine Träne nach der anderen floss. Je länger der Tag sich hinzog, umso mehr Zweifel kamen mir, meinen Vater und Onkel jemals wieder heil zu Gesicht zu bekommen. Unwissenheit veranlasst einen zu den schlimmsten Befürchtungen. Man malt sich Dinge aus, die auszusprechen sich niemand trauen würde. Und das nur deshalb, weil es nicht das erste Mal war, dass Männer auf offener Straße verhaftet wurden und über Wochen, sogar Monate in israelischen Verliesen verschwanden, ohne dass ihre Familienangehörigen wussten wo und warum. Manchmal erzählten die israelischen Behörden, sie wären an Herzversagen gestorben oder hätten sich in ihrer Zelle erhängt. In Wirklichkeit jedoch wurden sie zu Tode gequält …

Der Nachmittag verging. Das Telefon läutete ein ums andere Mal. Und wir hofften immer wieder, dass am anderen Ende die Stimmen unseres Vaters und Onkels erklingen würden. Aber stets waren es Nachbarn und Freunde, die sich erkundigen wollten, ob wir ein Lebenszeichen vernommen hätten. Jedes Klingelzeichen erweckte die Hoffnung auf ein Ende dieser grausamen Warterei, ein Ende unserer Sorgen, die uns auffraßen. Regungslos saßen wir im Wohnzimmer. Meine Mutter hielt es nicht mehr aus. Um Omar hielt es nicht mehr aus. Großmutter hielt es nicht mehr aus. Eine nach der anderen stand auf, ging in die Küche, machte Tee, etwas zu essen, um sich abzulenken, um vielleicht für nur einen winzigen Augenblick auf andere Gedanken zu kommen. Und dann setzten sie entweder den Tee oder das Essen auf den Wohnzimmertisch ab und rührten nicht einen Schluck, nicht einen Bissen an. Großmutter betete, ließ die Steine ihrer Misbaha durch die Finger gleiten. Immer wieder pries sie den Namen Allahs: »Allahu Akbar! La illaha illalah! Gott ist groß! Es gibt keinen Gott außer Gott!« Dann brach der Abend an, obgleich der Tag für mich und auch für die anderen nie begonnen hatte.

In meiner Naivität wollte ich Vater und Onkel Abu Omar suchen gehen. Ich sagte es meiner Mutter. Sie weinte nur noch mehr. Ich verstand. Wo hätte ich sie denn suchen sollen? Sie wollte sich nicht auch noch um mich Sorgen machen müssen. Aber auch ich hielt es nicht mehr aus. Beleidigt und uneinsichtig zog ich mich in eines der Nachbarzimmer zurück. Ich legte mich auf eine Matratze und starrte an die kahle Decke. Gedanken schlichen sich ein. Wirre Gedanken, angsterfüllte Gedanken, dunkle Gedanken. Gedanken eines Kindes, dass nun glaubt auch noch seinen Vater verloren zu haben. Unbarmherzige Gedanken. Sie kreisten unaufhaltsam in meinem Kopf. Sie ermüdeten meinen Geist, meinen Körper. Dann schlief ich ein …

Der leichte Schlaf, der mich von einen Moment auf den anderen übermannt hatte, sollte nicht lange währen. Mitten in der Nacht schnellte ich auf. Ein lautes Quietschen, ein Motorgeräusch, eine zuknallende Wagentür und ein aufheulender Motor, der sich dann in rasender Geschwindigkeit entfernte, hatte mich aus dem Schlaf gerissen. Es war halb vier Uhr morgens und ich war nun hellwach. Ich ging durch die gespenstisch ruhige Wohnung. Niemand war wach. Mutter, Um Omar und Großmutter waren so erschöpft gewesen, dass sie im Wohnzimmer eingeschlafen waren, nachdem sie Farid, meine Schwestern und die Kinder meines Onkels auf die Matratzen in einem der anderen Zimmer gebettet hatten. Vater und Onkel Abu Omar waren nicht zurück. Die Geräusche, die mich zuvor geweckt hatten, trieben mich auf die Straße, die vor der Haustüre den Hang hinaufführte. Leise schob ich den Riegel zum Eingang zurück. Dann öffnete ich die Türe behutsam, um niemanden der im Haus Schlafenden aufzuschrecken. Ich schaute die Straße hinauf. Es war nichts und niemand zu sehen. Ich schaute die Straße hinunter. Auch hier nichts und niemand. Ich bemerkte etwas auf der gegenüberliegenden Straßenseite, von dem ich geglaubt hatte, dass es Müllsacke wären. Ich hatte mich jedoch getäuscht. Es waren zwei Körper. Die Leiber meines Vaters und meines Onkels. Ich rannte auf sie zu. »Yaba, A'me! Vater, Onkel!« Aber sie hörten mich nicht. Sie waren bewusstlos. Nachdem man mit ihnen fertig gewesen war, hatte man sie einfach wie Abfall auf die Straße geworfen. Ihre Kleidung war zerrissen. Und überall, ob an den Beinen, den Armen, dem Oberkörper oder im Gesicht waren Blutergüsse und offene Wunden, die von Schlägen mit spitzen und stumpfen Gegenständen herrührten. Blut, überall Blut. In mir stieg Entsetzen auf. Mein Kopf erglühte. Mein Herz schmerzte. Und als ich den Fuß meines Vaters erblickte, wie er nach hinten, entgegengesetzt seiner Laufrichtung zeigte, so, wie wenn man ihn in seinem Gelenk um 180 Grad gedreht hätte, hielt ich es nicht mehr aus. Mein Magen rebellierte. Alles, was ich am gestrigen Tag gegessen hatte, erbrach ich in einer Mischung aus einem nie da gewesenen Schmerz und grenzenloser Wut. Ich schrie und schrie, so laut ich konnte. Ich fluchte innerlich, verfluchte diese Menschen, die sich hinter ihren polierten Waffen verschanzten und die ihre Begabungen in Leben verachtende Spiele perfektionierten. Ich verfluchte das Leben, das mir einen solchen Anblick bot ...

Die Niederlegung des britischen Mandats im Februar 1947 und die Proklamation des Staates Israel am 14. Mai 1948 und dessen völkerrechtliche Anerkennung waren der Beginn der nationalen Katastrophe des palästinensischen Volkes. Die Vertreibung der Palästinenser durch die brutalen Methoden der zionistischen Irgun-, Stern- und Hagganah-Gruppen und dem damit verbundenen Verlust ihrer Heimat stürzte viele in tiefste Verbitterung und Hoffnungslosigkeit. Trotz der immer wiederkehrenden Aufforderungen seitens der Vereinten Nationen nach 1948, die Flüchtlinge zurückkehren zu lassen, führte die israelische Regierung ihre Besiedlungs- und spätere Besatzungspolitik mit eiserner Faust fort.

Nach der israelischen Staatsausrufung gab es fast 20 Jahre lang keinen nennenswerten palästinensischen Widerstand. Die arabische Bevölkerung des Landes legte ihr politisches Schicksal in die Hände der arabischen Staaten. Ein besonderer Hoffnungsträger war der charismatische ägyptische Staatspräsident Gamal Abdel-Nasser, der die panarabische Idee proklamierte. Die Palästinenser erhofften sich die Rückgewinnung ihres Landes unter dem Deckmantel der arabischen Einheit. Doch als 1961 die Staatsunion der »Vereinigten Arabischen Republik« zwischen Syrien und Ägypten zerbrach, begannen sich viele Palästinenser von Nasser abzuwenden. Und mit ihrer 1962 erlangten Unabhängigkeit bewiesen die Algerier, dass die arabische Einheit keine Vorbedingung für einen erfolgreichen Befreiungskampf war. Dadurch entwickelte sich langsam eine eigenständige palästinensische Nationalbewegung, die der ägyptische Präsident durch die Schaffung der Palästinensischen Befreiungsbewegung (PLO) seiner Kontrolle unterzog. Aufgrund der totalen Abhängigkeit von ihm blieb die PLO bis 1968 jedoch ohne jegliche politische Einflussnahme und Wirkung. Mit der verheerenden Niederlage der arabischen Staaten im Junikrieg von 1967 endete die Zeit des stillen und passiven Wartens der Palästinenser auf die großen arabischen Brüder und die Weltöffentlichkeit. Schon im Jahre 1959 hatte sich die Widerstandsgruppe Al-Fatah um ihren Vorsitzenden Jassir Arafat formiert. 1965 nahm sie den bewaffneten Kampf gegen Israel auf, der im März 1968 einen ihrer durchschlagendsten Erfolge verbuchen konnte. In der Schlacht von Karameh konnten sie einen israelischen Angriff auf ein Ausbildungslager im Jordantal zurückschlagen. Der Mythos von der Unbesiegbarkeit der israelischen Armee war dahin und bestärkte die Palästinenser nun noch mehr in ihrer Nationalbewegung und ihrem Befreiungskampf. Nach der Schlacht von Karameh nahm die Al-Fatah sprunghaft an Popularität zu und entwickelte sich in der Folgezeit zu einer in weiten Teilen der Bevölkerung etablierten politischen Organisation mit ungeahntem Zulauf.

Ein Jahr vor Karameh wurde die Volksfront zur Befreiung Palästinas (PFLP) unter dem Vorsitz von Georges Habash ins Leben gerufen. Zwei Jahre später, im Jahr 1969, spaltet sich die Demokratische Front zur Befreiung Palästinas (DFLP) unter Nayef Hawatmeh ab, die sich im Unterschied zur PFLP an einem Bündnis mit der israelischen Arbeiterklasse orientierte. Doch blieb es nicht bei dem von weiten Teilen des organisierten palästinensischen Widerstands propagierten Guerillakampf, der vor allem an der jordanisch-israelischen Grenze ausgetragen wurde. Besonders die PFLP zog durch Flugzeugentführungen, die bis in die 70er Jahre hineinreichten, die Aufmerksamkeit der Weltöffentlichkeit auf sich und schadete damit den Initiativen zur politischen Lösung des Nahost-Konflikts aus den Reihen der PLO. Die Palästinenserorganisationen erhielten international den Ruf von Terrorkommandos. Als 1974 die Mehrheit der PLO für einen eigenen Staat an der Seite Israels eintrat, verließ die PFLP das PLO-Führungsgremium und bildete mit einigen kleineren PLO-Organisationen die »Verweigerungsfront«.

In den seit 1967 besetzten Gebieten kam es bereits 1968/69
zu ersten Protestbewegungen gegen die israelische Besatzungs-
macht. Der palästinensische Widerstand entwickelte sich in
den Folgejahren zu einer breiten Volksbewegung, ein Resultat
des neuen palästinensischen Nationalbewusstseins und des
stark zunehmenden Bekenntnisses zur Palästinensischen Be-
freiungsorganisation PLO.

Trotz ihrer rigorosen Unterdrückungsmaßnahmen und völ-
kerrechtswidrigen Besiedlungspolitik hat Israel die Eliminie-
rung der nationalen palästinensischen Identität zu keiner Zeit
erreichen können.

Menschenleere, spärlich beleuchtete Straßen und Gassen
zogen sich durch das nächtliche Dschenin. Plastiktüten
und Zeitungsseiten tänzelten von einem leichten Wind
aufgewirbelt über den warmen Asphalt einer Straße. In
der idyllischen Stille dieser Nacht saß ein Müllsammler
auf dem Bordstein eines Gehwegs. Es gab keinen Anlass
zur Eile, hatte er doch noch genügend Zeit, den herum-
liegenden Unrat und die Abfälle im Souk mit einem Bast-
besen beiseite zu kehren oder in seinem Karren, auf dem
eine Tonne festgebunden war, verschwinden zu lassen.
Er blickte umher und schüttelte den Kopf, als ob er sich
fragte, in was für einer Welt er lebte. Dann zündete er
sich eine Zigarette an. Zwei Männer schlenderten an dem
rauchenden Müllsammler vorbei. Einer von ihnen hob
kurz die Hand zum Gruß. Der Müllsammler erwiderte
durch ein kaum erkennbares Nicken. Die Männer waren
nicht mehr zu sehen, als plötzlich, wie aus dem Nichts,
ein Jeep auftauchte. Es war ein Wagen der Grenzpolizei.
Er raste an dem Müllsammler vorbei, der ihn nicht bemerken zu wollen schien.

Das Geräusch von bremsenden Reifen zerschnitt die
trügerische Stille der Innenstadt. Der Polizeijeep kam abrupt zum Stillstand. Die Türen wurden aufgerissen. Zwei

Uniformierte sprangen aus dem Wagen, legten sich ihre Gewehre um und liefen hastig auf die zwei Männer zu, die noch vor wenigen Minuten an dem Müllsammler vorbeigegangen waren. Die Polizisten riefen ihnen auf Arabisch hinterher, sofort stehen zu bleiben. Die Männer erstarrten vor Schreck und bewegten sich weder vor noch zurück. Schwer atmend erreichten die Uniformierten die beiden Palästinenser, die sich langsam umdrehten. Mit dem Gewehr im Anschlag forderte man sie in herrischem Ton auf, ihnen ihre Identitätskarten zu zeigen, welche die beiden nun aus den Brusttaschen ihrer Hemden hervorzogen. Geduldig ertrugen sie die Kontrolle. Es war eine jener Ausweiskontrollen, wie sie tagtäglich vorkamen. Bestimmt würden die Polizisten ihnen die Identitätskarten gleich wieder zurückgeben und sie auffordern, nach Hause zu ihren Familien zu gehen, bevor sie es sich anders überlegen würden. Doch die musternden Blicke der bewaffneten Jünglinge verrieten eine ungeahnte Verachtung. Einer sagte: »Eure Ausweise sind abgelaufen!« Mit einer blitzschnellen Bewegung drehte er sein Gewehr um und schlug einem der Männer den Kolben in den Magen. Er sackte lautlos auf die Knie und rang nach Luft. Dann regneten Knüppelschläge auf beide herab. Wahllos auf jeden Körperteil, bis sie sich nicht mehr rühren konnten. Die Polizisten schleiften sie über den Boden zum Jeep, rissen die Hintertür auf und forderten sie auf, sich hineinzusetzen. Unter Schmerzen erhoben sich die beiden. Sie stützten sich an der Tür des Fahrzeugs ab. Schläge auf die Hände, Tritte gegen die Beine. »Wird's bald! Los, rein da! Aravim mluchlachim! Ihr dreckigen Araber!« Sie prügelten sie in den Jeep. Und sie hörten auch dann nicht auf, als sie reglos auf dem Boden zwischen den Seitenbänken lagen.

Dann ein kahler Raum. In der Mitte befand sich ein Tisch, an dem sich zwei Rohrstühle gegenüberstanden.

Darüber hing eine kleine Lampe, die nur wenig Licht in das Dunkel des Zimmers brachte. Die mit Stahl verstärkte Holztür ging auf. Mit hinter dem Rücken zusammengebundenen Händen und verbundenen Augen wurden die beiden geschundenen Männer von den Israelis hereingeführt und auf die Stühle gesetzt. Dann verschwanden die Polizisten. Sie schlossen die Türe hinter sich ab.

Ruckartig horchten sie auf, als die Türe wieder aufging und zwei in Zivil gekleidete Männer hereinschritten. Sie rieben sich die Hände, als ob sie gleich ihre Arbeit in Angriff nehmen wollten. Einer sagte:»So, nun zu euch beiden!« Sie gingen um die beiden Männer herum und ohrfeigten sie. Deine Saumutter, deine Hurenschwester, deine dreckigen Kinder, deine Scheißreligion. Eine Ohrfeige nach der anderen ging auf die beiden herunter. Ein Volk, dass sich regelrecht im eigenen Dreck suhlt. Ihr habt es nicht anders verdient! Da! Noch mal und noch mal. Setzt noch immer kleine arabische Bastarde in unser Land! Der Ellbogen schnellte mit aller Wucht auf einen Kopf herunter. Fußtritte zwischen die Beine der sitzenden Männer, die sich nicht wehren konnten. In mir stieg ein unbeschreiblicher Zorn herauf. Ich wollte auf sie los stürmen, meiner hilflosen Beobachterrolle ein Ende setzen, die beiden umbringen. Ich spürte eine unerträgliche Hitze. Das Blut kochte in meinen Adern. Der Kopf eines der Israelis drehte sich langsam um 180 Grad, ohne dass dieser dabei seinen Körper bewegte. Er stand ganz nah an dem Tisch, der von der Lampe beleuchtet wurde. Und als sein Kopf sich unter den Lichtkegel schob, ich nach und nach die Konturen seines Gesichtes wahrnahm, musste ich mit Schrecken feststellen, dass es der Mann mit dem Namen Eli war, der die beiden schlug und beschimpfte. Jener Israeli, der uns von unserem Land vertrieben und unser Haus und Heim dem Erdboden gleichgemacht hatte. Seine Augen waren weiß. Die Pupillen waren verschwunden. Er lachte mir ins Gesicht. Dann packte er einen der Männer an seinen Haaren und zog ihn zusammen mit dem Stuhl zum Tisch. Als ihm der Mann mit dem Namen Eli endlich die Augenbinde abnahm, stockte mir der Atem: Vater! Nun packte Eli sein Bein und hielt es am Fuß in die Höhe. Er bedeutete mir, dass ich nun aufmerksam zuschauen solle. Nein! Nicht! Wieder lachte er mir ins Gesicht. Er klemmte das Bein zwischen seine Oberschenkel und drehte mit aller Kraft am Fuß meines Vaters. Ich spürte das Knacksen des Knochens im Fußgelenk. Ich spürte wie die Sehnen rissen. Ich spürte, wie nur noch das Fleisch den Fuß zusammenhielt. Mein Vater schrie und schrie. Ich schrie und schrie. Nein! Nein! Neiiiiinnnn …!

Schweißgebadet wachte ich auf. Mein Puls raste. Mein Körper zitterte. Als ich begriffen hatte, dass es nur ein Traum gewesen war, begann ich mich allmählich zu beruhigen. Ich zog die verschwitzten Sachen aus und reinigte mich unter der Dusche. Was dieser Traum wohl zu bedeuten hatte? Dann stieg ich wieder ins Bett. Nur war ich unfähig, Schlaf zu finden. Ich blieb bis zum Morgengrauen wach, da ich Angst hatte einzuschlafen Ich hegte die Befürchtung, all das noch einmal von Neuem erleben zu müssen. Der Traum hatte mir unweigerlich das Gefühl vermittelt, an jenem Ort, wo man Vater und Onkel Abu Omar fast zu Tode gequält hatte, gewesen zu sein. Ich wollte nicht mehr schlafen. Die Dunkelheit der Nächte war dunkler denn je. Nächte, in denen ich mich gegen den heimtückischen Schlaf mit aller Kraft wehrte. Und wenn er doch über mich herfiel, war es, als ob dieser Traum nur darauf wartete, mich mit seinem feinmaschigen Netz einzufangen, aus dem es kein Entrinnen gab. Ich hatte Angst, dass er mich festhalten und nicht mehr zurückkehren lassen würde …

Die Wochen und Monate vergingen, bis sich Vater und Onkel Abu Omar erholt hatten. Die Wunden hinterließen Narben. Narben, die zeitlebens die Erinnerung an jene Nacht wach halten würden. Vater musste an einem Stock gehen, da er sich auf seinem rechten Fuß nicht mehr richtig abstützen konnte. Onkel Abu Omar bekam eine Stahlplatte in den Kopf eingesetzt, weil durch die Wucht der Schläge ein Riss in der Schädeldecke entstanden war. Glücklicherweise erlitten wir jedoch keine gravierenden wirtschaftlichen Einbußen. Der stille Teilhaber meines Onkels nahm sich nun der geschäftlichen Angelegenheiten an. Er öffnete die Türen des Al-Shams und ich half meist nach der Schule bis in die Abendstunden hinein und übernahm auf diese Weise wenigstens einen Teil der Arbeit meines Vaters. Hätte es das Al-Sham nicht gegeben und hätte es den Teilhaber meines Onkels nicht gegeben, der sich bereitwillig um das Lokal kümmerte, obgleich er noch ein anderes Geschäft besaß, wäre dies unserem finanziellen Tod gleichgekommen ...

Vater war im Grunde seines Wesens ein ruhiger und sanfter Mensch. Das äußerte sich besonders im Umgang mit den Kunden im Al-Sham. Deshalb war er auch allseits beliebt. Diese Reinheit und Geradheit hatte er von meiner Großmutter geerbt. So waren Gefühlsausbrüche jeglicher Art nur sehr selten. Freude, Wut und Trauer zeichneten sich in seinem Gesicht ab, insbesondere an seinen zuckenden Augen. Aber auch an Gestik und Mimik konnte man seine Gemütslage ablesen. Eines Tages jedoch verlor er vollkommen die Beherrschung. Ein Ereignis, das sich in meinem Kopf festsetzte, da ich ihn noch nie zuvor so zornig gesehen hatte. Nach monatelanger Abwesenheit hatten Vater und Onkel Abu Omar wieder ihre Arbeit im Al-Sham aufgenommen. Dorthin machten Muhammad und ich nach der Schule einen Abstecher, da es unsere leeren Mägen nach Hummus und Fuhl gelüstete. Vater brachte uns die heiß ersehnten Speisen an einen Tisch, der unmittelbar am Gehweg vor dem Lokal aufgestellt war. Wir waren wirklich hungrig, denn innerhalb kürzester Zeit hatten wir das reichhaltige Mahl verschlungen. Anschließend waren wir so sehr mit der Frage beschäftigt, ob wir noch ein Falafel- oder ein Shaouarma-Sandwich essen sollten, dass wir die zwei Soldaten, die in das Lokal gekommen waren, nicht bemerkt hatten. Es war das erste Mal, dass israelische Soldaten unser Lokal betraten. Es waren aber keine Juden, die solch ein Wagnis auf sich genommen hätten. Es waren hungrige Drusen *(Mitglieder einer islamischen Sekte, die die israelische Staatsbürgerschaft besitzen und in der Armee dienen)*, die nach einem Shaouarma-Sandwich verlangten. Ich bemerkte, dass es meinem Vater Unbehagen bereitete sie zu bedienen. Mein Onkel hielt sich im Hintergrund. »A'tini sandwischit Shaouarma! Gib mir ein Shaouarma-Sandwich!« sagte einer der beiden. Er bat nicht darum. Er befahl es, in einem Ton, den er sich nur in Begleitung seines Gewehrs hatte erlauben können. Die ungeteilte Aufmerksamkeit aller anwesenden Gäste galt nun meinem Vater. Ein Moment der Reglosigkeit. Der Soldat hakte noch einmal nach. Er fragte meinen Vater, ob er nicht verstanden hätte. Er wolle ein Shaouarma-Sandwich. Vaters Gesicht wirkte versteinert. Die Augen begannen zu funkeln. Er glich einem siedendheißen Topf, der im nächsten Moment überzulaufen drohte. Mein Onkel schien den Zorn meines Vaters zu spüren. Doch im selben Moment, in dem er an seinem Ärmel zog, passierte das Unerwartete. Vater, der sonst so beherrscht war, lief rot an, kochte über und ließ seiner Wut freien Lauf. »Was, zum Teufel, bildet ihr euch ein! Kommt mit euren Gewehren in unseren Laden, erschreckt die Leute und bittet nicht einmal darum, etwas zu essen zu erhalten, nein, ihr befehlt es! Aber von euch lasse ich mir nichts befehlen. Nicht von euch Drusen. Mein Land habt ihr mir genommen. Ihr habt mir meinen Fuß genommen. Und wenn ihr möchtet, könnt ihr auch meine Arme und Beine haben. Ich habe nichts mehr zu verlieren.« Der Druse, der das Sandwich verlangt hatte, wirkte sichtlich verstört. Seine Hand umklammerte fest den Griff des Gewehrs und sein Zeigefinger legte sich auf den Abzug.»Ichras! Schweig! Sonst erschieße ich dich!«, unterbrach er meinen Vater, dessen Augen blanken Hass versprühten. Aber er ließ sich weder unterbrechen noch von solch einer Drohung einschüchtern. Leute aus den umliegenden Läden waren vorbeigeeilt, nachdem sie das Gebrüll meines Vaters gehört hatten und beobachteten neugierig das Geschehen. Vater wusste, das diese Beobachter sein Rückrat bildeten. Denn die beiden Soldaten waren alleine. Und sollte es zu einer ernsthaften Auseinandersetzung kommen, so waren sie trotz ihrer Waffen weit in der Unterzahl. Eine unbeschreibliche Spannung lag in der Luft.»Du willst mich töten! Nur zu! Töte mich!« Als der andere Soldat die Menschenmenge und deren wütende Gesichter vor dem Lokal erblickte, realisierte er, in welche Situation sie sich hineinmanövriert hatten. Verunsichert begann er seinen Kollegen zu beschwichtigen und aus dem Lokal zu schieben. Wutschnaubend brüllte ihnen mein Vater hinterher:»Ihr könnt uns kontrollieren. Ihr könnt uns schikanieren. Ihr könnt uns demütigen. Und ihr könnt versuchen, uns unser Leben so unerträglich wie möglich zu machen. Aber seid gewiss, unsere Wurzeln werdet ihr nie ausreißen können … Lieber kämpfen und sterben wir! … Los, los, verschwindet und holt euch euer Sandwich bei euren jüdischen Freunden … .« Die beiden Soldaten eilten durch die Menge, stiegen schnell in ihren Jeep und rauschten davon.

Muhammad und ich saßen wie angewurzelt an unseren Plätzen. War das wirklich mein Vater gewesen? Was hatte kurzzeitig von ihm Besitz ergriffen, das ihn zu solch einem Ausbruch verleitete? Ein erleichtertes Aufatmen ging durch die Ansammlung der Leute, die am Eingang standen. Vereinzelte Zurufe waren zu hören. Denn insgeheim hatte ihnen Vater aus dem Herzen gesprochen. Nur Onkel Abu Omar schien mit dem, was passiert war, nicht sonderlich glücklich gewesen zu sein. Er glaubte, dass die Drusen mit einer Hundertschaft an Soldaten zurückkehren und alles kurz und klein schlagen würden, was ihnen in den Weg käme. Er malte sich ein Horrorszenario aus.

Ich saß noch immer an dem Tisch und war stolz auf meinen Vater. Er hatte sich den Ton der Soldaten nicht bieten lassen. Er hatte sich die Hülle eines gequälten Menschen abgestreift, sich gewehrt und sie in die Flucht geschlagen. All das, was sich in den letzten Jahren aufgestaut hatte – Schmerz, Frust, Wut –, entlud sich wie ein still brodelnder Vulkan in einem Rausch der Gefühle. Auch Muhammad war zutiefst von dem beeindruckt, was Vater an diesem Tag gesagt hatte: »Unsere Wurzeln werdet ihr nie ausreißen können … Lieber kämpfen und sterben wir! …«

Der Aufstand gegen die israelische Besatzung begann nicht hier, nicht im Westjordanland. Der Ausbruch fand im Flüchtlingslager Dschebalija im Gaza-Streifen statt. Dort fiel der Tropfen, der das wütende palästinensische Fass zum Überlaufen brachte.

Ich war damals sechzehn Jahre alt. Zwischenzeitlich waren wir in das Flüchtlingslager am Rande Dschenins umgezogen, da mein Vater dort ein kleines Haus gebaut hatte. Ein Stipendium ermöglichte es meiner ältesten Schwester Khouloud an der Universität Al Nadschah in Nablus Jura zu studieren. Sie fuhr jeden Tag hin und her, wurde dabei immer wieder zur Überprüfung ihrer Identitätskarte von Militär-Patrouillen aufgehalten. Aber das ist kein Vergleich zu heute. Heute kommst du nicht einmal mehr aus Dschenin heraus, geschweige denn nach Nablus hinein. Überall unpassierbare Straßensperren der Armee ...

Abir war im Abiturjahr. Farid und ich gingen ebenfalls noch zur Schule, während Vater wie gewohnt morgens zur Arbeit in das Restaurant von Onkel Abu Omar aufbrach. Aufgrund von Platzmangel – das Haus, in dem wir wohnten, hatte lediglich drei Zimmer – entschied sich Großmutter bei der Familie meines Onkels zu bleiben. Aber unser Umzug änderte nichts an der Tatsache, dass uns die Familie meines Onkels sehr nahe stand. Schon allein meiner Großmutter wegen telefonierte Mutter täglich mit Um Omar oder sie kam bei uns auf einen Sprung vorbei. Die Zeit, die sie zusammengelebt, die Ängste, die sie wegen ihrer Ehemänner zusammen durchgestanden hatten, schuf Bande, die meine Großmutter lange herbeigesehnt hatte.

Intifada Al Kubra bedeutet »das große Wachschütteln«. Der danach benannte palästinensische Volksaufstand begann am 8. Dezember 1987 gegen Mittag im Flüchtlingslager Dschebalija. Einige Tage zuvor war ein israelischer Handelsvertreter in Gaza erstochen worden. Er hatte dort Geschäfte tätigen wollen. Kurze Zeit später ereignete sich ein Verkehrsunfall in der Nähe des Checkpoints Eretz, dem einzigen Zugang zum Gaza-Streifen und der wie eine Militärfestung wirkt. Ein israelischer Fahrer hatte angeblich die Kontrolle über seinen Lastzug verloren und rauschte in ein Taxi mit Bewohnern aus Dschebaljia. Vier Menschen starben. Die übrigen zwei Insassen erlitten schwere Verletzungen. Man glaubte, dass der Fahrer ein Verwandter oder Freund des ermordeten Handelsvertreters war und durch seine Tat Blutrache üben wollte. Die Bevölkerung strömte in wütendem Protest auf die Straßen. An diesem Tag starb ein weiterer Palästinenser im Kugelhagel der Israelis, und etwa dreißig wurden dabei verletzt. Der erste Shahid, der erste Märtyrer der Intifada war gefallen. Eine Welle brach los. Der Ansturm des Protestes über die Besatzung dehnte sich schnell auf die gesamten besetzten Gebiete aus. Im Flüchtlingslager Balata in Nablus wurden wiederum ein Tag später eine Frau und zwei Jugendliche im Gewehrfeuer der Armee getötet. Die israelischen Besatzer gingen entschieden und mit aller Härte gegen die Demonstranten vor. Yitzhak Rabin, damaliger Verteidigungsminister und späterer Friedensnobelpreisträger, verteidigte seine Politik der eisernen Faust, indem er sagte, dass sein Ziel, die Erhöhung der Anzahl an Verletzten unter den Teilnehmern gewalttätiger Aktivitäten sei, nicht aber deren Tötung. »Ich bin nicht besorgt über die zunehmende Zahl Verwundeter«, fügte er in einem Fernsehinterview hinzu, »solange sie verletzt werden, während sie sich aktiv an der Anstiftung, Organisierung und Teilnahme von gewalttätigen Ausschreitungen beteiligen. Die Verwundungen demonstrierten die Fähigkeit der Armee »wirksam gegen die Aufständischen vorzugehen, so dass wir die Oberhand behalten«.

Dennoch rauschten in den folgenden Jahren die Bilder von Steine werfenden Jugendlichen oder Kindern, die mit ihren Schleudern gegen bewaffnete Soldaten, mancherorts sogar gegen Panzer vorgingen, über die Bildschirme. Der Aufstand konnte von der israelischen Armee nicht eingedämmt werden.

Denn die Intifada beschränkte sich nicht nur auf den Straßenkampf der Jugendlichen, sie war auch ein ökonomisch-politisches Aufbegehren. Dadurch, dass israelische Waren boykottiert wurden, musste in vielerlei Hinsicht Abhilfe geschaffen werden. Überschattet von den Medienereignissen der täglichen Konfrontationen mit den israelischen Soldaten vollzog sich schon zu Beginn der Intifada ein grundlegender Wandel des palästinensischen Alltags. Es wurden auf allen Ebenen lokal arbeitende Institutionen geschaffen, die das Überleben während der Intifada sichern sollten, beispielweise Ärztekomitees zur Behandlung der Verletzten sowie Komitees zur Selbstversorgung mit Nahrungsmitteln oder Presseinformationskomi-

tees. Ein neuartiger sozialer und ökonomischer Prozess wurde damit in Gang gesetzt.

Ob im Garten oder auf freiliegenden Flächen zwischen den Häusern, jedes noch so kleine Stück Boden, das sich der israelischen Kontrolle entzog, wurde mit Obst und Gemüse bepflanzt. Alle Reserven wurden genutzt. Mittel, die nicht in der eigenen Familie oder in der Nachbarschaft Verwendung finden konnten, wurden den Komitees zur Verfügung gestellt. Es ging sogar so weit, dass sich palästinensische Landwirtschaftsingenieure zu einem Landwirtschaftlichen Unterstützungskomitee (PARC) zusammenschlossen, um durch Schulungen der Bevölkerung nützliche Ratschläge zukommen zu lassen. Darüber hinaus wurden in vielen Haushalten Kleintierzuchten angelegt.

Neben dieser Organisierung, die sich in demokratisch strukturierten Kooperativen vollzog, wurden die Volkskomitees auch schnell zu Orten der politischen Auseinandersetzung. Sie waren die Keimzellen der Intifada. Nicht zuletzt aus diesem Grunde verbot die israelische Regierung und der Militär-Gouverneur der besetzten Gebiete diese Komitees und ließ Mitglieder teilweise für Jahre hinter Schloss und Riegel verschwinden. Von israelischer Seite war man ständig versucht, dieses Rückrat der Intifada zu brechen. In den Komitees hatte sich die Bevölkerung selbst organisiert: in allen Dörfern, Lagern und Städten war sie unter Beteiligung sämtlicher sozialer Gruppen aktiv. Doch war dies eine Tatsache, die nur in den seltensten Fällen in der Berichterstattung der westlichen Hemisphäre Erwähnung fand. Sinnbild der Intifada Al Kubra ist das auf israelische Soldaten und Panzer Steine werfende palästinensische Kind.

Die ersten Ausschreitungen in Dschenin ereigneten sich eines Nachts, wenige Tage nachdem die Intifada im Gaza-Streifen ausgebrochen war. Die israelische Armee befand sich in Alarmbereitschaft. Patrouillen lagen besonders in der Innenstadt auf der Lauer. Ich war mit Muhammad auf dem leeren Souk unterwegs, als plötzlich Jugendliche und Männer an uns vorbeieilten. Sie rannten die Straße hinunter, hielten in ihren Händen die palästinensische Flagge *(das Hissen der palästinensischen Fahne mit den Farben Schwarz, Rot, Grün und Weiß war in den besetzten Gebieten streng verboten; bei Missachtung drohten Gefängnisstrafen von bis zu fünfzehn Jahren),* die sie in ihrem Eifer immer wieder über ihre Köpfe hoben, und ließen ihrer Wut durch revolutionäre Volkslieder freien Lauf. Wir schauten ihnen hinterher. Ganz sicher hatten sie sich auf den Weg zum Militär-Hauptquartier am Rande der Stadt gemacht, gleich neben dem Muchajiam. Muhammad und ich wollten es ihnen gleichtun. Wenige Augenblicke später eilten wir der Menge hinterher.

Es hatte sich wohl keiner ausgemalt, mit welcher Brutalität die Soldaten gegen uns vorgehen würden. Als wir auf der Höhe des Militärhauptquartiers an der Straße nach Haifa waren, sahen wir einen Pulk von zwanzig bis dreißig Israelis auf die demonstrierende Menge zueilen, ausgerüstet mit Schlagstöcken und Stahlhelmen, wobei sie zusätzlich noch ihre Gewehre umgeschnallt hatten. Dann blieben sie unvermittelt stehen. Zwischen uns und ihnen war eine Schneise von vielleicht vierzig bis fünfzig Metern. Die Steine, die wir in ihre Richtung warfen, hielten die Soldaten vorerst auf Distanz. Ich hob vom Straßenrand gleich mehrere Steine auf und begann wie Muhammad und die anderen ebenfalls auf die Soldaten zu zielen. Mit aller Wucht schleuderte ich sie ihnen entgegen, ging aber daraufhin gleich hinter einer Mauer in Deckung, da ich vermutete, dass sie im nächsten Moment das Feuer eröffnen würden. Dann die ersten Schüsse. Ein seltsamer Nebel breitet sich über uns und fiel auf uns nieder. Meine Augen begannen zu tränen. Ich konnte kaum mehr atmen und verließ meine Deckung, aus der heraus ich noch einige Male nach den Soldaten warf, begab mich aber dadurch in ihre Schusslinie und damit in ernste Lebensgefahr. Denn nun hatten sie das soeben abgefeuerte Tränengas durch scharfe Munition ersetzt. Muhammad und ich rannten, hörten hinter uns einen Schuss nach dem anderen. Neben uns gingen einige Jugendliche zu Boden, gingen. Sie hatten den richtigen Zeitpunkt zum Rückzug verpasst. Die Soldaten rannten auf sie zu und schlugen wahllos auf sie ein. Schläge auf Arme und Beine. Schläge auf den Kopf und in den Magen.

Das war die erste Nacht der Unruhen in Dschenin. Immer wieder zogen wir uns zurück, um dem Tränengas, den Kugeln und den Schlagstöcken der israelischen Soldaten zu entkommen. Dann versammelten wir uns an einem anderen Ort und griffen erneut an, denn sie folgten uns. Wir bedienten uns mehrerer Gummireifen, die wir am Straßenrand gefunden hatten und setzten sie in Brand. Der übelriechende und schwarze Rauch verdeckte den Soldaten die Sicht und machte es ihnen unmöglich, auf uns zu zielen. Es hinderte sie jedoch nicht daran zu schießen. Wir warfen. Sie antworteten mit Gewehrfeuer. Stundenlang, bis wir uns in alle Himmelsrichtungen verstreuten und sich die Versammlung aufgelöst hatte.

Die »Waffe« der Jugendlichen und Kinder war der Stein – das Symbol der Intifada. Bei Steinen gab es keine Nachschubprobleme: sie lagen überall auf dem Boden herum und eigneten sich bestens für den Kampf gegen die Besatzer. Entweder wurden sie geworfen oder mit einer Schlingschleuder auf die Soldaten katapultiert. Der Anblick von Jugendlichen und Kindern, die mit Steinen einer schwer bewaffneten Armee mit gepanzerten Fahrzeugen gegenübertraten, veranlasste viele Journalisten vom Kampf eines palästinensischen Davids gegen einen israelischen Goliath zu berichten.

Doch der Stein wurde auch in anderen Variationen einge-

setzt. Beispielsweise dem »Molotowstein«, der mit einem in Benzin getränkten Tuch umwickelt und anschließend mit einer Schleuder oder einem Katapult abgefeuert wurde.

Um Militärfahrzeuge außer Gefecht zu setzen, hatte man mit Nägel bespickte Kartoffeln benutzt, die wie Nadelkissen aussahen. Diese wurden dann auf die Straßen geworfen, um die Reifen zu perforieren. Eine Form des Widerstands, der die Kontrolle palästinensischer Ortschaften und die Verfolgung von Demonstranten empfindlich behinderte. Darüber hinaus gerieten die Soldaten, die aus den Fahrzeugen ausgestiegen waren, um die Pannen zu beheben, immer wieder in den Steinhagel Aufständischer, die nur auf diese Gelegenheit warteten.

Eine weitere Methode, die dieselbe Wirkung erzielte, war der Bau von Autofallen. Man grub Löcher in die Straßen, die mit dünnem Zinkblech oder Holzplatten verdeckt wurden und versah diese mit einer Schicht Sand, so dass die schnell herannahenden Fahrzeuge in die präparierten Wege einbrachen und ihrer Verfolgungsjagd damit ein jähes Ende gesetzt wurde.

Bombenattrappen wurden benutzt, um Panik in den Reihen der israelischen Truppen zu verbreiten und Einheiten einzubinden, die sonst mit Schlagstöcken und Gewehren gegen palästinensische Zivilisten vorgegangen wären: Man täuschte die Armee mit telefonischen Bombendrohungen, indem man mitteilte, dass an einem bestimmten Ort ein Sprengsatz gelegt worden war. Verdächtige Taschen oder Attrappen aus alten Motorteilen hinterließ man an überfüllten Plätzen. Die Zeit und Arbeitskraft der Soldaten wurde missbraucht, um nicht existierende Gefahren zu beseitigen, obwohl man auf israelischer Seite wusste, dass sich die PLO und die Führung der Intifada offiziell gegen den Einsatz derartiger Waffen ausgesprochen hatte.

Die Patrouillen der Armee waren überall. Sie suchten regelrecht nach Konfrontation. Und als die Militär-Verwaltung nach und nach alle Schulen schloss, ließen sie uns gar keine andere Möglichkeit, als auf die Straße zu gehen und gegen sie zu kämpfen. Wo es nur ging, versuchten sie uns herauszufordern. In der Öffentlichkeit erklärten sie hingegen, dass wir die Unruhestifter wären. Doch sie haben das Feuer unseres Zorns noch mit Benzin begossen.

Das Muchajiam bot uns idealen Schutz. Denn Fremden war es schlichtweg unmöglich, sich in dem Gassengewirr zurechtzufinden. Wenn sie uns in das Flüchtlingslager hinein folgten, versuchten wir sie immer wieder in einen Hinterhalt zu locken. Muhammad und ich hatten damit begonnen, auf die Dächer zu klettern und von dort die Soldaten mit Steinen zu bewerfen. An allen strategisch wichtigen Punkten legten wir auf den Dachterrassen Steine zurecht – falls nicht schon welche dort waren – und warteten auf die passende Gelegenheit, die Soldaten mit unseren Schlingschleudern zu beschießen. Von allen Seiten hagelte es dann auf sie herab. Ihre Wut, mit uns nicht fertig werden zu können, steigerte sich ins Unermessliche und setzte eine ungeahnte Brutalität und Gewaltbereitschaft frei. Ich habe viele meiner Freunde gesehen, deren Arme und Beine von den Schlagstöcken der Israelis gebrochen wurden. Sie droschen so lange auf sie ein, bis sie aus eigener Kraft nicht mehr aufstehen, geschweige denn sich aus der Gewalt der Israelis befreien konnte. Wenn man in ihre Fänge geriet, dann gab es kein Entkommen. Wir wären für Jahre hinter Gittern verschwunden und hätten womöglich dort unser Leben gelassen *(das Werfen von Steinen bestrafte die israelische Militärjustiz mit einer Gefängnisstrafe von bis zu zwanzig Jahren)*.

Wie gewöhnlich wurde auch an diesem Morgen zu den Demonstrationen gegen die Besatzer über ein auf einem Wagen befestigtes Megafon aufgerufen. In der gesamten Gegend hallte die Stimme des Sprechers, der den Freiheitskampf und das Durchhaltevermögen des palästinensischen Volkes beschwor. Meine Mutter, meine Geschwister und ich saßen am Frühstück. Vater war zum Morgengebet in die nahegelegene Moschee gegangen. Wir hörten aufmerksam den Ausführungen der Lautsprecherdurchsage zu. Als sie zu Ende war und ich mich auf den Weg zu Muhammad machen wollte, hielt mich Khouloud zurück. Sie sagte, sie hätte etwas für mich. Dann zog sie aus einem der Schränke ein Sweatshirt hervor, das die palästinensischen Nationalfarben trug. Sie hatte es in einem Nähkurs angefertigt, der von einem der Komitees zur Selbstversorgung angeboten worden war. »Willst du mich umbringen«, fragte ich sie. Sie meinte, dass ich es nicht anziehen müsse, wenn ich nicht wollte. Ich bemerkte jedoch, wie wichtig es ihr war. Und eigentlich freute ich mich über das Geschenk. Ich schlüpfte schnell hinein und als ich mich verabschiedete, fragte Farid, ob er mitkommen könne. Aber noch bevor ich ihm eine Antwort geben konnte, fuhr meine Mutter streng dazwischen und sagte, dass sie ihn hier brauche. Es sollte wenigstens ein Mann im Hause sein, falls etwas geschehen würde. Indessen machte ich mich auf den Weg. Doch Muhammad erreichte ich nicht. Kurz nachdem ich mich auf die Hauptstraße begeben hatte, lief ich geradewegs in die Arme einer Militär-Patrouille. Sie sahen das Sweatshirt und hielten mich auf. Mir war sofort klar, was mich nun erwarten würde. Sie schlugen mit ihren Stöcken auf mich ein und nahmen mich mit auf die Wache. Ob ich nicht wüsste, dass es verboten sei, die palästinensischen Nationalfarben zu tragen, egal ob auf der Kleidung oder in Form einer Flagge. Ich schüttelte den Kopf. Dann zerrissen sie das Sweatshirt, zogen mir die Hose und die Schuhe aus, verbanden mir die Augen und ließen mich allein in dem kahlen Raum zurück.

Als sie zurückkehrten, stellten sie mich mit dem Gesicht an die Wand. Ich hätte Steine geworfen, brüllten sie mich an. Wieder schüttelte ich verängstigt den Kopf. Dann schlugen sie auf meinen Rücken und meine Beine ein. Ein Stromkabel ersetzte nun den Schlagstock. Immer wenn es auf mich niederschnellte, schien es meine Haut zu zerschneiden. Ich schrie.

Den ganzen Tag und die gesamte darauffolgende Nacht waren sie damit beschäftigt, mich für mein Verhalten zu bestrafen. Sie schlugen und schlugen und schlugen. Die Schmerzen raubten mir den Verstand. Ich bat sie, nein, ich flehte sie an aufzuhören. Aber ohne Erfolg. Sie machten weiter. Zuweilen glaubte ich sogar, dass es ihnen Spaß bereitete, einen Jugendlichen zu quälen, dessen einziges Vergehen es war, die falschen Farben auf seinem Sweatshirt zu tragen.

Am Morgen ließen sie mich gehen. Halbnackt fiel ich zur Haustür herein. Mein Rücken und meine Oberschenkel waren vollkommen zerschunden. Blut rann aus den Wunden. Mein Vater trug mich ins Haus. Ich lag auf dem Bauch, während meine Mutter weinend die Wunden versorgte. Wunden, wie sie sie noch nie zuvor gesehen hatte. Ich schlief tief und lange. Bis ich mich von meinen Verletzungen erholt hatte, vergingen unzählige Wochen.

Muhammad hatte mich in der Zeit meiner Genesung auf dem Laufenden gehalten. Er war täglich bei uns, erzählte mir von jenen, die verhaftet worden und von jenen, die gefallen waren. Je länger die Intifada andauerte, je aussichtsloser den Israelis die Niederschlagung des Aufstands erschien, desto brutaler gingen sie vor. Hatten sie am Anfang noch angeblich harmlose Gummigeschosse eingesetzt *(aus nächster Nähe abgefeuert erzielen die Hartgummigeschosse eine tödliche Wirkung)*, waren sie inzwischen dazu übergegangen, auch Bleimunition zu verwenden. Sie hatten einen lockeren Finger am Abzug ihrer Gewehre. Aber davon ließen wir uns nicht beirren.

Ich kehrte trotz der Beschwichtigungen meiner Mutter zu den Demonstrationen auf den Straßen Dschenins und des Flüchtlingslagers zurück. Und wenn ich im Muchajiam vor den Soldaten flüchten musste, nahm ich den Weg über die Dächer. Ich sprang von einem Haus zum nächsten, so lange, bis ich sie abgeschüttelt hatte und sicher auf die Erde zurückkehren konnte.

Eines Tages, inmitten einer Konfrontation, in der die Soldaten wieder scharfe Munition eingesetzt hatten, mussten wir aufgrund ihrer Überzahl den Rückzug antreten. Ich erklomm das Dach eines Hauses, um von dort aus meinen Weg fortzusetzen. Als ich jedoch oben angekommen war und ich einen der zurechtgelegten Steine aufgehoben hatte, hörte ich die Stimme eines Mannes, der mich anbrüllte, sofort den Stein fallen zu lassen. Ich schaute über die Gasse auf das Dach des gegenüberliegenden Hauses. Dort stand ein israelischer Soldat, der mit seinem Gewehr auf mich gezielt hatte. »Wenn du auch nur einen Stein berührst, erschieße ich dich«, drohte er. Ich ließ den Stein, den ich in der Hand hatte, fallen. »Und jetzt kletterst du die Hausmauer hinunter, gehst über die Gasse, dann durch die Tür des Hauses und kommst zu mir auf das Dach! Verstanden?«, befahl er. Der Lauf seiner Waffe begleitete mich die Mauer herunter, bis ich auf der Gasse angelangt war, wo ich allerdings stehen blieb und grinsend zu ihm hoch schaute. Würde ich seinem Befehl folgen, konnte ich sicher sein, dass es wieder Schläge und Hiebe gegeben hätte. »Du glaubst doch nicht allen Ernstes, dass ich zu dir dort hochkomme?« Der Soldat presste seine Waffe an die Schulter, zog den Abzug leicht nach hinten und erwiderte: »Sofort! Sonst mach ich dir Beine!« Einige Sekunden vergingen. Er stand dort oben auf dem Dach und zitterte. Ich stand bewegungslos auf der Gasse und lächelte. Im selben Moment, in dem ich ihm ein »Leck mich am Arsch!« zuwarf, begann ich zu rennen. Ich rannte so schnell ich konnte. Die Kugeln flogen mir um die Ohren. Aber es traf mich keine.

Kurze Zeit nach Beginn der Intifada hatte die israelische Besatzungspolitik weltweit Empörung ausgelöst, da die Zahl der erschossenen Palästinenser stetig zunahm. Trotzdem wurden die Einsatzrichtlinien für die Soldaten in den ersten Monaten des Aufstands weiter gelockert: Nachdem der Schusswaffengebrauch nur im Ernstfall und bei akuter Lebensgefahr zugelassen war, erlaubte man ihnen fortan, auf mit Steinen und Brandsätzen bewaffnete Jugendliche das Feuer zu eröffnen. Zur weiteren Liberalisierung des Waffengebrauchs diente die Einführung der Plastikmunition. Sobald einer der Aufständischen vermummt war, durften die Soldaten von offizieller Seite aus schießen. Verwendung fanden mehrere Arten Gummigeschosse, ob mit oder ohne Metallkern, die ebenso tödlich sein konnten wie Plastikgeschosse. Darüber hinaus kam auch Hochgeschwindigkeitsmunition zum Einsatz, die im Körper in zahlreiche Splitter zerbrach und gravierende innere Verletzungen verursachte.

Das bei der israelischen Armee beliebte Tränengas – entsprechende Bilder flimmerten immer wieder über den Fernsehbildschirm – hatte ebenfalls zahlreiche Todesfälle, aber auch Fehl- und Totgeburten zur Folge.

Besonderes Entsetzen rief die »Politik der Schläge« hervor, bei der vor allem mittels Holz- und Glasfiberknüppel systematisch Knochen gebrochen wurden, um die Steinewerfer außer Gefecht zu setzen.

Man beschuldigte die israelische Armee sogar, festgenommenen Palästinensern »schädliche chemische Wirkstoffe« injiziert zu haben, die beispielsweise Fieber und Übelkeit auslösten.

Berichten zufolge soll die Armee sogar bei Tränengaseinsätzen das Wasser abgestellt haben, um die Aufständischen daran zu hindern, sich die Augen zu spülen.

Farid begann meiner Mutter immer wieder zu entwischen. Selbst Jugendliche in seinem Alter – zu diesem Zeitpunkt war er dreizehn – strömten auf die Straßen und stellten sich der israelischen Militärmaschinerie. Da aber Farid das jüngste Kind meiner Eltern war, er außerdem von meinen beiden Schwestern Khouloud und Abir umsorgt wurde, konnte man ihn als das Nesthäkchen unserer Familie bezeichnen. Oftmals folgte ihm meine Mutter, wenn er sich den anderen anschließen wollte, um ihn wieder nach Hause zu holen. Ich denke, dass sie deshalb so sehr an ihm hing, sich schon fast an ihn klammerte, weil ihre restlichen drei Kinder in Anbetracht der Umstände bereits zu Erwachsenen herangereift waren.

Eines Morgens ging ich aus dem Haus, nachdem in der Nähe ein Straßenkampf aufgeflammt war. Die Rufe und Lieder der Jugendlichen waren zu hören. Schüsse waren die Antworten der Soldaten. Das Knallen der Salven hallte durch das ganze Lager. Ich nahm meine Schlingschleuder, die ich mir zwischenzeitlich gebastelt hatte und schloss mich den Jugendlichen an. Mein kleiner Bruder Farid war mir jedoch gefolgt, ohne dass ich es bemerkt hatte. Er wollte ebenfalls gegen die verhassten israelischen Besatzer kämpfen, so wie die anderen Aufständischen.

Wir hatten uns vermummt, zum einen, damit uns die Tücher vor dem beißend riechenden Qualm der brennenden Gummireifen schützten, zum anderen, damit die Soldaten uns nicht erkennen konnten. Hinter einer Blechtonne suchte ich Schutz, nahm einen Stein, spannte ihn in die Schleuder und katapultierte ihn auf einen der Soldaten, den ich an seinem Helm traf. Der Rauch des Reifens verzog sich, da an diesem Tag ein leichter Wind wehte. Der Soldat hatte mich gesehen und schoss auf die Tonne, hinter welcher ich mich nun auf den Boden gelegt hatte. Die Kugeln donnerten vor mir auf den Asphalt und wurden von der Tonne abgefangen. »Said, komm her«, hörte ich eine Stimme nach mir rufen. Ich drehte mich auf dem Boden liegend um und sah jemanden, der mir mit einer Handbewegung bedeutete, dass ich mich beeilen sollte. Der Soldat lud nach. Und obgleich um mich herum Kugeln aus anderen Gewehrläufen einschlugen, zog ich mich zu dem Jungen zurück, der nur wenige Meter hinter mir in einer Einfahrt stand. »Was ist los?«, fragte ich ihn. Sein Blick verriet, dass etwas Schlimmes geschehen sein musste. Er sagte, dass mein Vater nach mir schickte. Ich solle so schnell wie möglich nach Hause gehen. In mir stiegen Befürchtungen auf, die meinen Bruder betrafen. Ich rannte los.

Als ich zur Tür hereinkam, sah ich Farid zusammengekauert in einer Ecke hocken. Er weinte und jammerte unentwegt, dass er das nicht gewollt habe. Ich blickte in die verzweifelten Gesichter meiner Schwestern und meines Vaters, der mir mitteilte, dass meine Mutter erschossen worden war. Was? Erschossen? Warum? Wo ist sie? Ich wollte seinen Worten keinen Glauben schenken. »Sag mir, dass das nicht wahr ist«, flehte ich meinen Vater an. Doch der schüttelte den Kopf. Seine Augen waren feucht. Er hielt die Tränen zurück. Wieder fragte ich verzweifelt meine Schwestern und meinen Vater, wo sie sei und brach in Tränen aus. Mein Vater nahm mich in die Arme. Als ich mich beruhigt hatte, führte er mich in das Schlafzimmer. Dort lag sie. Man hatte sie kaltblütig erschossen. Eine Kugel mitten in die Stirn. Und das nur, weil sie aus Sorge um ihren Jüngsten ihm hinterhergerannt war, um ihn nach Hause zu holen. Sie hatte doch mit allem, was sich hier abspielte, nichts zu tun.

III
FREITAG NACHT

Genau in dem Moment, in dem Said über den Tod seiner Mutter berichtet hatte, spürte ich, dass es nun an der Zeit war zu gehen. Während seiner Rede hatte er mir nur selten in die Augen geschaut. Jetzt aber blickte er mich an. Und in diesem Blick lag ein unbeschreiblicher Ausdruck von Verbitterung. Es war mir seltsam erschienen, dass sie in seinen Ausführungen nur selten Erwähnung gefunden hatte. Wenn ich heute aber darüber nachdenke, komme ich zu dem Schluss, dass die Erinnerung an seine Mutter das Einzige ist, was ihm von ihr geblieben war. Die Tatsache, dass er wenig über sie erzählt hatte, war keineswegs mit der Irrelevanz ihrer Person für seinen Bericht gleichzusetzen. Ganz im Gegenteil! Aus dem Schweigen erschließt sich manches Mal das Maß der Bedeutsamkeit.

Ich wollte gehen, ihn mit jenem Bild alleine lassen, das er sich wieder in sein Bewusstsein gerufen hatte. Ich sagte ihm, dass ich sehr müde sei und nicht darauf warten könne, bis Jamal mich abholen würde. Sicher vermutete Said, dass ich seiner Stimmung wegen so überstürzt aufbrach. Er dankte es mir, indem er mich noch hinausbegleitete. Dann verschwand ich in der Dunkelheit des Muchajiams und ließ ihn mit seiner Erinnerung zurück. Ich stellte mir vor, wie er an seinen Platz zurückkehrte, sich setzte und die vergangenen Momente in die Gegenwart trug, indem er wieder und wieder die Stimme seiner Mutter hörte und die verloren geglaubten Bilder in sich heraufbeschwor.

In der nächsten Nacht war dieser nachdenkliche und zuweilen melancholische Ausdruck in seinen Augen nicht gewichen.

Auch dieses Mal hatten wir uns in einem anderen Haus als in der Nacht zuvor getroffen. Mit seiner rot-weißen Kefijeh vermummt, stand er an einem der großen Fenster jenes Raumes, in dem wir uns aufhielten, und blickte auf das Muchajiam, welches in seiner höchst unsicheren Existenz unter uns lag. Ich hatte Platz genommen und wartete geduldig. Momente der Wortlosigkeit und Stille verstrichen. Dann drehte er sich um und setzte sich neben mich. Er fragte, wo wir stehen geblieben wären. Eine Antwort hatte er jedoch nicht erwartet, denn ohne zu zögern begann er zu erzählen. Es handelte sich dabei um jene Jahre, die er hinter Gittern verbracht hatte.

Über den Tod meiner Mutter möchte ich eigentlich nicht mehr berichten. Nur soviel: Lange habe ich mir eingeredet, dass ich Schuld daran gewesen sei. Ich hatte damals nicht an Farid gedacht, strebte er doch danach, es seinem großen Bruder, der unter den Jugendlichen den Spitznamen Al-Ghazal trug, gleich zu tun, weil er wie eine Gazelle von Hausdach zu Hausdach sprang, um den israelischen Soldaten zu entkommen. Ich erinnere mich an eine Situation, als mein Vater mich umarmte. Er drückte mich so fest er konnte. Dann hielt er mich in Armlänge von sich fern und betrachtete mich eingehend. Ich hatte ihm nicht in die Augen schauen können. Er sagte: »Alles, was du wissen musst, ist die Tatsache, dass du eines Tages auf die Welt gekommen bist und eines Tages wieder gehen musst. Das Leben gleicht einer Kerzenflamme, die durch den geringsten Luftzug von einem Augenblick auf den anderen verlöschen kann. Nur Allah weiß, wann und wo! Er ist es, der lebendig macht und sterben lässt! … Deine Selbstvorwürfe vergiften deinen Geist und hindern dich daran, den Tag auf die Nacht folgen zu lassen.«

Im Islam ist der Tod lediglich das Tor zu der letzten Wohnstätte, dem »Dar al Achira«. Entgegen vielen weltlich geprägten Vor-

stellungen vom Tod als Ende der Existenz ist es für jeden from-
men Muslim lediglich der Übergang vom jetzigen, irdischen
Dasein zum zukünftigen Leben im Jenseits. Ohne nach dem
Warum zu fragen, nimmt der Muslim Allahs Beschluss und
die damit verbundene Unabwendbarkeit des leiblichen Todes
hin. Obwohl von seinen Lieben getrennt, versucht er von der
meist selbstsüchtigen Trauer frei zu bleiben.

Eine Woche später schlenderte ich mit Muhammad durch
die Innenstadt von Dschenin. Die Ausgangssperre war
für wenige Tage aufgehoben und die Leute eilten von einem Laden zum nächsten, um die nötigsten Besorgungen
zu machen, denn man konnte nie wissen, ob es sich die
Israelis nicht anders überlegen würden. Der Tag war hell
und herbstlich. Trotz der Abgase hatte die Luft eine kühlende Frische, die wir in uns aufsogen. Ich war seit Tagen
nicht aus dem Haus gekommen und sehnte mich nach
den Gerüchen in den Gassen des Souks, nach den Menschen, die trotz der harten Zeiten fröhlich schienen, nach
dem Leben, das ungeachtet der herben Schicksalsschläge
weiterging. Muhammad kaufte geröstete Wassermelo-
nenkerne. Wir setzten uns auf den Bordstein und öffneten
die Schalen mit unseren Zähnen, während wir unacht-
sam umherschauten. In weiter Ferne sah ich einen Mann,
dessen gebeugter Gang mich an Chalil erinnerte. Ich hatte
ihn lange nicht mehr gesehen. Was war mit ihm geschehen? Wo mochte er wohl sein? Ich musste an die Melodie
denken, die ich vor Jahren am Eingang der Moschee aus
seinem Munde gehört hatte. Vater erklärte mir damals,
dass er aus unserer Welt entrückt sei. Ich hatte das erste
Mal das Gefühl, Chalil verstehen zu können. Und ich be-
neidete ihn ein bisschen. Er hatte sich einen, wenn auch
wirren Mikrokosmos geschaffen. Sein Leben reduzierte
sich auf das Wesentliche und auf seinen Notizblock, den
er eifrig mit seinen Gedanken füllte. Möglicherweise war

dieser Block das Einzige, was von ihm übrig geblieben war. In meine Gedanken vertieft, stieß Muhammad mich plötzlich mit seinem Ellbogen in die Seite. »Da vorne kommt eine Militärstreife um die Ecke. Lass uns abhauen!« Ich sah sie langsam die Straße herunterfahren. Die Streife suchte die Konfrontation. Aber ich hatte keine Lust, mich zu bewegen. Ich wollte einfach sitzen bleiben und meinen Gedanken folgen, wo auch immer sie mich hinführen mochten. Muhammad insistierte. Er stand bereits. »Mach schon! Die warten nur darauf, uns in die Hände zu kriegen!« Ich schaute zu ihm auf und erwiderte: »Geh nur! Ich habe es satt immer nur vor diesen Hurensöhnen davonzurennen!« Der Jeep kam näher und näher. Muhammad war ratlos. Er blickte zu dem Wagen, dann zu mir, wieder zu dem Wagen, dann wieder zu mir. Er war ziemlich nervös. Doch ich wusste, dass er nicht gehen würde. Seit dem Beginn der Intifada hätte keiner von uns beiden den anderen in so einer Situation allein gelassen. Dann setzte er sich wieder neben mich. Als der Jeep auf unserer Höhe ankam, hielt er an. Zwei Soldaten stiegen aus, gingen um den Wagen und blieben direkt vor uns stehen. Ohne aufzublicken, griff ich in meine Hosentasche und zog meine Identitätskarte hervor. Ich hielt sie ihnen entgegen. Und Muhammad die seine. Ich bekam eine Ohrfeige. »Schau mich an, wenn ich vor dir stehe!«, sagte einer der beiden. Ich gehorchte. Per Funk überprüften sie unsere Ausweise. Muhammad und ich waren inzwischen aufgestanden, als sie mir meinen Ausweis zurückgaben und mir sagten, dass ich gehen könne. Muhammad jedoch musste sie begleiten. Sie packten ihn am Arm und schleiften ihn zur Hintertür des Jeeps, wo sie ihn einsteigen ließen. Dann fuhr der Wagen davon. Muhammad winkte noch und rief grinsend: »Mich kriegen sie nicht! Bis später im Muchajiam!« In diesem Grinsen lag jedoch ein Hauch der Verzweiflung. Insgeheim wusste

Muhammad, dass ihn auf der Wache nur Unangenehmes zu erwarten hatte. Ich weiß nicht, warum ich noch stehen geblieben war und dem Jeep hinterher schaute. Möglicherweise war es die Vorahnung dessen, dass es das letzte Mal sein sollte, Muhammad lebendig gesehen zu haben. Der Schleier der Dunkelheit hatte sich über Dschenin und das Muchajiam gelegt. Vater war noch in der Arbeit. Khouloud und Abir bereiteten das Abendessen und Farid las in einem seiner Schulbücher. Khouloud versuchte ihn zu beschäftigen, damit er bei dem Gedanken an Mutter nicht wieder in Tränen ausbrach. Auch wenn die israelischen Behörden die Schulen noch immer geschlossen hielten, glaubte sie, dass es wichtig sei, selbst die Zügel der Bildung in die Hand zu nehmen. Ihr Ehrgeiz übertrug sich auf Farid, und das war gut so. Mich hatte sie allerdings noch nicht überzeugen können. Ich saß vor dem Fernseher und schaute eine syrische Familiensaga. Ich ließ mich von den Bildern einer scheinbar heilen Welt berieseln. In diesen Serien geht es immer um dasselbe. Intrigen, Liebe und Tod. Es fließen die Tränen in Strömen, um im nächsten Moment das kleine Glück größer erscheinen zu lassen, als es in Wahrheit ist. Nichts, gar nichts haben diese Geschichten mit der Wirklichkeit gemein. Zur Ablenkung aber erfüllen sie ihren Zweck.

Wenig später kam mein Vater nach Hause. Er war leicht irritiert darüber, dass ich hier anzutreffen war. Für gewöhnlich machte ich um diese Uhrzeit einen Streifzug durch das Muchajiam. Ich traf mich dann mit den Shabab *(jugendliche Aufständische)*, erfuhr dabei wer wann und wo von den Israelis verhaftet worden und was als Nächstes im Flüchtlingslager zu erwarten war. Viele übernachteten nicht mehr in den heimischen vier Wänden, denn man wusste nicht, ob die Soldaten im Schutz der Dunkelheit in das Lager einfielen und auf der Suche nach den »Unruhestiftern« ein Haus nach dem anderen durchkämmten. Wie sich später herausstellen sollte, war ich ihnen bei der Kontrolle am Nachmittag entgangen. Nicht Muhammad war es, den sie eigentlich mitnehmen wollten, sondern mich. Nur sahen wir uns auf den Fotos der Ausweise verblüffend ähnlich. Den Ausweis, den sie mir zurückgegeben hatten, war derjenige von Muhammad gewesen. Sie hatten uns schlicht und ergreifend verwechselt. Und dennoch war Muhammad nicht mehr aufgetaucht.

Später schliefen alle tief und fest. Ich lag noch eine Weile auf der Matratze im Wohnzimmer wach und ließ mich durch das monotone Ein- und Ausatmen meines Vaters in den Schlaf wiegen. Ich träumte, ich läge irgendwo im Muchajiam. Die offenen Abwasserkanäle der Gassen liefen allesamt auf mich zu. Aus jeder Richtung ergoss sich ein Schwall auf meinen nackten Körper. Ich saugte diese dunkle Brühe, die aus verfaulten Essensresten, Plastikverpackungen, verdorbenem Obst und Gemüse und sonstigem Abfall bestand, wie ein hungriger Schwamm in mich auf, ohne dass ich mich wehrte. Ich ließ es einfach geschehen. Dann begann ich zu wachsen. Ich wurde immer größer und immer breiter. Meine Beine und Arme zogen sich in die Länge. Mein Bauch wurde fett und schwabbelig. Mein Kopf blies sich wie ein Luftballon auf, der im nächsten Augenblick zu zerplatzen droht. Ich war ein großer, ekelhafter Riese, der sich nun erhob. Die Menschen erschienen mir wie kleine geschäftige Ameisen oder Termiten. Ich setzte vorsichtig einen Fuß vor den anderen, um sie nicht zu zertreten und ihre ärmlichen Behausungen zu zerstören. Ich ging auf das Militär-Hauptquartier am Rande der Stadt zu. Beim Anblick der kleinen, in olivgrünen Uniformen panisch umhereilenden Unmenschen, die mich beschossen, packte mich die Wut und die Lust, ihnen dasselbe Leid zu zufügen, wie sie es mit uns Palästinensern machten. Mit der

Erbarmungslosigkeit eines rachsüchtigen Henkers zertrümmerte ich ihre Gebäude, zertrat ich ihre Fahrzeuge und Panzer, zermalmte ich die kleinen, kreischenden Ameisen unter meinen Füßen. Ich lachte. Ich sang. Ich war wie im Siegesrausch und wütete weiter und weiter. Mich hatte die Macht des Stärkeren gepackt. Ein Rausch, der nicht enden wollte. Die einen jubelten mir zu. Die anderen zerstreuten sich in alle Himmelrichtungen. Sie flohen vor dem furchtbaren Rächer, der in all ihren Städten nichts als Schutt und Trümmer hinterließ ...

Mitten in der Nacht hämmerte es an der Tür. Ungefähr fünfzig Soldaten stürmten in unser Haus und rissen mich aus meinem Traum, der nichts weiter war, als die apokalyptische Vision meines Unterbewusstseins von diesem Heiligen Land, in dem ich lebte. Sie weckten mich mit Ohrfeigen. War dies ein neuer Albtraum? Sie schrien mich an, ich solle aufstehen und mich anziehen. Sofort! Mittlerweile waren auch mein Vater und meine Geschwister aus ihrem seligen Schlaf gerissen worden. Hilflosigkeit war in ihren Gesichtern zu erkennen. Was hätten sie auch machen sollen angesichts der Überzahl der israelischen Soldaten, die sich in unserem Haus drängten und jeden Schrank, jede Matratze, jede Tasse, im Grund alles, was sie fanden, durchsuchten. Ich fügte mich ihren Anordnungen, denn ich wollte nicht, dass der Rest meiner Familie in Mitleidenschaft gezogen würde. Als ich angezogen war, fesselten sie meine Hände mit Plastikschnüren und verbanden mir die Augen. Dann führten sie mich vor das Haus. Sie begannen auf mich einzuschlagen. Wie viele von ihnen es waren, weiß ich nicht! Zuerst ohrfeigten sie mich. Wieder und wieder. Plötzlich bekam ich zwei unmittelbar hintereinander folgende Faustschläge mitten ins Gesicht. Ich spürte, dass meine Lippen aufgeplatzt waren und die Nase blutete. Das Blut rann in meinen Mund. Zwischendrin schrien sie mich an. Ich wäre ein dreckiger

Araber. Ich hätte sie mit Steinen beworfen. Sie wüssten, wer ich sei und dass ich mich nun auf etwas gefasst machen könnte. Mir schoss Muhammad durch den Kopf. Hatte er geredet? Hatte er meinen Spitznamen preisgegeben? Unmöglich! Lieber würde er sterben als einen seiner besten Freunde zu verraten. Spitzel, die mit der israelischen Armee zusammenarbeiteten, gab es genügend. Oder aber sie blufften! Mein Gesicht war taub vor Schmerz. Ich versuchte es mit meinen zusammengebundenen Händen zu verdecken, um nicht noch weitere Schläge auf die ohnehin schon wunden Stellen zu erhalten und sank dabei auf die Knie. Ohne Unterlass schlugen sie weiter. Mit ihren Ellbogen auf meinen Kopf. Dann mit den Gewehrkolben in die Magengegend. Ich rang nach Luft und fiel vorne über mit dem blutigen Gesicht auf den dreckigen Boden. Sie schlugen weiter und weiter. Im Hintergrund hörte ich Khoulouds und Abirs Schreie: »Allahu Akbar! Allahu Akbar! Gott ist groß! Gott ist groß!« Es dürfte wohl niemand sonst auf den Straßen gewesen sein, denn ansonsten hätte ich noch andere Stimmen vernommen. Oder hatte ich in meinem Zustand überhaupt etwas vernehmen können? Ich versuchte die Schmerzen und die Hiebe zu ertragen. Irgendwann konnte ich nicht mehr. Auch ich fing an zu schreien. Ich flehte sie an, aufzuhören. Ich rief nach Allah, um ihnen Einhalt zu gebieten. Ich konnte meinen Körper nicht sehen. Aber ich spürte, dass er mit Blutergüssen übersät sein musste. Alles tat mir unendlich weh. Ich fürchtete, dass im nächsten Augenblick mein Kopf aufspringen und das Blut heraussprudeln würde. Dann rissen sie mich an meinen Haaren hoch und brachten mich zu ihren Fahrzeugen. Dort warteten bereits andere Jugendliche auf ihren Abtransport. Ich konnte ihr Jammern hören. Wir alle wurden gezwungen, uns auf den Boden des Wagens zu legen. Unsere Körper dienten den Soldaten als Fußstützen. Während der Fahrt schlug bei jeder Unebenheit der Fahrbahn – der Jeep fuhr in rasend schnellem Tempo – mein Kopf mit aller Wucht auf dem Boden auf. Ich fragte mich, wie viel ein Mensch noch ertragen könnte? Wenig später erreichten wir das Al-Far'a-Verwahrungslager.

Palästinensische Häftlinge verschwanden mit Beginn der Intifada, aber auch schon zuvor, in einer Vielzahl von israelischen Haftanstalten. Diese befanden sich in den besetzten Gebieten und in Israel selbst. Es waren entweder reguläre Gefängnisse, militärische Verwahrungslager, Polizeistationen oder anderweitige Anlagen zum temporären Gewahrsam verhafteter Palästinenser. Durch rigorose und menschenrechtswidrige Verhörmethoden haben sich hierbei besonders die so genannten »Detention Centers« (Verwahrungslager) hervorgetan. Aufgrund der unzähligen Verhaftungen während der ersten zwei Jahre der Intifada musste von der israelischen Armee eine Reihe neuer Gefängnisse errichtet werden. Die willkürliche Verhaftung war ein Instrument zur Kontrolle und zur kollektiven Bestrafung der palästinensischen Bevölkerung. Man forderte beispielsweise die Jugendlichen und Männer eines ganzen Stadtviertels auf sich zu versammeln, um sie zu verhaften und mit unzähligen Bussen abzutransportieren.

Dem damaligen Justizminister Dan Merridor zufolge wurden im Zeitraum zwischen Dezember 1987 und demselben Monat des Jahres 1989 insgesamt 50 000 Palästinenser verhaftet und in Gewahrsam genommen. Das entspricht knapp 16 Prozent der männlichen Bevölkerung zwischen 14 und 55 Jahren des Westjordanlands und des Gaza-Streifens. Hierbei ist allerdings zu betonen, dass es gängige Praxis war, Palästinenser wochen- oder monatelang ohne ordentliches Gerichtsverfahren hinter Gittern verschwinden zu lassen.

Zunächst wurde ich verhört. Erst in Al-Far'a, dann im Gefängnis von Tulkarem und zum Schluss wieder in Al-Far'a.

Es dauerte ungefähr vierzig Tage. Ich weiß es nicht genau, denn dadurch, dass mir die meiste Zeit über die Augen verbunden waren, verlor ich irgendwann das Zeitempfinden. Jedenfalls verbrachten die Soldaten mehr als einen Monat damit, die verschiedensten Methoden an mir anzuwenden, um mich zum Reden zu bringen und ein Geständnis zu erzwingen. Zu diesem Zeitpunkt war ich siebzehn Jahre alt. Ich hatte keine Vorstellung davon, was noch mit mir passieren würde, obgleich ich schon viel von Al-Far'a gehört hatte. Manche waren hier unter rätselhaften Umständen gestorben. Ich hatte mir fest vorgenommen, nichts zu sagen. Weder über mich, noch über andere. Lieber wollte auch ich sterben.

Said schaute mich an und fragte, ob er wirklich davon erzählen sollte. Ich erwiderte, dass ich es verstehen könnte, wenn er es vorzog, diesen Part auszusparen. »Das überlasse ich dir«, fügte ich hinzu. Sicherlich sah er mir an, dass ich es wissen wollte. Und obwohl ich mir ein Bild von den Zuständen in den Haftanstalten machen konnte – ich hatte genügend vergleichbare Geschichten von Freunden und Familienangehörigen gehört –, interessierte es mich im Hinblick auf seine Person. Welche Narben hatte diese Zeit hinterlassen? Und inwieweit wirkte sich diese Phase seines Lebens auf seine jüngst getroffene Entscheidung aus? Said nickte. Dann schloss er die Augen …

Wie ich bereits erwähnt habe, konnte ich die meiste Zeit über nichts sehen. Ich erlebte alles aus der Dunkelheit heraus. Einmal hatten sie mir die Augen mit einem Stück Stoff verbunden, ein anderes Mal einen Jutesack oder eine Plastiktüte mit Mund- und Nasenschlitz über den Kopf gestülpt. So reduzierten sich meine Empfindungen. Ich kann dir vielleicht Namen nennen. Ich kann dir von Gerüchen erzählen. Aber Bilder gibt es nur sehr wenige.
Wir erreichten also Al-Far'a. Zusammen mit den ande-

ren Jugendlichen führten sie mich in ein Gebäude. Es muss ein langer Korridor gewesen sein, den wir entlanggingen. Das Geräusch der auftretenden Soldatenstiefel erhallte zwischen den Wänden. Unser Marsch endete für mich in einem Raum. Darin stand ein Stuhl, auf den ich mich setzen durfte. Sie nahmen meine Personalien auf. Dann sagte eine Stimme: »Hallo, Said! Wie geht es dir?« Ich wollte wissen, warum ich hier sei. Die Stimme des Mannes erwiderte: »Wir sind vom Mukhabarat *(Geheimdienst)* Wenn ich rede, hast du zu schweigen! Wir kennen deine Geschichte! Wir wissen alles! Deine Verbindungen, die Organisationen, für die du arbeitest!« Ich spürte einen Fuß zwischen meinen Schenkeln. Er drückte auf meine Hoden. Erst leicht, dann immer fester. Der Fuß bewegte sich hin und her, so als ob er die Hoden zermalmen wollte. »Wir wollen Namen! Es hat keinen Zweck zu leugnen!« Mit vor Schmerzen zusammengepressten Lippen sagte ich ihnen, dass sie von mir nichts zu erwarten hätten. »Wir werden dich umbringen! Du wirst hier nicht lebend rauskommen! Entweder du gestehst oder du wirst den Verstand verlieren! Glaube mir!« Der Druck auf meine Hoden ließ nach. Der Mann nahm den Fuß weg. Kurz darauf schloss sich die Türe und Stille senkte sich über das Zimmer. Ich hörte Schritte, die sich näherten und in meinem Herzen ein starkes Pochen verursachten. Aber sie zogen außerhalb des Raumes vorbei. Die Zeit verging nur sehr langsam. So empfand ich es zumindest. Und je mehr Sekunden, Minuten und Stunden verstrichen, desto mehr Fragen und Gedanken füllten die Leere dieses Zimmers.

Die Hände waren hinter meinem Rücken mit diesem dünnen Plastikfaden so fest zusammengebunden, dass er sich immer mehr in die Haut fraß und Schmerzen hervorrief. Aber bei dem, was ich bereits an Schlägen erhalten hatte, war dies durchaus noch zu ertragen. Ich suchte nach einer angenehmeren Position, denn mein Körper schrie eigentlich danach, sich hinlegen zu dürfen. Er war müde. Er war geschunden und wollte sich erholen. Plötzlich mischte sich ein leises Jammern von irgendwoher in die Stille. Es war kaum zu vernehmen, doch nahm es kontinuierlich an Lautstärke zu. Und als es sich zu schmerzerfüllten Schreien wandelte, erschauderte ich. Ya Allah, oh Gott, was geschieht mit diesem Mann? Sein durchgängiges Kreischen erfüllte nun den ganzen Raum, in dem ich saß. Es war, als ob er sich die Seele aus dem Leib schreien würde. Und er verstummte nicht, um Luft zu holen, sondern schrie in einem Atemzug weiter. Ich glaubte, er würde nun ersticken. In mir stieg Hitze auf. Mein Puls begann zu rasen. Schweiß bildete sich auf meiner Stirn. Meine Hände zitterten. Ich wusste, dass es mir nicht anders ergehen würde. Ich hatte Angst. Unbeschreibliche Angst.

Ich erschrak, als die Tür aufgeschlossen wurde und zwei Männer hereinkamen. Sie rissen mich vom Stuhl hoch und sagten, dass ich mich ausziehen müsste. Dann lösten sie die Fesseln. Ich behielt nur die Unterhose und die Augenbinde an. Ich musste mich auf den Boden legen. Ein Stethoskop legte sich kurz an meine nackte Brust. Wieder wurden mir Fesseln von der gleichen Art wie zuvor angelegt. Diesmal allerdings auch an den Fußknöcheln. Und sie schnürten sie fest zu. Das Blut konnte weder zu meinen Händen noch zu meinen Füßen vordringen. Sie befahlen mir mich hinzustellen. Ich gehorchte und vernahm das quietschende Geräusch eines über den Boden gezogenen Stuhls. Sie hatten ihn mitgenommen und schlossen die Tür hinter sich. Wenige Augenblicke später öffnete sich die Tür allerdings von Neuem: »Aravim, Araber, bleib dort stehen, wo du bist! Hast du verstanden«, befahl mir eine männliche Stimme. Ich nickte verängstigt. Dann schlug die Türe zu.

Bewegungslos stand ich gefesselt in diesem Zimmer. Stunde um Stunde verging. Nichts geschah. Meine Füße, meine Knie, meine Hände und meine Schultern begannen zu schmerzen. Ich wollte meine Augen ein wenig schließen, weil ich müde wurde. Wie spät mochte es denn sein? Vielleicht sieben oder acht Uhr morgens. Die Schreie waren bereits vor einiger Zeit verstummt. Dieses Stehen, das Warten auf das, was noch kommen sollte, machte mich fertig. Nun waren erneut schmerzerfüllte Schreie zu hören. Nur diesmal schienen sie von jemand anderem zu stammen. Mir wurde schwindlig. Ich musste mich zusammenreißen, um nicht umzufallen. Es war, als ob nach und nach jedes Gefühl für meinen Körper entschwand. Ich konnte nicht mehr. Ich wollte mich irgendwo anlehnen. Die Fesseln um meine Fußknöchel erlaubten mir, mich nur wenige Millimeter zu bewegen. Mit der Langsamkeit einer Schnecke bewegte ich mich in eine Richtung, in der ich eine Wand vermutete. Ich spürte sie an meiner Schulter, drehte mich mit dem Rücken ihr zu und lehnte mich an. Dann sank ich an ihr langsam zu Boden und winkelte meine Beine an, um meinen Kopf aufzustützen. Ich schloss meine Augen, um ein wenig Schlaf zu finden. Das tat gut. Die Anspannung wich aus jeder Faser meines Körpers. Und obwohl ich weder die gefesselten Hände noch die zusammengebundenen Füße spürte, fiel ich sogleich in einen tiefen Schlaf, der jedoch nicht mehr als zwei Minuten dauern sollte. Plötzlich erhielt ich mit einem stumpfen Gegenstand einen harten Schlag auf den Kopf. »Ich habe gesagt, dass du stehen bleiben sollst«, sagte mir dieselbe Stimme, die ich schon kurze Zeit zuvor vernommen hatte. Der Mann schlug wahllos auf mich ein. Ein Schlag traf die Rippen, einer das Gesicht. Dann trat er mit aller Wucht gegen meine Gliedmaßen und in meine Genitalien. Ich schrie auf, wand mich vor Schmerzen auf dem Boden, denn seine Schläge trafen all jene Stellen, die auch bei meiner Verhaftung in Mitleidenschaft gezogen worden waren. Ich konnte nicht aus eigener Kraft aufstehen, um seiner Anordnung Folge zu leisten. Zum einen wegen der Fesseln, zum anderen wegen der Schmerzen. Ich drehte mich auf den Bauch, um meine Genitalien zu schützen. Der Mann hielt inne. Dann zog er mich an den Haaren hoch und brüllte mir ins Ohr: »Du bleibst so lange stehen, bis ich dir sage, dass du dich setzen darfst! Ist das klar!« Ich nickte.

Man hatte mir noch immer nicht gesagt, warum ich verhaftet worden war, obwohl ich den Grund hierfür erahnen konnte. Es musste jemand geplaudert haben. Jemand hatte mich angeschwärzt oder verraten. Das lag auf der Hand, denn sie hatten mich nachts überrascht, mich gezielt aus meinem Elternhaus geholt und mitgenommen. Es war keine Razzia, in der sie das gesamte Muchajiam durchkämmt hatten. Und was, wenn Amin und Riad dahinter steckten? Zwei Brüder, die mit der israelischen Armee und dem GSS kollaborierten. Sie erhielten reichlich Geld und Waffen, mit denen sie die Menschen bedrohten. Und niemand konnte etwas gegen sie unternehmen, denn sie genossen den Schutz der Armee. Eine Tages aber würden sie dran glauben müssen. Ich dachte nach. Sicher wussten sie über mich Bescheid, denn was auch immer den beiden Brüdern zu Ohren kam, gaben sie weiter. Ich glaubte mich in einer ausweglosen Situation. Wenn ich gestand, bedeutete das jahrelange Haft in irgendeinem Gefängnis im Westjordanland, womöglich sogar in Israel. Von denjenigen, die schon einmal die Folter der GSS oder IDF *(Israeli Defence Forces)* gespürt hatten, wusste ich, dass am Ende wohl jeder gestehen würde. Jeder würde den Qualen durch eine Unterschrift auf einem mit hebräischen Lettern beschriebenen Papier – das Geständnis – ein Ende setzen wollen. So hatten sie es zumindest erzählt. Mein Entschluss stand jedoch fest. Nicht eine Silbe sollte über meine Lippen kommen.

Stunden vergingen, ohne dass etwas geschah. Ich stand unentwegt am selben Fleck und wagte mich nicht einen Millimeter zu bewegen. Meine Augenlider waren schwer wie Blei. Ich konnte sie nicht mehr kontrollieren. Unter der Augenbinde fielen sie wieder und wieder zu. Ich versuchte mich wach zu halten, indem ich mir die drohende Stimme des Mannes in Erinnerung rief. Aber sie gehorchten mir nicht. Hinzu kam, dass ich Durst und Hunger verspürte. Ich hatte keine Spucke mehr in meinem Mund. Er war vollkommen trocken. Ich strich mit meiner Zunge über die Lippen. Und mein Magen meldete sich immer lauter zu Wort. Ich wusste nicht, wie viel Zeit seit meiner Verhaftung vergangen war, wie lange ich wohl schon in diesem Raum stand. Es schien mir wie eine Ewigkeit.

Dann ging die Tür auf. Jemand kam herein. Ich hörte nur die Schritte und sein Atmen. Ich bat ihn um etwas Wasser. Aber er antwortete nicht. Wortlos schnitt er die Fesseln an meinen Füßen und Händen durch. Er gab mir Kleidung, die ich anzog. Dann band er wieder meine Hände zusammen, packte mich an meinem Arm und führte mich in einen anderen Raum. Man erwartete mich dort. Es waren zwei Männer, die mich in Empfang nahmen. »Setz dich!« Ich gehorchte und erhielt einen Schlag. Dann begannen sie das Verhör. Man beschuldigte mich, Gummireifen in Brand gesetzt und sowohl Steine wie auch Molotowcocktails auf israelische Soldaten geworfen zu haben. Eine unbeantwortete Frage wurde mit Schlägen erwidert. Schläge, die mich am ganzen Körper trafen. Aber das war nur der Anfang ...

Human Rights Watch, eine Menschenrechtsorganisation mit Sitz in den Vereinigten Staaten, interviewte den Reservisten A. M. der israelischen Armee, der 1989 seine jährliche 30-tägige Wehrpflicht in dem Verwahrungslager Al-Far'a leistete. Am

ersten Tag wurde er zur Vernehmungseinheit des IDF komman-
diert. Auf die Frage, welches seine Aufgaben bei den Verhören
waren, antwortete er:
»Ich war zusammen mit dem Vernehmungsbeamten und
dem Häftling in dem Verhörraum. Der Beamte saß dem Häft-
ling gegenüber, welcher wiederum seinen Rücken mir zuge-
wandt hatte. Die Fragen wurden auf Arabisch gestellt. Da ich
aber kein Arabisch spreche, kann ich auch nicht wiedergeben,
was der Beamte von dem Häftling wissen wollte. Und wenn er
nicht die Informationen erhielt, die er haben wollte, gab er mir
ein Zeichen. Dann schlug ich auf den Häftling ein. Ich schlug
ihn, wohin ich wollte. Es gab keine Regeln. Ich schlug weiter
und weiter, mit meinen Händen, mit meinen Füßen oder mit
einem Knüppel. Einfach drauflos. Und wenn er von seinem
Stuhl auf den Boden fiel, befahl ihm der Vernehmungsbeamte
aufzustehen. Nur die Wenigsten schafften es aus eigener Kraft.
Die anderen blieben liegen und wir schlugen dann zu zweit
weiter auf sie ein, so lange bis sie sich nicht mehr bewegten
oder das Bewusstsein verloren … Das Einzige, worauf wir ach-
ten sollten, war, sie nicht zu töten!«

Ein weiterer israelischer Reservist erzählte aus seinen Er-
fahrungen während seiner Dienstzeit im Beach Arrest Camp,
das sich im Gaza-Streifen befand und 1994 geschlossen wurde.

»Ein Militärpolizist brachte die Gefangenen aus dem Lager
in die Räume, wo sie verhört wurden. Wenn die Soldaten mit
der Vernehmung begannen, konnte man überall die dumpfen
oder knallenden Geräusche der Schläge hören, die die Gefan-
genen erhielten. Später ließ man sie von ihren Mitgefangenen
abholen. Sie zitterten am ganzen Körper und weinten … Ei-
nes Morgens weckten mich Schreie, die ich nicht mit Worten
beschreiben kann. Es war ein schmerzerfülltes Kreischen, ein
Geschrei eines Häftlings, wie ich es noch nie in meinem Leben
gehört habe. Noch heute raubt mir die Erinnerung daran
meinen Schlaf … Es war das Grausamste, was ich je gehört
habe!«

Als sie mit mir fertig waren, konnte ich mich nicht bewegen. Ich lag auf dem Boden und Blut floss aus meinem Mund und aus meiner Nase. Sie hatten mich über verschiedene Leute aus dem Flüchtlingslager Dschenins ausgefragt. Sie wollten wissen, wo sich Personen aufhielten, die ich jedoch nicht kannte. Sie unterstellten mir, der Hamas anzugehören und Flugblätter mit dem Aufruf zum Heiligen Krieg und zur Zerstörung des Staates Israel zu verteilen. Sie nannten mich einen Terroristen, der die israelischen Soldaten mit Steinen bewarf und andere Jugendliche zu solch gewalttätigen Aktivitäten aufstachelte. Bis auf die Steine und Molotowcocktails, die ich immer wieder Soldaten entgegengeschleudert hatte, entsprach nicht eine ihrer Anschuldigungen der Wahrheit. Und selbst das hatte ich nicht zugegeben. Ich war kurz davor mein Bewusstsein zu verlieren. Ich fühlte mich mehr tot als lebendig. Einer der beiden riss meinen Kopf an den Haaren hoch und brüllte mir ins Ohr: »Du wirst schon noch gestehen. Niemand ist hier ohne ein Geständnis herausgekommen!« Mit einem Knüppel oder Stock verpasste er mir einen Schlag auf den Hinterkopf. Mein Gesicht knallte auf den Boden. Im nächsten Moment verlor ich das Bewusstsein ...

Als ich wieder zu mir kam, lag ich auf einer Matratze in einem Zelt des Gefangenenlagers. Ohne Erfolg versuchte ich meine Augen aufzuschlagen. Durch kleine Ritze konnte ich nur schemenhafte Umrisse meiner Umgebung wahrnehmen. Man hatte mir zwar die Augenbinde abgenommen, aber dadurch, dass meine Augen vollkommen zugeschwollen waren, wusste ich weder, wo ich mich befand, noch wie ich hier her gekommen war. Mein Schädel dröhnte. »Er ist wieder bei Bewusstsein«, hörte ich eine Stimme in unmittelbarer Nähe sagen. Es war ein Jugendlicher aus Qalqiljia. Er hieß Mustafa. Von ihm erfuhr ich, dass man mich bereits mehrere Tage in den Vernehmungsräumen festgehalten hatte. Sie selbst waren schon über zwei Wochen hier. Nachdem man sie in derselben Weise gezwungen hatte, ein Geständnis zu unterschreiben, warteten sie nun auf ihr Verfahren und das Urteil. Man ließ sie inzwischen in Ruhe. Ich weiß nicht, wie sie aussahen noch was sie durchgemacht hatten. Ich weiß nur, dass sie es waren, die mich auf Anordnung der Soldaten hier herausgeschleppt hatten. Ich fragte sie, ob ich eine Schluck Wasser haben könnte. Aber sie hatten selbst seit einem Tag weder etwas getrunken noch etwas gegessen. Ich fragte, ob es Tag oder Nacht wäre. Mustafa antwortete, dass es Abend sei. Was hätte ich nun noch zu erwarten? »Das weiß nur Allah, der Gütige«, erwiderte Mustafa. Ich spürte, wie das vertrocknete Blut meine Haare und mein Gesicht verklebte. Am liebsten hätte ich mich gewaschen. Aber, so erklärte mir Mustafa, Duschen und Waschen sei hier ohnehin nicht möglich. Und wenn ich zur Toilette wollte, so ginge das nur mit der Erlaubnis der Soldaten. Sollte ich dennoch einen Drang verspüren, so wäre es das Beste, wenn ich mir eine Ecke aussuchen würde, um meine Blase oder meinen Darm zu entleeren. Ich ließ mich nach hinten zurück auf die Matratze fallen und blieb liegen. Da ich meinen Körper nicht sehen konnte und mir alles weh tat, wusste ich nicht, wo sie mir welche Verletzungen zugefügt hatten. Aber gebrochen war glücklicherweise nichts. Ansonsten hätte ich mich nicht bewegen können. Mich überkam die Müdigkeit. Ich wurde schläfrig …

Kaum hatte ich mich dem Wunsch zu schlafen hingegeben, tauchte ein Militärpolizist auf, der mich zu einer erneuten Verhörprozedur führte. Wieder wurden meine Augen verbunden. Wieder führte man mich in einen Raum. Und wieder setzte ich mich und wartete. Ich hörte jemanden in den Raum kommen. Er sagte: »Was ist mit diesem Bastard?« Eine andere Stimme antwortete:»Er ist widerspenstig!« Ich spürte den Atem eines der Männer unmittelbar vor mir. Dann erklang die Stimme desjenigen, der mich beleidigt hatte. »Also, du Sohn einer arabischen Hure, ich werde dich töten. Du wirst schon sehen! Ich habe Mahmoud Hantasch umgebracht. Ich habe Mousa Amin umgebracht. Welche Straße in Dschenin soll nach dir benannt werden?«»Eine Straße in der Altstadt!«, antwortete ich ihm. Er riss mir die Augenbinde runter und schrie mich an, dass ich aufstehen solle. Ich gehorchte. »Mal sehen wie lange du noch so aufmüpfig sein wirst!« Er hob mein Kinn, packte den Kragen meines Hemdes und krempelte ihn solange um, bis er einem Strick glich. Dann zog er ihn in die Höhe und legte ihn um meine Gurgel. In jeder Hand ein Ende schnürte er mir auf diese Weise die Luft ab. Dabei schüttelte er meinen Kopf hin und her. Ich lief rot an, rang nach Luft. Und immer, wenn ich zu ersticken drohte, ließ er kurz von mir ab, um im nächsten Moment wieder von Neuem anzufangen. Zwanzig- oder dreißigmal wiederholte er diese Prozedur. Jeweils eine oder zwei Minuten lang, bis ich das Bewusstsein verlor.

Als ich wieder zu mir kam, war inzwischen ein dritter Soldat hinzugekommen. Er sagte:»Yoni, es ist okay. Lass ihn, dann wird er schon reden!« Auf dem Boden liegend sagte ich ihnen, dass ich nichts zu sagen hätte. Im selben Moment nahm Yoni einen Stuhl, hob ihn in die Höhe, um mich damit zu schlagen. Aber die anderen beiden hinderten ihn daran, indem sie ihn festhielten.»Mach das nicht, Yoni! Er wird schon reden. Lass das sein!« Yoni stützte sich mit seinen Knien auf meiner Brust auf, krempelte wieder meinen Kragen um und zog ihn fest um meine Gurgel. Die Luft blieb mir weg. Ich versuchte mich zu wehren, zappelte mit den zusammengebundenen Händen und Füßen. Aber er ließ nicht los. Er zog nur noch fester den Kragen um meinen Hals. Ich spürte, dass ich gleich wieder bewusstlos werden würde. Ich glaubte nicht, hier noch lebend rauszukommen. Plötzlich ließ Yoni locker und sagte: »Was du bisher durchgemacht hast, ist nur der Anfang. Wenn du gestehst, tust du dir selbst einen Gefallen. Wenn nicht, wirst du die nächste Stufe unserer Spielchen kennen lernen. Dieser Level ist weit grausamer. Ich rate dir darüber nachzudenken! Wir werden gleich wieder zurück sein!« Dann verschwanden alle drei durch die Tür und schlossen sie hinter sich. Ich saß hustend auf dem Boden und dachte an die Worte des Mannes. Er machte nicht den Eindruck, als ob er nur bluffen würde. Er meinte, was er sagte. Und wenn er bis zum Äußersten gehen müsste, er würde nichts unversucht lassen, um mich zum Reden zu bringen. Sein Stolz würde es ihm nicht erlauben, mich ohne ein Geständnis einem anderen zu überlassen. Falls ich dabei draufgehen sollte, so wäre ich nur eine weitere Trophäe, mit der er kokettieren hätte können. Dieser Umstand machte mir Angst. Es war nicht der Tod, der mich ängstigte. Vielmehr war es die Art und Weise, mit der man mich zu Tode quälen würde. Ich spielte kurzzeitig mit dem Gedanken zu gestehen – was auch immer sie hören wollten.

Dann kamen Yoni und die anderen beiden zurück. »Und, was hast du uns zu sagen?«, fragte er grinsend. Er vermutete, dass sich bei mir nichts geändert hatte. Sein abscheulich grinsendes Gesicht schürte in mir die Wut und den Zorn. Ich verwarf den Gedanken, den ich noch wenige Momente zuvor gehabt hatte. »Weder habe ich euch etwas zu sagen noch jemand anderem«, antwortete ich. »Gut. Dann probieren wir jetzt die syrische Falaqa aus!« Yoni sagte das mit einem freudigen Unterton. Er stieß mich zu Boden und befahl mir, mich auf den Bauch zu legen. Die anderen beiden hatten ein Brett dabei, über welches ein Seil gespannt war. Sie zogen mir die Sandalen aus, winkelten meine Beine an, so dass meine Füße in die Höhe ragten und zogen sie zwischen dem Brett und dem Seil hindurch. Dann begannen sie das Brett in der Weise zu drehen, dass das Seil eine Schlaufe um meine Fußknöchel bildete und sich durch das Drehen immer enger zog. Die beiden hielten je ein Ende des Brettes fest. Meine Fußsohlen lagen vor Yoni, wie ein kleines Tischchen, auf dem man etwas hätte abstellen können. Yoni holte einen dünnen Plastikstock heraus. Er sagte mir: »Du zählst mit!« Er fing an, mit dem Stock auf meine nackten Fußsohlen einzuschlagen. Ich zählte laut mit. Eins! Ein Hieb! Zwei! Ein Hieb! Drei! Ein Hieb! Vier! Ein Hieb! Je öfter er auf meine Sohlen einschlug, desto unerträglicher wurden die Schmerzen. Zweiundzwanzig! Ein Hieb! Dreiundzwanzig! Ein Hieb! Vierundzwanzig! Ein Hieb! Ich biss die Zähne zusammen, versuchte dadurch die Schmerzen herunterzuschlucken. Ich wollte Yoni nicht den Gefallen tun und schreien. Neunundzwanzig! Ein Hieb! Dreißig! Ein Hieb! Jetzt hielt ich es nicht länger aus. Anstatt zu zählen, schrie ich bei jedem Hieb einmal auf. Zwischendrin spürte ich, mit welchem Genuss Yoni auf meine Sohlen einschlug. Ein lauter Schrei, der den ganzen Raum ausfüllte und sicherlich durch alle Gänge des Gebäudes bis hinaus auf den Hof zu hören war: Wieder ein Hieb! In Gedanken war ich bereits bei zweiundfünfzig angelangt. Ich hielt es nicht mehr aus. Ich spürte eine warme Flüssigkeit meine Unterschenkel herunterfließen. Es war Blut, das aus den wunden Sohlen herausquoll. Mir wurde schummerig. Siebenundfünfzig … Dann verlor ich wieder das Bewusstsein.

All dies geschah in der ersten Woche, in der ich in Al-Far'a inhaftiert war. In den folgenden vierzehn Tagen konnte ich kaum gehen. Und dennoch wurde ich täglich Yoni oder einem anderen Vernehmungsbeamten vorgeführt. Entweder ließen sie mich gefesselt stundenlang auf meinen wunden Füßen stehen oder sie legten mich auf den Boden, banden meine Hände mit den Fußknöcheln zusammen, so dass sich meine Wirbelsäule zu einem Hohlkreuz bog. Gleich der Form einer Banane lag ich dann mit verbundenen Augen jeden Tag einfach nur da. »Jetzt wirst du dir wünschen, von uns geschlagen zu werden! Aber wir werden dich nicht anrühren«, hatte mir Yoni gesagt. Und sie rührten mich nicht an. Sie überließen mich meinen Qualen. Irgendwann begann ich aus Verzweiflung mit dem Boden zu reden. Ich hörte Stimmen aus dem Korridor. Schallendes Gelächter vermischt mit schmerzerfüllten Schreien. Häftlinge rezitierten Verse aus dem Koran. Ich wurde hysterisch. Ich begann zu lachen. Ich lachte und lachte und lachte, ohne dabei meinen Körper zu spüren. Erst als eine Stimme über mir fragte, was mit mir los sei, fand ich dahin zurück, wo ich mich gerade befand. Zurück in die erbarmungslose Wirklichkeit.

Teilweise hatte ich auch einen schwarzen Jutesack mit einem kleinen Schlitz vor meinem Mund über den Kopf gestülpt. Damit musste ich sogar einen ganzen Tag über in der Sonne stehen. Der salzige Schweiß rann mir in meine Wunden und brannte sich tief in das Fleisch hinein. Es waren unerträgliche Schmerzen. Und die Hitze unter dem Sack trocknete meinen Mund aus. Nicht einen Tropfen Spucke hatte ich übrig, um meine Lippen zu befeuchten. Darüber hinaus erhielt ich an diesem Abend weder etwas zu essen noch etwas zu trinken. Ich flehte sogar nach nur einem Tropfen Wasser. Aber sie waren gnadenlos.

Ein anderes Mal befahlen sie mir, mich auf den Boden im Hof zu setzen und mein Hemd auszuziehen. Sie steckten mir einen Stofffetzen in den Mund und begannen, glühende Zigaretten an meinen Ohren, meinem Hals, meiner Brust und meinen Händen auszudrücken. Es dauerte nicht lange, aber es reichte, um mich einmal mehr in die Bewusstlosigkeit zu treiben.

Doch sie erhielten von mir weder ein Geständnis noch irgendwelche nützlichen Hinweise oder Informationen. Auch dann nicht, als sie mir Geld boten und den offiziellen Status eines Agenten, der im Dienste des Staates Israel stehen würde. Nichts ließen sie unversucht, um mich zum Reden zu bringen. Sie konnten mich schlagen und prügeln. Sie konnten mich quälen und foltern. Aber ich erinnerte mich der Worte meines Vaters, der zu den Soldaten, die von ihm ein Shaouarma-Sandwich haben wollten, gesagt hatte: »Ihr könnt versuchen uns das Leben so unerträglich wie möglich zu machen. Aber seid gewiss, unsere Wurzeln werdet ihr nie ausreißen können … Lieber kämpfen und sterben wir!«

Ich hatte von Mitgefangenen gehört, dass die Israelis palästinensische Kollaborateure einschleusten, um vielleicht über diese an Geständnisse, nützliche Informationen oder Hinweise zu gelangen. Deshalb traute auch keiner dem anderen. Wenn es nicht die Soldaten waren, die uns von den übrigen Gefangenen isolierten, dann waren wir es selbst. Bei allem, was man sagte, bei allem, was man tat, war höchste Vorsicht geboten. Die Umala *(Spitzel)* befanden sich mitten unter uns. Nur wussten wir nicht, wer sie waren noch wie man sie erkennen konnte.

Eines Tages jedoch sollte ich die Bekanntschaft solcher jungen Männer machen. Am frühen Morgen kamen zwei Soldaten und nahmen mich mit. Anfänglich dachte ich, dass ich wieder einem Verhör unterzogen werden würde. Doch brachten sie mich zu einem Jeep, in den ich einsteigen sollte. Meine Augen waren verbunden. Ich fragte, wohin sie mich bringen würden. »In das Gefängnis von Tulkarem!«, bekam ich zur Antwort. Die Vermutung, dass sie mich zu den Asafir *(wörtlich »die Vögel«, eine Bezeichnung für die palästinensischen Kollaborateure)* brachten, lag nahe. Warum sollten sie mich sonst in ein reguläres Gefängnis werfen?

Obgleich die Autofahrt nicht sehr lange gedauert hatte, nutzte ich diese Gelegenheit, meine Augen zu schließen und etwas Schlaf zu finden. Mein Kopf prallte gegen das Gitter der Fenster. Aber das war mir egal. Ich war müde. Ich war erschöpft. Seit drei Wochen hatte ich nur unregelmäßig schlafen dürfen. Und jetzt, wo ich nicht der Gefahr ausgesetzt warm, jeden Augenblick unter Hieben und Knüppelschlägen geweckt zu werden, konnte ich mich etwas ausruhen. Es war ein kleines, schon fast unbedeutendes Geschenk, das mein Körper dankbar entgegennahm.

Die Zellentür öffnete sich. Man nahm mir die Augenbinde und die Handfesseln ab. Ich sah drei palästinensische Jugendliche vor mir. Sie waren sicherlich genauso alt wie ich. Vielleicht ein Jahr älter. Dann schoben mich die Soldaten hinein und wünschten den dreien viel Spaß mit mir. Einer von ihnen fügte noch hinzu, dass ich ein harter Brocken wäre. Die Zellentür fiel hinter mir ins Schloss. Nacheinander stellten sie sich mir vor. Husam war ein großer, schlaksiger Typ. Sein freundliches Grinsen zog sich über das ganze Gesicht. Er war der Erste, der mich willkommen hieß. Ali war ebenfalls groß, aber dick. Unter seinem T-Shirt, das die Aufschrift »Same Shit Different Day« trug, quoll sein Bauch hervor. Auch er begrüßte mich mit übertriebener Freundlichkeit. Der Letzte schien mir sehr verhalten zu sein. Er hieß Marouan, hatte einen kahl rasierten Kopf, aus dem zwei leuchtend grüne Augen hervorstachen. Sein Gesicht war kantig, hatte aber sanfte Züge, so dass man dahinter ein zartes, zerbrechliches Wesen hätte vermuten können. Sie baten mich Platz zu nehmen. Ich setzte mich auf ein Bett und musterte die Zelle, in der ich nun mit drei vermeintlichen Kollaborateuren saß. Sie wirkte sauber und aufgeräumt. Sie hatten einen Fernseher, ein Waschbecken und ein Klo. Durch ein Fenster in der Wand fiel das Sonnenlicht herein. Meine

Augen waren diese Helligkeit nicht gewohnt. Anfangs schien mir noch alles irreal zu sein. Ich fragte mich, ob die Mithäftlinge tatsächlich Gefangene waren, oder ob sie nur zu meiner Vernehmung hier verweilten. Unter einem Bett holte Husam ein Thermoskanne hervor, schenkte Tee in ein Glas ein und reichte es mir. Der Geruch von frischer Pfefferminze stieg mir in die Nase und erinnerte mich daran, dass es außerhalb dieser Mauern noch eine andere Welt gab. Eine Welt, in der mir vielleicht doch noch die eine oder andere Möglichkeit offen stand, meine Träume zu verwirklichen. Ich dachte an Abu Driss, an Muhammad und unsere kindlich naiven Vorstellungen, einmal berühmte Astronauten zu werden. Ich trank einen Schluck. Ich spürte, wie die warme Flüssigkeit meine Speiseröhre herunter rann. Ein Geschmack in meinem Mund, von dem ich geglaubt hatte, ihn nie wieder genießen zu dürfen. Ein wohliges Gefühl breitete sich über meinen gesamten Körper aus. Der Gedanke an den wärmenden Schoß meiner Familie rief in mir tot geglaubte Gefühle hervor, die mich von einem Moment auf den anderen aus meiner Lethargie der vergangenen Wochen und der damit verbundenen Hoffnungslosigkeit befreiten. Ali bot mir eine Zigarette an. Er gab mir Feuer und fragte mich, woher ich käme. Ich antwortete, dass ich ursprünglich aus Beit Ijza wäre, jetzt aber im Flüchtlingslager bei Dschenin leben würde. Marouan fiel jedoch mit der Tür ins Haus. »Wir haben viel von dir gehört, Said. Du hast den jüdischen Schweinehunden trotzen können. Nichts haben sie dir zu entlocken vermocht. In unseren Reihen giltst du als ein wahrer Held!« Ich wurde misstrauischer als ich ohnehin schon war. Ich musste vorsichtig sein und sagte nicht mehr als notwendig war. Husam und Ali erzählten mir von den Zuständen in diesem Gefängnis. Sie sagten, dass es sich hier aushalten ließe. Man müsse nur etwas kooperativ sein. Sie versuchten mir die

Annehmlichkeiten, die sie genossen, schmackhaft zu machen, zum einen, um mich im Hinblick auf das, was sie von mir wissen wollten, weich zu klopfen, und zum anderen, weil sie wussten, dass, wenn ich nicht mitspielen würde, ich nun ihre Gesichter kannte.

Später zog Marouan ein Blatt Papier heraus. Er bat mich all das aufzuschreiben, was die Israelis von mir zu gestehen verlangt hatten. Seine Stimme, sein Gesicht, seine Augen waren vertrauenerweckend und wirkten verständnisvoll. Mit der einen Hand hielt er mir das Blatt, mit der anderen einen Stift entgegen. Irritiert blickte ich ihn an. Ich tat so, als ob ich nichts wüsste. Er wiederholte seine Bitte. Dieses Mal jedoch eindringlicher. Mein Spiel war ihm vertraut. Er ließ sich nicht darauf ein. Ich weigerte mich, etwas auf den Zettel zu schreiben. Ihre Geduld dauerte nicht lange an. Sie standen auf, rissen mich von meinem Platz und drängten mich in eine Ecke der Zelle. Sie sagten, dass ich alles, was die Israelis mir vorgeworfen hatten, auf diesen Zettel schreiben müsste. Ich würde ansonsten gegen die Regeln der Organisation verstoßen. »Welche Organisation?«, fragte ich mich in Gedanken. Dann begannen sie auf mich einzuschlagen. Alle drei auf einmal. Sie nahmen meinen Kopf und knallten ihn an die Wand. Blut blieb daran zurück. Sie verdrehten mir meine Arme und Beine. Sie fügten mir alle nur erdenklichen Schmerzen zu. Zuweilen schien es mir, dass sie ihre Arbeit wesentlich besser beherrschten als die Vernehmungsbeamten in Al-Far'a. Zwei hielten mich fest, während Husam mit der Faust auf meinen Brustkorb einschlug. Die Augen in seinem Gesicht waren weit aufgerissen. Er legte all seine Kraft in die Schläge. Meine Schreie hallten in dem Korridor, der an unserer Zelle vorbeiführte. Dann traten sie mir in die Seite und zwischen die Schenkel. Wieder und wieder. Ich lag wehrlos am Boden und spürte das Knacksen meiner Knochen. Ich röchelte, bekam nur schwer Luft. »Halt! Hört auf! Bitte hört auf! Gebt mir den Zettel! Ich mache alles, was ihr verlangt!« Ich wollte eine Pause. Ich wollte wieder tief Luft holen. Ich wollte, dass sie mich in Ruhe ließen. Wenig später schrieb ich mit zitternder Hand das Verlangte auf das Papier, ohne aber zu unterschreiben. Marouan und Ali lasen sich mein Gekritzel durch. Dort stand, dass ich zugab, mich an der Intifada beteiligt zu haben, dass ich zugab, Graffitis an die Wände gesprüht zu haben und dass ich zugab, die palästinensische Flagge gehisst zu haben. Sie schauten mich an. »Willst du uns verarschen? Du musst präzise aufschreiben, welcher Gruppe du angehörst, in welchem Jahr du beigetreten bist, wann und wo du Graffitis an die Wände gesprüht hast und an welchen Aktivitäten du genau teilgenommen hast! Außerdem fehlt noch deine Unterschrift!« Ich sagte ihnen, dass sie sich zum Teufel scheren sollten. Daraufhin begannen sie von Neuem auf mich einzuprügeln. Stunde um Stunde verging, bis sie am Abend die Zelle verließen und ich halb tot auf dem Boden lag. Man erlaubte mir zu schlafen. Die ganze Nacht. Am nächsten Morgen holten mich wieder zwei Soldaten ab und brachten mich zurück nach Al-Far'a.

Die Israeli Defence Forces und der General Security Service (die Geheimdienste Shabak und Shin Bet) benutzten palästinensische Kollaborateure, um an Geständnisse und Informationen zu gelangen. Einige der Kollaborateure wurden jedoch zu einer Zusammenarbeit mit den Behörden gezwungen, da ansonsten beispielsweise Gefahr für Leib und Leben von Familienangehörigen bestanden hätte. Viel ist über die Kollaborateure dennoch nicht bekannt. Man hat weder genaue Zahlen solcher, die in den letzten Jahren mit den israelischen Behörden zusammengearbeitet haben, noch welche Rolle sie tatsächlich spielten. Waren sie wirklich Zulieferer von Informationen oder

dienten sie zur Abschreckung der Häftlinge und der Zivilbe-
völkerung? Tatsache ist jedoch, dass man sich bei Prozessen auf
ominöse Quellen berief, über deren Identität sich die Behörden
ausschwiegen.

Im Januar 1994 gab ein Beamter des israelischen Justizmi-
nisteriums zu, dass die GSS mit palästinensischen Kollabora-
teuren in Vernehmungen zusammenarbeitet. Er negierte je-
doch, dass es durch ihre Sonderstellung zu einem Missbrauch
von Seiten der Kollaborateure kam. Tatsächlich lässt sich an-
hand verschiedener Berichte aus dem Westjordanland und dem
Gaza-Streifen belegen, dass Kollaborateure mit Einverständ-
nis, zuweilen sogar im Auftrag der dort ansässigen israeli-
schen Militär-Verwaltung palästinensische Zivilisten schika-
nierten, verletzten, mancherorts sogar töteten. Rachel Sukar,
die damalige Assistentin des Generalstaatsanwalts, sagte, dass
palästinensische Kollaborateure angewiesen wurden, die recht-
lichen Richtlinien zu befolgen, sie diese Anweisung allerdings
nicht immer einhielten. Das Büro des Generalstaatsanwalts er-
mittelte bereits in einem solchen Fall.

Ein anderer israelischer Regierungsbeamter bestätigte der
New York Times, dass die israelische Armee besonders im nörd-
lichen Teil des Westjordanlandes, in der Gegend um Dschenin,
Dutzende palästinensischer Kollaborateure ausbildete, sie be-
waffnete und ihre Dienste insbesondere bei Ausweiskontrollen,
Verhaftungen und Schießereien in Anspruch nahm.

Auch wenn keine präzisen Angaben über den Zusammen-
hang zwischen Armee und palästinensischen Kollaborateuren
zur Verfügung stehen, so steht außer Frage, dass die israeli-
schen Behörden gezielt palästinensische Spitzel zur Kontrolle
und Unterdrückung der Bevölkerung in den besetzten Gebie-
ten einsetzten.

In Al-Far'a wurde ich wieder zu Yoni geführt. Als er
mich sah, lachte er und fragte: »Na, wo warst du denn?«
»Bei den Asafir«, erwiderte ich. »Die haben dich aber

übel zugerichtet!« Er hielt mir einen Zettel entgegen. »Das ist das Blatt mit deinem Geständnis. Es fehlt nur noch die Unterschrift!« Ich war nun kurz davor zu unterschreiben, wenn sie mich nur in Ruhe ließen. Aber ein Mann, der in das Zimmer hereingeeilt kam, hielt mich vorerst noch davon ab. Es war ein Arzt. Beim Vorbeigehen hatte ihm mein Anblick einen Schrecken eingejagt. Er kam auf mich zu, befahl den Soldaten mir die Fesseln und den Jutesack auf meinem Kopf abzunehmen. Er fragte, wo ich Schmerzen hätte. Ich sagte ihm, dass sich nicht die Frage stellen würde, wo es mich schmerzt, sondern vielmehr, wo ich noch keine Schmerzen hätte. Er bemerkte meine Atemschwierigkeiten. Er sah, dass ich nicht mehr aufrecht stehen konnte, dass mein Körper nur noch eine einzige, klaffende Wunde war.

1982 wurde Izzat Nafsu, ein Offizier der israelischen Armee zu 18 Jahren Haft verurteilt, weil er der Spionage für die Republik Syrien bezichtigt wurde. Wie sich allerdings im Verlauf des Berufungsverfahrens herausstellte, wurde seine Geständnis unter Einwirkung von physischer Gewalt durch den GSS erzwungen.

Im April 1984 entführten zwei Palästinenser aus dem Gaza-Streifen einen israelischen Bus zur ägyptischen Grenze. Eine israelische Armeeeinheit schritt ein und befreite den Bus aus der Gewalt der Entführer, die angeblich dabei starben. Fotos bewiesen jedoch, dass sie regelrecht exekutiert wurden. Im Weiteren wurde ein Komitee zur Untersuchung dieses Vorfalls eingerichtet. Es wurden Pläne von ranghohen Beamten des GSS bekannt, die die Arbeit dieser Kommission torpedieren wollten.

Aufgrund dieser und anderer Vorfälle richtete die israelische Regierung am 31. Mai 1987 eine Kommission unter dem Vorsitz des Richters Landau vom Obersten Gericht Israels ein, die zur Aufgabe hatte, die tatsächlichen Verhörmethoden des Shin Bet und Shabak aufzudecken, um weitere Vertuschungen seitens der Agenten und Mitarbeiter des GSS zu vermeiden.

Diese Kommission empfahl der israelischen Regierung, ein gewisses Maß an physischer Gewalt zu gestatten, die jedoch nur unter besonderen Umständen angewandt werden soll und dies nur unter sorgsamer Überwachung.

Diese Techniken, so setzt die Kommission fest, sollten während einer ausführlichen und energischen Vernehmung, die eine Irreleitung des Vernehmenden nicht ausschließt, prinzipiell die Form des gewaltlosen, psychischen Drucks inne haben. Sollten jedoch diese Techniken nicht das gewünschte Ergebnis erzielen, darf auch in moderatem Maße physischer Druck angewandt werden. GSS-Vernehmungsbeamte sollten diesbezüglich jedoch in klare Schranken verwiesen werden, um die eigenmächtige Anwendung von übermäßiger physischer Gewalt zu vermeiden.

In dem unveröffentlichten Anhang des Landau-Reports empfiehlt die Kommission eine Vielzahl von Verhörmethoden, die angeblich mit ihren selbstauferlegten Richtlinien sowie mit jenen internationalen Rechts übereinstimmen sollen. Nach wie vor werden palästinensische Häftlinge rigorosen Verhörmethoden ausgesetzt, die teilweise sogar tödliche Folgen haben. Verschiedene Menschrechtsorganisationen haben in den letzten Jahrzehnten genügend entsprechende Fälle dokumentiert.

Der Arzt drehte sich zu Yoni und sprach mit ihm auf Hebräisch. Ich konnte nur Bruchstücke verstehen. Er war sehr aufgebracht. »Niemand stülpt ihm noch einmal einen Sack über den Kopf ... noch werdet ihr seine Hände und Füße fesseln ... Ihr Shabak-Leute habt doch komplett den Verstand verloren. Wenn dieser Mann noch eine Woche hier verbringen muss, dann stirbt er!« Yoni ließ sich davon nicht beeindrucken. Doch der Arzt hatte den Rang eines Offiziers und er hatte seinen Anweisungen zu gehorchen. Wie sollte er nun weiter mit mir verfahren? Yoni hatte ein ernsthaftes Problem. Man sah ihm an, dass er über Alternativen nachdachte, um mir weitere Qualen zuzufügen und eine Unterschrift unter das, was ich auf das Blatt Papier geschrieben hatte, zu erzwingen. Man brachte mich zu einer kleinen Kammer außerhalb des Gebäudes. Nein, Kammer wäre übertrieben. Es war eine schwarze Box. Sie maß sicherlich nicht mehr als anderthalb Meter in der Höhe, anderthalb Meter in der Tiefe und einen Meter in der Breite. Schon allein der Anblick rief in mir Unruhe hervor. Sie machten die blecherne Tür auf. Ein warmer, ekelhaft nach Urin stinkender Luftschwall strömte mir entgegen. Sie sagten, ich solle mich da hinein setzen. Wenigstens hatte ich weder eine Binde um meine Augen, noch Fesseln um meine Hände und Füße. Langsam stieg ich hinein. Ich musste mich klein machen, meinen Rücken beugen, meine Knie anwinkeln und mein Gesicht darauf legen. Ich zitterte noch immer. Angstschweiß lief mir die Stirn und den Rücken herunter. Die Hitze sollte in dieser kleinen Box jedoch noch weitaus schlimmer werden. Dann schlossen und verriegelten sie die Tür. Mein Herz raste. Mir blieb die Luft weg. Luft, die ohnehin mit fürchterlichem Gestank erfüllt war. Mein Magen drehte sich um. Mir wurde speiübel. Ich erbrach meinen gesamten Mageninhalt – viel war es nicht, da ich in den letzten Tagen kaum etwas zu essen bekommen hatte. Ich glaube, dann war ich für einen Augenblick lang bewusstlos. Ich weiß es nicht mehr genau. Ich weiß nur, dass ich eine Zeit lang die Wahrnehmung für meinen Körper verloren hatte. Nach und nach, Stückchen für Stückchen kehrte mein Gefühl für mich selbst wieder zurück. Und damit auch meine Wahrnehmung für die Schmerzen und die Angst, die sich nun aber nicht mehr mit der Intensität wie zuvor äußerten. Ich saß in der Dunkelheit. Durch vier kleine Löcher in der Decke drang zwar etwas Licht und frische Luft herein, aber es war nicht der Rede wert. Ich bemerkte, wie meine ohnehin schon schwere Atmung unter der stickigen Luft nur noch mehr zu leiden hatte. In der rechten Hüfte spürte ich einen stechenden Schmerz, als ob sich unzählige kleine Nadeln in meine Muskeln bohrten. Ich saß reglos in der stickigen Box und gab mich meinen Schmerzen hin. Meine Augen wurden wässrig. Tränen liefen mir die Wangen herunter – Tränen des Schmerzes, Tränen der Verzweiflung. Was konnte ein Mensch denn noch alles ertragen? War es nicht besser zu sterben, als dieses Leben zu leben? Mein Weinen wurde lauter. Ich hörte mich selber klagen. Ich hörte mich anklagen und verurteilen. Meine Traurigkeit vermischte sich mit Wut. Ich streckte die Hand aus und berührte den Boden um mich herum. Ich merkte, dass ich mich anders herum setzten musste. Die Box war tiefer als breit. Ich versuchte meine Position zu verändern. Unter Aufbietung all meiner Kräfte drehte ich mich in dieser unerträglichen Enge um neunzig Grad. Ich stemmte mich in eine sitzende Position. Jede Bewegung, die ich machte, ließ all meine Körperteile aufschreien. Dann sank ich wieder auf den Boden zurück. Noch lange Zeit danach meinte ich bei jedem Atemzug, mein Körper würde in Stücke reißen. Ich schloss die Augen, lehnte meinen Kopf zur Seite an eine der Blechwände, ließ meinen Leib schlaff hängen und atmete langsam ein und aus. Ich machte mir jeden Atemzug, den ich vollführte, bewusst. Einen nach dem anderen. Es war, als ob alle Luft in meinem Inneren durch die Wände meines Körpers entweichen würde ...

Um mich herum war alles weiß. Strahlendes Licht. Eine Sintflut von Licht. Die Helligkeit raubte mir die Sicht. War ich blind? Befand ich mich überhaupt noch in einem Raum? Oder waren dies jene Dimensionen, die sich hinter dem Horizont der Dunkelheit verbargen? Warmes, sanftes Sonnenlicht umspülte meinen Körper. Meine Ängste waren wie weggeblasen. Selbst die Schmerzen, die ich verspürt hatte, schienen von dem grellen Licht gesegnet worden zu sein. Die Wunden, ob innen oder außen, hatten sich geschlossen. Ich versuchte mich zu orientieren. Ich streckte die Arme aus. Meine Fingerspitzen stießen an keinen Gegenstand, an keine Wand oder Ähnliches an. Ich drehte mich nach allen Himmelrichtungen. Nichts als das Licht war zu sehen. War das die Freiheit? Oder war es die Ewigkeit?

Ich schlug die Augen auf. Es umgab mich wieder die Dunkelheit der kleinen schwarzen Box. Nur erschien mir die Finsternis noch tiefer als zuvor. Ich war eingeschlafen. Ich hatte in den Armen Gottes geschlafen ...

Je mehr ich über die Bedeutung dieses Traumes nachdachte, desto mehr kam ich zu der Erkenntnis, dass er den Moment des Todes darstellen sollte. Er ist kein Feind. Er ist ein Freund. Ich war der goldenen Ewigkeit zugestrebt, wo alles für immer wieder hergestellt ist, wo alles, was du liebtest, zu einer Wesenheit verdichtet ist – der Einzigen. Ich verspürte das überwältigende Gefühl des Einsseins mit mir selber. Nichts konnte mir nun noch Schaden zufügen. So fühlte ich mich nach jenen wenigen Sekunden, die in Wirklichkeit einen ganzen Tag gedauert hatten. Es war kühl in der Box geworden. Das deutete darauf hin, dass es bereits Abend war.

Wenig später öffnete sich die Tür und sie brachten mich zurück zu Yoni. Ich sagte ihm, dass ich nun unterschreiben würde. Er traute seinen Ohren nicht, gab mir den Zettel und einen Stift und beobachtete mich, während ich mein Kürzel unter das Gekritzel setzte. Er glaubte, ich würde etwas im Schilde führen. Doch er hatte sich geirrt. Ich war einfach nur müde und hatte erkennen müssen, dass ich meine Energien nicht im Kampf gegen den Shin Bet oder den Shabak vergeuden sollte, sondern anderweitig einsetzen musste. Ich war mir sicher, dass sie mich so lange festhalten wollten, bis sie ein Geständnis in den Händen hielten. Oder aber ich wäre in Al-Far'a gestorben ...

Nachdem ich meine Unterschrift unter mein Geständnis gesetzt hatte, welches besagte, dass ich Steine und Molotowcocktails geworfen, Graffitis gesprüht und die palästinensische Flagge gehisst hatte, ließen sie mich in Al-Far'a in Ruhe. Ich wartete nun auf mein Gerichtsverfahren. Sie gestatten sogar Besuch von meiner Familie. Im Falle, dass man ihnen eine Erlaubnis erteilte, kamen mein Vater und meine Geschwister freitags nach dem Mittagsgebet. Wie besorgt sie beim ersten Mal waren! Sie sahen die Narben in meinem Gesicht, an meinen Händen und Armen. Aber ich beruhigte sie. Ich sagte ihnen, das es mir inzwischen gut ginge. Die Israelis hätten mich nur geschlagen, um mich zum Reden zu bringen. Aber jetzt, nachdem ich ihnen alles gesagt hatte, würden sie mich nicht mehr anrühren. Es war schön zu sehen, wie sie dann beruhigt heimkehrten.

Merkwürdigerweise hatte sich nach diesem Traum und der Unterschrift auf dieses Blatt Papier etwas verändert. Ich hatte zu mir selber gefunden. Natürlich hörte ich die Schreie der Neuankömmlinge, die in mir immer wieder die Wut auf die israelischen Besatzer hervorrief. Selbst bei den knallenden Geräuschen der Schläge zuckte ich noch zusammen. Der Gedanke an den mit seinem Plastikstock auf meine Fußsohlen einschlagenden Yoni ließ mich noch immer erschaudern. Aber meine Gefühle waren nicht mehr so ungebremst, so ungezügelt und unkontrolliert. Die Tatsache, dass ich eines Tages auf die Welt gekommen war und eines Tages wieder gehen müsste, führte zur Erkenntnis der Unabwendbarkeit von Vergänglichkeit und Tod. Als mir dies mein Vater gesagt hatte, glaubte ich noch nicht daran. Heute schon!

Wenige Wochen später wurde ich in einer Gruppe von zwanzig Gefangenen vor ein Gericht in den Räumlichkeiten von Al-Far'a geführt. Der Richter war ein alter Offizier, der eine kleine Nickelbrille trug und einen Schnurrbart hatte. Er war streng und mahnte uns unentwegt zur Ruhe. Er las uns die Anklagen vor und verkündete anschließend das Urteil. Das dauerte bei jedem der Angeklagten nicht länger als zwei bis drei Minuten. Ich erhielt vier Jahre Haft im Gefängnis von Tulkarem. Ich war siebzehn Jahre alt und hatte eine Strafe von vier Jahren abzusitzen, nur weil ich, um mich zu wehren, Steine und Molotowcocktails auf israelische Soldaten geworfen hatte.

Die Oberflächlichkeit der Verfahren beschrieb Tal Raviv, ein israelischer Reservist, der in dem Verwahrungslager von Al-Far'a gedient hatte, folgendermaßen:

»Eines Tages brachte ich sechzig Häftlinge vom Vernehmungstrakt in den Teil des Lagers, wo die Gerichtsverfahren abgehalten wurden. Es war ein einfacher Raum. Wir schickten sie jeweils in Dreiergruppen hinein und nach drei Minuten kamen sie wieder heraus. Eine Stunde später waren wir mit allen sechzig durch. Was ist das für ein Gerichtsverfahren, wenn ein Angeklagter innerhalb von einer Minute angehört und verurteilt wird?«

IV
SAMSTAG NACHT

Im Verlauf seiner Ausführungen *schien es, als ob die Wände näher rücken würden. Saids Bericht über die Zeit in Al-Far'a bewirkte eine beklemmende Enge in dem Raum, in dem wir saßen. Es war mir unerklärlich, wie man es zu solch einer Perfektion bringen konnte, Menschen zu quälen; genauso unerklärlich wie die Tatsache, dass nicht das, was wir Gewissen nennen, den Taten der Soldaten und Agenten Einhalt gebot.*

Als Said seine Rede beendet hatte, sagte er: »Jeder der Männer, die dich Nacht für Nacht hierher bringen, jeder der Männer, die du in Zukunft vielleicht noch treffen wirst, hat die Brutalität der Armee, des Shabak oder Shin Bet, sowie die Willkür der israelischen Rechtsprechung zu spüren bekommen. Mit wenigen Ausnahmen waren sie alle schon einmal im Gefängnis. Viele haben die kostbaren Jahre ihrer Jugend hinter elektrischen Zäunen im Negev oder hinter Gitterstäben wie in der Haftanstalt Ashkelon verbracht. Es war ein hoher Preis, den wir zahlen mussten. Und wofür? Für ein lächerliches Friedensabkommen, das uns nur noch mehr geißeln sollte!«

Mir ist es nicht möglich, alles wiederzugeben, was Said gesagt hatte. Ich war während seines Berichts irgendwann an einem Punkt angelangt, an dem ich die Details seiner tragischen Zeichnungen nicht mehr aufnehmen konnte, nicht mehr aufnehmen wollte. Vielleicht um nicht noch mehr der Wut zu verfallen, die mich nach und nach ergriffen hatte. Wir beendeten unsere »Sitzung« morgens um halb fünf. Erschüttert über die Dinge, die ich in dieser Nacht gehört hatte, brachten mich die Shabab nach Hause. Ich musste an einen meiner Cousins den-

ken, der in demselben Lager vernommen worden war. Nur hatte er mir davon nie in dieser Ausführlichkeit erzählt ...

In der nächsten Nacht brachte man mich mit dem Auto in das Muchajiam. Niemand hielt sich auf den Straßen auf. Wenige Stunden zuvor hatte ich eine Meldung gehört, dass die Israelis heute erneut nach Dschenin einmarschieren würden. Das Bild des gespenstischen Flüchtlingslagers war mir inzwischen jedoch vertraut. Wir näherten uns einer Straßensperre, an der ein palästinensischer Jugendlicher einsam mit einer umgebundenen Kalaschnikow stand. Schon von weitem hatte er Jamal am Steuer erkannt und winkte uns durch. Doch Jamal hielt an. »Siehst du meinen Beifahrer? Was, wenn er von den Muchabarat (Geheimdienst) wäre? Was, wenn er mich benutzen würde, um ins Muchajiam zu gelangen?«, sagte Jamal leicht verärgert. »Pass auf! Sei vorsichtig! Und trau nicht einmal mir!« Der Jugendliche nickte ehrfürchtig. »Geht klar, Jamal!« Er hatte eine verantwortungsvolle und wichtige Aufgabe. Denn von hier aus konnte er die Ebene unterhalb des Muchajiams überblicken und im Falle, dass israelische Panzer anrückten, Alarm schlagen. Sobald dies passierte, schufen die Shabab die Markierungen der Sprengsätze im Asphalt beiseite. Sie waren das einzig wirksame Mittel gegen die Panzer. Wir setzten unseren Weg fort.

Ich traf Said in einem Haus ganz in der Nähe des Shuhada Friedhofs – jenem Ort, an dem die Märtyrer ihre letzte Ruhestätte finden (per definitionem sind all jene Muslime Märtyrer, die im Kampf um ihr Land und für ihren Glauben gefallen sind, ganz gleich ob Selbstmordattentäter oder nicht). Nachdem ich mich ihm gegenüber gesetzt hatte, begann er ganz unvermittelt zu sprechen.

Ich möchte darauf hinweisen, dass es Dinge gibt, von denen ich nur ungern erzähle. Aber der Vollständigkeit halber und auch, weil ich es versprochen habe, werde ich dem Genüge tun, wenn auch nicht in aller Ausführlichkeit. Ich hatte mich der Illusion hingegeben, dass sich nun alles zum Besseren wenden würde. Ich hatte Jahre hinter Gittern verbracht und verspürte einen Heißhunger auf das Leben. Ich wollte alles berühren, fühlen, riechen, schmecken, hören, sehen. Am 24. September 1993 wurde ich aus der Haft entlassen. Knapp zwei Wochen zuvor war das Undenkbare passiert. Zwei Männer, der israelische Premierminister Yitzhak Rabin und Abu Amar *(PLO-Chef Jassir Arafat)*, hatten in Washington ein Friedensabkommen unterschrieben. Die Menschen im Westjordanland und im Gaza-Streifen, aber auch all jene Palästinenser, die in den Flüchtlingslagern im Libanon, in Syrien und Jordanien lebten, konnten ihr Glück kaum fassen. Der Staat Palästina und unsere Freiheit war in greifbare Nähe gerückt. So glaubten wir zumindest ...

Mit der Intifada Al Kubra, die im Jahre 1987 ausbrach, begann sich die politische Situation der Palästinenser zu verbessern. Im weltpolitischen Geschehen galten sie nunmehr als Freiheitskämpfer. Das Bild der vermummten Terroristen aus den 70er Jahren war verblasst. 1988 beschloss der Nationalrat, das palästinensische Parlament, die Gründung eines eigenen Staates. Mit überwältigender Mehrheit akzeptierte dieses Gremium die bis dahin umstrittene UNO-Resolution 242, die unter anderem das Existenzrecht Israels mit einschließt. Von palästinensischer Seite war nun der Weg zu gleichberechtigten Verhandlungen frei. Israel aber weigerte sich noch immer, direkt mit den Palästinensern zu verhandeln. So durften an der Konferenz von Madrid im November 1991, die den Auftakt einer langen Reihe bilateraler Verhandlungen in den USA und in Norwegen bildete, nur von Israel zugelassene Palästinenser als Teil einer jordanischen Delegation partizipieren. Wenig später jedoch änderte sich auch dies. Am 9. und 10. September 1993 kam es offiziell zur gegenseitigen Anerkennung zwischen der PLO und Israel. Die Grundlagen für ein erstes Abkommen, der Grundsatzerklärung zur palästinensischen Autonomie (Oslo I), welche am 13. September 1993 in Washington unterzeichnet wurde, war geschaffen. Dieses Abkommen beinhaltete den schrittweisen Rückzug aller israelischen Truppen aus dem Westjordanland und dem Gaza-Streifen und die Bildung einer palästinensischen Übergangsregierung durch freie Wahlen unter internationaler Beobachtung. Man einigte sich zur Umsetzung auf eine Periode von höchstens fünf Jahren. Bis dahin sollte eine dauerhaften Lösung auf Grundlage der UNO-Resolution 242 zustande kommen. Der Beginn der zweiten Phase der Verhandlungen über die gemeinsame Gestaltung einer endgültigen Regelung wurde auf 1996 festgesetzt.

Die Nachrichten über die Annäherung zwischen der PLO und den Israelis hatten mich allerdings schon im Gefängnis erreicht. Bei meiner Entlassung war ich begierig darauf zu erfahren, wie sich nun das Leben verändert hatte. Die Ereignisse vor meiner Verhaftung, die Bilder der Intifada mit ihren Ausgangssperren, den Generalstreiks und den Jugendlichen, die der Militärmaschinerie mit Steinen gewappnet gegenübertraten, waren bis dahin das Letzte, was ich mit dem Alltag im Westjordanland in Verbindung brachte. Vor den Toren der Haftanstalt wurde ich von meinem Vater und Farid in Empfang genommen. Ihre wärmenden Umarmungen, ihre Küsse, ihre Tränen des Glücks hießen mich im Leben außerhalb der Gefängnismauern willkommen. Die Freiheit lag vor mir und lachte mir ins Gesicht. Es war kaum zu glauben … Al hamdu lillah! Gott sei Dank!

Wenn man das Gefühl für Raum und Zeit verloren hat, so gibt man sich zuweilen der Hoffnungslosigkeit hin. Zu Beginn dieser vier Jahre hörte ich immer wieder eine innere Uhr schlagen. Bei jeder Sekunde, die verstrich, erklang ihr gnadenloses Ticken. Der Tag, die Nacht schleppten sich im Rhythmus dieses Geräusches dahin, gleich einer Schildkröte, die so sehr sie sich auch anstrengen mag, lediglich im Rahmen ihrer Möglichkeiten vorwärts kommt. Und diese Möglichkeiten waren begrenzt. Zeitschriften und Bücher gab es zwar, anfangs aber nur israelische. So blieb mir nichts anderes übrig, als die hebräischen Schriftzeichen zu erlernen *(für einen Araber ist dies ohnehin nicht schwer, da beide Sprachen semitischen Ursprungs sind und sie viele Gemeinsamkeiten besitzen)*. Ich las, aß, schlief. Zwischendrin konnte ich mir an der frischen Luft die Beine vertreten oder eine Tracht Prügel entgegennehmen. Letzteres jedoch nur noch selten. Mir wurde erzählt, dass es aufgrund der Zustände in anderen Gefängnissen, insbesondere aber in den Verwahrungslagern, zu Hungerstreiks gekommen war. In Anbetracht der menschenunwürdigen Bedingungen wie in der Haftanstalt Ansar III, die in der Negevwüste inmitten eines militärischen Sperrgebiets liegt, wo man die Häftlinge schutzlos der Witterung aussetzte, war dies eine logische Konsequenz, die von den Medien, sei es in der arabischen oder der westlichen Welt schlichtweg übergangen wurde. In Tulkarem kann ich mich im Hinblick darauf allerdings an keine nennenswerten Vorkommnisse erinnern.

Nachdem während der Intifada die Schulen und Universitäten über Monate hinweg geschlossen worden waren und es im Gefängnis ohnehin keine Möglichkeit gab, Versäumtes nachzuholen, gestattete man uns das Abitur zu machen. Manch einer würde dies als großzügige Geste hervorheben. Aber was macht es für einen Sinn, Prüfungen zu absolvieren, in denen die Antworten auf die Fragen bereits vorgegeben sind und man diese nur noch in den dafür vorgesehenen Freiraum schreiben muss? Sicherlich war die Freude auf unserer Seite groß darüber, dass sie es uns nicht auch noch schwerer machten als es in unserer Situation ohnehin schon war. Doch rückblickend war das Zeugnis, das uns hierfür überreicht wurde, nicht einmal das Papier wert, auf dem es verfasst worden war. Bildung kann man sich nicht erkaufen, geschweige denn erschleichen. Hätte ich es gewagt damit bei einem Arbeitgeber vorstellig zu werden, und hätte dieser mich über grundlegende Dinge aus dem Abiturjahr gefragt, so wäre es nicht weiter verwunderlich gewesen, wenn er mich anschließend in hohem Bogen aus seinem Büro befördert hätte. Ich vermute dahinter eine Maßnahme, die unsere Verdummung zum Ziel hatte.

Man hatte meinem Vater und meinen Geschwistern nur selten gestattet, mich zu besuchen. Um eine entsprechende Erlaubnis zu bekommen, musste er die Sicherheitsauflagen der Polizei erfüllen und unterschiedliche Dokumente anfordern und ausfüllen. Bis es zu einer Einwilligung von Seiten der israelischen Behörden kam, konnten Wochen, gar Monate vergehen. Bei seinem ersten Besuch überbrachte mir mein Vater eine Hiobsbotschaft: Muhammad war gestorben. Allah yirhamu! Gott möge seiner Seele gnädig sein! Als wir damals in Dschenin an einer Straße standen und ich mich weigerte davonzulaufen, hatte man ihn nach seiner Verhaftung schnurstracks nach Dhahiriya, einem Verwahrungslager südlich von Hebron, gebracht. Ich erinnere mich noch genau, wie er mir grinsend zugerufen hatte, dass sie ihn nicht kriegen würden und wir uns später im Muchajiam träfen. Stattdessen aber durchlief er dieselbe Vernehmungsprozedur wie ich nur Tage später. Seine Eltern erreichte nach wenigen Wochen die Nachricht, dass Muhammad dem Druck des Verhörs nicht gewachsen war und er sich in seiner Zelle erhängt hätte. Noch am selben Abend brachte eine israelische Militäreskorte seinen Leichnam nach Hause, um ihn anschließend im Beisein seiner Familie in einer Nacht-und-Nebel-Aktion in dem nahegelegenen Friedhof unter schwerer Bewachung zu beerdigen. Weder die Familie, noch Freunde und Bekannte glaubten der israelischen Version eines Selbstmords. Es wurde eine Rechtsanwältin unter der Beteiligung einer Menschenrechtsorganisation hinzugezogen. Die Anwältin wandte sich an die israelische Gerichtsbarkeit und beantragte die Untersuchung dieses Falls. Ein Zeuge, der mit Muhammad inhaftiert war, bestätigte, dass er zu Tode geprügelt worden war. Dieser Mann sagte aus, dass man durchgehend seine Schreie hören konnte, vierundzwanzig Stunden, Tag wie Nacht. Muhammad schlug gegen die Tür, rief um Hilfe und flehte um sein Leben. Er schrie, dass man ihm auf den Kopf schlagen würde. Wenige Tage darauf war der Höllenlärm verstummt. Soldaten fanden Muhammad in demselben Zimmer, in dem er gequält worden war, an einem Strick erhängt. Man braucht nicht viel Menschenverstand, um sich auszumalen, was passiert war. Sein Schädel wurde zertrümmert. Als Muhammad sich nicht mehr bewegte, hängten sie ihn auf, schickten die Nachricht von dem angeblichen Selbstmord an seine Eltern und ließen ihn in Windeseile beerdigen, um so seine Ermordung zu vertuschen. Warum sonst haben sie seinen Leichnam noch in derselben Nacht unter solch großem Militäraufgebot unter der Erde verschwinden lassen? Verhält man sich so, wenn man nichts zu verbergen hat?

Ich habe lange gebraucht, um darüber hinwegzukommen. Ich machte mir Vorwürfe. Wäre ich mit ihm vor den Soldaten davongelaufen, hätte er dieses Ende nicht genommen. In der Einsamkeit meiner Zelle sah ich Muhammad immer wieder vor mir. Tränen liefen über meine Wangen. Ich vermisste den Jungen, der sich von Abu Driss nicht einschüchtern hatte lassen. Den Jungen, der immer dagegenhielt, wo er nur konnte. Den Jungen, der im Flüchtlingslager Dschenins geboren wurde, es nie verlassen und fast nichts anderes kennen gelernt hatte, aber dennoch kraftvoll seiner eigenen Zukunft entgegen blickte, alles dafür unternahm, um eines Tages dem Elend, das ihn umgab, entfliehen zu können. Mein einziger Trost war, dass er es nun geschafft hatte. Zuweilen erscheint einem in der tiefen Trauer um seine Lieben der Tod als Erlösung, ja sogar als Geschenk. Man lebt weiter. Nur nicht mehr in dieser erbärmlichen Wirklichkeit.

Unser Essen erhielten wir in einer Art Kantine. Wir stellten uns an einer langen Theke auf und erhielten einen undefinierbaren Brei vorgesetzt. Mal war er gelb, mal war er braun. Einmal in der Woche gab es Tee dazu, ansonsten nur Wasser. Ich hielt dem Mann mit der Kelle meinen Teller hin, den er lustlos, fast schon angewidert mit der klebrig gelben Masse füllte. Ich denke, dass ihm beim Anblick des Essens, vielleicht auch deshalb, weil er wusste, was man da hineinmischte, speiübel wurde. Es war wirklich ungenießbar. Vor allem dann, wenn man Mutters Küche gewohnt war. Als ich mich umdrehte, wurde ich versehentlich von Ziad angerempelt, einem Jugendlichen aus Nablus, der hier einige Monate Haft abzusitzen hatte. Mein Teller glitt mir aus den Händen und zerbrach mitsamt dem Essen auf dem Boden. Ich dachte mir, dass es vielleicht besser so sei, wollte ich ohnehin lieber fasten, als schon wieder diesen Fraß zu mir zu nehmen. Schnell holte ich einen Lappen. Sollte einer der diensthabenden Soldaten bei schlechter Laune sein, riskierte ich wegen dieses kleinen Missgeschicks eine Tracht Prügel. Verängstigt war Ziad auf seinen Platz zurückgeeilt und löffelte inzwischen seinen Mittagsbrei. Ich war verärgert über sein Verhalten, war es doch seine Schuld, dass der Teller aus meiner Hand geglitten war. Ich sammelte einige Scherben auf und wischte den Boden. Plötzlich ging ein Soldat neben mir in die Hocke. Ich wagte nicht aufzuschauen und wischte weiter. Zu meiner Verwunderung stellte er einen Eimer daneben ab und begann mir zu helfen. Jetzt schaute ich auf und blickte in ein junges, mit Sommersprossen übersätes Gesicht. Er zwinkerte mir zu, nahm mir die Scherben aus der linken Hand, warf diese und den dreckigen Lappen in den Eimer und forderte mich auf, ihn in die Küche zu bringen und mich anschließend wieder in die Reihe an der Theke einzugliedern. Normalerweise hatte man sein Recht auf eine warme Mahlzeit verwirkt, wenn man das Essen verschüttete. Yehuda, so hieß der Soldat, war bekannt dafür, dass er die Ausnahmen zur Regel machte.

Kurz bevor zur Nachtruhe geläutet wurde, machte er einen Kontrollgang durch unseren Zellentrakt. Als er mich mit einem Buch auf meinem Schlafplatz liegend sah und als er in mir den Unglücksraben aus der Kantine wiedererkannte, kam er auf meine Zelle zu. Er lehnte sich lässig, aber nicht selbstgefällig an die Gitterstäbe. Seine blaugrünen Augen glänzten. Seine Erscheinung passte nicht an den Ort, in dem wir uns befanden. Er lächelte und sagte in perfektem Arabisch: »Ich habe dir wohl keinen Gefallen erwiesen, dich noch einmal in die Reihe an der Essensausgabe zurückzuschicken?« »Nicht wirklich«, antwortete ich überrascht von seinen Arabischkenntnissen. »Diesen Brei wünsche ich nicht einmal meinen schlimmsten Feinden. Bei euch Juden scheint das jedoch anders zu sein«, fügte ich noch hinzu. Ich war neugierig, wie er wohl auf diesen provozierenden Zusatz reagieren würde. Er klopfte mit dem Schlagstock auf die Gitterstäbe. Ein dumpfes Klacken erhallte im Korridor. Grinsend gab er zur Antwort, dass es bei den Arabern weitaus schlimmer zuginge. »Auch wenn ich nicht so aussehe, aber ich stamme aus Marokko! Und glaube mir, wenn ich dir sage, dass sie dort den Gefangenen Würmer und Ratten zu essen vorsetzen, dann ist das noch übertrieben. Im Vergleich zu marokkanischen Gefängnissen ist das hier eine Luxusherberge!« Es war wieder die alte Leier, dass es uns Palästinensern unter den Juden besser ginge als unter den Osmanen oder unter den Jordaniern. Ich hatte eine andere Antwort erwartet. Enttäuscht wendete ich mich wieder meiner Lektüre zu. Aus den Augenwinkeln konnte ich erkennen, dass die Lässigkeit aus seiner Haltung gewichen war. Missachtung kann Menschen erst recht aus der Reserve locken. »Was glaubst du, weshalb ich dir heute Mittag geholfen habe? Weil ich meine Kollegen ärgern möchte?«, fragte er aufgebracht über mein Verhalten. Er schien sehr sensibel zu sein. Er wäre nicht so leicht erregbar gewesen, würde sich hinter der Soldatenfassade nicht noch mehr verbergen. »Weil du ein guter Mensch sein willst«, entgegnete ich. »Vielleicht! Ganz sicher aber, weil ich meinen Wehrdienst beenden möchte, und das so schnell und so ruhig wie möglich! Ich hänge nicht an dieser Uniform, noch daran, euch das Leben schwer zu machen. Ich habe nur ein Leben. Und das möchte ich nicht damit zubringen, es anderen zu nehmen ...«

Plötzlich ertönte ein lautes »Yehuda« durch den Gang. Er zuckte zusammen. Das Gespräch war damit beendet. Er ging.

Es war unsere erste Unterhaltung, der noch einige weitere folgen sollten. Bevor ich Yehuda kennen gelernt hatte, waren für mich alle Israelis, alle Juden gleich. Ich musste meist an den früheren Premierminister Yitzhak Shamir denken, dessen Gesichtsausdruck etwas Diabolisches an sich hatte. Wie schon als Kind, ordnete ich uns Palästinenser immer in die Reihen der Guten ein und die Juden in die Reihen der Bösen, die tagein tagaus nur das eine im Sinn hatten: Wie sie sich am besten und einfachsten die Araber vom Hals schaffen könnten. Yehuda passte nicht in diese Schublade hinein. Er war wirklich ein guter Mensch. Eine Spezies, die in unserer heutigen Zeit nahezu völlig ausgestorben ist. »Weißt du, diese alten Männer, die in der Knesseth sitzen, sind noch immer den althergebrachten Vorstellungen des Nationalismus und Imperialismus verhaftet. Dabei vergessen sie, dass es vollkommen egal ist, ob man Jude oder Araber ist, schließlich sind wir alle Menschen. In Marokko haben wir unter Arabern gelebt, und es ist uns dort im Vergleich zu den Juden in Europa ziemlich gut gegangen, das kannst du mir glauben ...«

Im dritten Jahr meiner Haftstrafe erhielt ich die Nachricht, dass meine Großmutter nicht mehr unter den Lebenden weilte. Allah yirhamha! Gott möge ihrer Seele gnädig sein! Sie war 86 Jahre alt, als sie, wie schon mein Großvater zuvor, einschlief und nicht mehr aufwachte. Trauer erfüllte mich bei dem Gedanken, mich nicht von ihr verabschiedet haben zu können. Die Traurigkeit, die mich überkam, war nicht dieselbe wie bei Muhammad. Großmutter hatte ein langes, entbehrungsreiches, aber im Großen und Ganzen dennoch glückliches Leben gehabt. Die Erinnerungen an sie, an jene Dinge, die sie gesagt oder getan hatte, stimmten mich melancholisch. Eines Morgens, da die Sonnenstrahlen durch das kleine Fenster hoch oben in der Wand fielen und das Zwitschern der Vögel vom Dach des Gebäudes zu hören war, vernahm ich plötzlich Großmutters Stimme. Sie war klar und deutlich zu hören. Ihre Worte waren die, die sie mir einst, als ich noch ein Kind gewesen war, am Käfig des traurigen Vogels gesagt hatte: »Ein Vogel hat zwei Flügel, um zu fliegen, so wie du zwei Beine hast, um zu gehen, um zu laufen und um zu rennen. Stell dir vor, du müsstest die ganze Zeit nur in diesem Raum verbringen, würdest du nicht auch ständig von einem Ende zum anderen gehen? Und obwohl du hier alles zum Leben hättest, so wärst du doch nicht glücklich. Denn der Vogel ist wie der Mensch, dessen Glück in der Freiheit liegt, sich dorthin zu begeben, wo sein Herz ihn hinführt. Mein Sohn, das Herz eures Vogels leidet. Es blutet!«

Konnte es sein, dass sie dies in Vorahnung über den Käfig gesagt hatte, in dem ihr Enkel vier Jahre seines Lebens zubringen musste? Bis zu meiner Entlassung waren es zu diesem Zeitpunkt noch zehn Monate. Ich hatte die Aussicht auf die Freiheit, mich in einem großen Freiluftgefängnis – dem Westjordanland – zu bewegen. Der Vogel von einst hatte jedoch nicht einmal das. Deshalb starb er, so wie der Mensch stirbt, wenn man ihm die Luft zum Atmen, den Schlaf zum Träumen, den Raum zum Leben nimmt …

Nach den verlustreichen und entbehrungsvollen Jahren der Intifada stimmte der »Friedensprozess« viele Menschen im Westjordanland und Gaza-Streifen optimistisch. Man glaubte nun eine neue Epoche eingeläutet zu haben. Frieden, Freiheit, Unabhängigkeit und staatliche Souveränität, um nur einige Schlagwörter zu nennen, die ranghohe Funktionäre der PLO, allen voran Abu Amar (Jassir Arafat) von sich gaben. Doch blickte man genauer hin, so kristallisierte sich heraus, dass man dabei war, die Errungenschaften des palästinensischen Aufstands von Seiten der PLO achtlos zu verschleudern und sich einem Frieden zu verschreiben, der nichts anderes war als eine leere Hülle. Im selben Jahr, in dem die Konferenz von Madrid stattgefunden hatte, entschied Arafat zusammen mit seinen engsten Beratern, die sich selbst durch ihre ständige Misswirtschaft in die Ecke getrieben hatten, auf den Zug der Interimslösung von Yitzhak Shamir, welche bei dem damaligen US-Außenminister James Baker und US-Präsidenten George Bush auf rege Zustimmung stieß, aufzuspringen und als Teil des Friedensprozesses zu überleben. In dieser »Lösung« suchte man jedoch vergeblich nach einer Anerkennung auf palästinensische Selbstbestimmung, nach einer Garantie staatlicher Souveränität und im Hinblick auf die Vertreibung von Hundert-

tausenden Palästinensern aus ihrer Heimat, sowie hinsichtlich der Zerstörung von ganzen Dörfern und unzähliger Landenteignungen, nach einer bloßen Erwähnung von Reparationen. Die Nakhba (die palästinensische Tragödie in den Jahren 1947 bis 1949) wurde sowohl von der PLO wie auch von den Israelis schlichtweg unter den Tisch gekehrt. Dem war aber nicht genug. In der Osloer Prinzipienerklärung, die feierlich am 13. September 1993 vor dem Weißen Haus in Washington von Jassir Arafat und Yitzhak Rabin im Beisein von US-Präsident Bill Clinton unterzeichnet wurde, hatte die PLO in Bezug auf die Selbstbestimmung, die Jerusalemfrage und die Flüchtlinge klein beigegeben und der Teilung des palästinensischen Volkes in Bewohner der bis dahin besetzten Gebiete und den übrigen Palästinensern, die zu diesem Zeitpunkt mehr als 50 Prozent der Gesamtbevölkerung ausmachten, zugestimmt. Betrachtet man die vorangegangenen Jahre, in denen Steine werfende Jugendliche gezielt von israelischen Scharfschützen erschossen wurden, möchte man meinen, dass die PLO-Führung nicht ganz bei Verstand gewesen sein muss, als sie ein Abkommen über eine Zusammenarbeit mit der Militärbesatzung schloss. Und das, obwohl die Besatzung noch nicht einmal beendet war.

Das Hauptmotiv für die Osloer Prinzipienerklärung ist die Sicherheit des Staates Israel. Eine Garantie gegen ein militärisches Eindringen in die palästinensischen Gebiete wurde mit keinem Wort zugebilligt. Selbst bei einer Pressekonferenz, die Premierminister Yitzhak Rabin am Tag der Unterzeichnung abgehalten hatte, äußerte er sich ganz freimütig zu Israels Kontrolle über die territoriale Souveränität: »...Israel behält den Jordan, die Grenzen zu Ägypten und Jordanien, das Meer, das Land zwischen dem Gaza-Streifen und Jericho, Jerusalem, die Siedlungen und die Straßen ...«

Nach der achtmonatigen Besatzung Kuwaits verlangte man vom Irak, all jene Menschen zu entschädigen, die darunter zu leiden hatten. Israel genießt jedoch auch nach über 50 Jahren Besatzung in dieser Hinsicht Narrenfreiheit. Selbst eine Be-

endigung der Gewaltanwendung gegenüber den Palästinen-
sern wurde in dem hochgejubelten Dokument in keiner Weise
erwähnt.

Die Weigerung einiger palästinensischer Intellektueller, die-
sen Tag zu feiern, ist nachzuvollziehen, stellt dieses Datum doch
vielmehr die traurige Fortsetzung der palästinensischen Tragö-
die dar. Die Wahrung der israelischen Interessen übertrug man
nun auch der PLO, die sich zum Handlanger der israelischen
Behörden machte und in weiten Teilen des Abkommens von ih-
ren ursprünglichen nationalen Zielen – allen voran der Einheit
des palästinensischen Volkes im Sinne der nationalen Bewe-
gung seit 1948 – vollkommen abgekommen war. Eine Tatsache,
die sich im Verlauf der folgenden Jahre noch als verhängnisvoll
erweisen sollte …

Die Duftschwaden der Makloubeh kamen mir entgegen,
als ich nach meinem Vater durch die Haustür trat. Und
kaum war sie ins Schloss gefallen, tauchten meine
Schwestern aus der Küche auf. Abir und die hochschwangere Khouloud, die inzwischen verheiratet war
und zusammen mit ihrem Ehemann in Toubas ganz in
der Nähe von Dschenin lebte, eilten auf mich zu und fielen mir um den Hals. Sie drückten mich an sich. Ihr Bruder Said war nun in den Kreis derer zurückgekehrt, die
von unserer Familie übrig geblieben waren. Mein Gesicht
hielten sie zwischen ihren Händen. Meine Wangen über-
säten sie mit ihren Freudenküssen, während auch sie Tränen des Glücks vergossen. Ein Anflug der Befremdung
überkam mich, hatte ich doch seit langem nicht mehr die
wohltuende Wärme und Unmittelbarkeit von Menschen
verspürt. Vor allem nicht jene, die ich liebte. Und obgleich kurz darauf alle im Wohnzimmer zusammen saßen und die Makloubeh, mein Lieblingsmahl genossen,
Fragen über Fragen den Raum erfüllten, meine Familie
mir ihrerseits all die Veränderungen des Lebens schil-

derte, empfand ich eine unerklärliche Leere. Zum einen, weil ich zwei wichtige Menschen, Mutter und Großmutter vermisste, zum anderen aber, weil ich glaubte, zweifach anwesend zu sein: der Said, der die Überschwenglichkeit der ihm entgegengebrachten Gefühle aufgrund seiner langen Abgeschiedenheit nicht erwidern konnte, so sehr er es sich auch gewünscht hatte. Die olivgrün Uniformierten mit ihren Schlagstöcken auf der anderen Seite der Gitterstäbe, deren bloße Anwesenheit jeden gefühlsmäßigen Bezug zur Wirklichkeit und den damit verbundenen Annehmlichkeiten im Keim erstickten, waren noch zu präsent. Vor mir, zwischen Vater, Khouloud, Abir und Farid aber saß der Said, wie er einst war. Ein breites Grinsen zog sich über sein Gesicht, wenn er sich darüber freute, noch vor Abir und Farid die Hühnchenkeulen aus dem Reis gefischt zu haben. Der Said, dem sein Frohsinn trotz der Ereignisse geblieben war. Der seiner Familie immer Anlass gab, zu lachen. Da saß er nun und schnippte seiner älteren Schwester Khouloud die Kardamomkapseln entgegen, die sie auffing und wieder zurückwarf, solange bis Vater mit dem Hinweis, dass man mit Essen nicht herumspiele, diesem Treiben ein Ende setzte ...

Alle bemerkten meine Nachdenklichkeit, aber keiner wagte zu fragen. Ich hob das Teeglas, wollte einen Schluck nehmen, hielt aber inne und betrachtete die klare, braune Flüssigkeit, so als ob ich die Anerkennung meines Kummers von ihr erwartete. Die Matratze, auf der ich saß, lag auf dem Boden meines palästinensischen Schicksals. Ein Boden, der eine Jahrtausende alte Geschichte von Leben, Leid, Vergänglichkeit und Tod erzählte. Ein Boden, der nicht für des Menschen Suche nach Frieden bestimmt war. Im selben Moment, als ich diese Erkenntnis gewann, begriff ich, dass es ohne die fünf Sinne, das Sehen, Hören, Tasten, Riechen und Schmecken sowie ohne das Denken keine wahrnehmbaren Erscheinungen geben würde, und ich wusste, dass die Angst vor dem Sterben weitaus schlimmer war als der Tod. Der sorgenvolle Blick meines Vaters unterbrach meine Gedanken. Mein Gewissen meldete sich. Ich hatte nicht die Absicht gehabt, die Freude über unser Wiedersehen in dieser Weise zu dämpfen. Und dennoch sah ich Verständnis in den Gesichtern aller. Ein Verständnis und eine Gelassenheit, die aus der Überzeugung meines Vaters und der aller gläubigen Muslime resultierte, dass es im Himmel jene Gerechtigkeit gibt, die auf Erden fehlt, dass es mit jedem, der den Pfad der Rechtschaffenheit verlässt, ein böses Ende nimmt, dass die Welt von dem Allmächtigen, dem Weisen gelenkt wird, dass alle Menschen unterschiedlich sind und ihr Glück in den Händen Allahs liegt. Nur Al Maktub, das Vorherbestimmte, ereignet sich.

In jener Nacht sah ich ihn kurz vor dem Schlafengehen, wie mein Vater die Shahadah vor sich aufsagte: »Laillaha illalah aschhadu ana muhammadan rasululah!« *(Dieses muslimische Glaubensbekenntnis, das wörtlich übersetzt Bezeugung bedeutet, besagt: »Ich bezeuge, dass es keinen Gott gibt außer Gott, und dass Mohammed der Gesandte Gottes ist!« Es gehört neben dem Gebet (Salah), dem Fasten im Monat Ramadan (Siam), der Pilgerfahrt nach Mekka (Hadsch), den Almosen für die Armen, die in einer Art Steuer entrichtet werden (Zakat), zu den fünf Grundsäulen des Islam.)* Ich gesellte mich zu ihm und tat es ihm gleich. Auch ich bat Allah um ein anderes Los – ein Glück, das jenseits von den weltlichen Sünden und Lastern liegt.

In den folgenden Wochen und Monaten fügte ich mich nach und nach in das alltägliche Leben ein. Bekannte und Freunde besuchten uns, um mich in der neuen Freiheit willkommen zu heißen. Man erzählte mir von der Zeit während des Golfkriegs, wie die Israelis das Westjordanland und den Gaza-Streifen hermetisch abgeriegelt hatten. Viele standen damals auf den Hausdächern und bejubelten die irakischen Raketen, die in Israel aufschlagen sollten, aber zuvor von der israelischen Luftabwehr abgeschossen wurden. Man hatte geglaubt, dass Saddam Hussein uns Palästinensern zu Hilfe eilen würde. Aber Amerika, der große Bruder und Beschützer Israels, erklärte dem Irak, trotz des Freibriefs des damaligen US-Präsidenten George Bush an Saddam Hussein, in Kuwait einmarschieren zu dürfen, den Krieg. Es war eine Falle, um den Irak zu schwächen, da man befürchtete, dass Saddam Hussein durch die Waffenlieferungen der Amerikaner während des Irak-Iran-Krieges Israel gefährlich werden könnte. Die irakischen Truppen mussten sich daraufhin geschlagen geben, waren sie doch den Amerikanern und ihren Verbündeten weit unterlegen, und wieder aus Kuwait abziehen. Da Jassir Arafat und wir Palästinenser uns auf die Seite des Iraks gestellt hatten, war es zu den Abriegelungen von Seiten der Israelis gekommen. Wir hatten uns damit nicht nur politisch isoliert. Und die Juden bekamen es mit der Angst zutun. Viele Palästinenser glaubten, dass es diese Angst war, die die Israelis an dem Madrider Verhandlungstisch Platz nehmen ließ. Vielleicht stimmt das sogar. Die Erfahrung seit dem Jom-Kippur-Krieg zeigt jedoch, dass, wenn die Araber Gewalt anwendeten, Israel bereit war, Kompromisse einzugehen. Den Sinai haben sie erst danach evakuiert. Und erst nach der Intifada hat man mit der PLO Verhandlungen aufgenommen und in Oslo ein Abkommen unterzeichnet. So hat auch die Regierung des Hardliners Yitzhak Shamir erst nach dem Golfkrieg eingewilligt, an der Friedenskonferenz in Madrid teilzunehmen. Scheinbar verstehen sie nur die Sprache der Gewalt. Auch heute sind wir an solch einem Punkt angelangt. Obgleich ich mir die Frage stellen muss, warum sie nicht ohne Blutvergießen zu beide Seiten zufrieden stellenden Ergebnissen kommen wollen?

Ich begab mich auf Arbeitssuche. In Dschenin war es zu einem bescheidenen wirtschaftlichen Aufschwung gekommen. Nachdem die Grenzen zum Westjordanland wieder geöffnet wurden, strömten die in Israel wohnhaften Palästinenser hierher, manchmal auch Israelis, um sich die vergleichsweise günstigen Preise auf dem Souk zunutze zu machen und einzukaufen. Ich arbeitete auf dem Gemüsemarkt an einem kleinen Karren. Frühmorgens ging ich zur Hisbeh, dem Großmarkt, kaufte Gurken, Auberginen, Fak'kus *(vergleichbar mit kleinen Gurken)*, frische Feigen, Trauben, Wassermelonen oder Orangen, packte sie auf den Karren und versuchte sie gewinnbringend wieder auf dem Souk zu verkaufen. Es war mühsam, denn manchmal dauerte es den ganzen Tag, bis ich jenes Obst oder Gemüse los wurde, das ich am Morgen in großen Mengen eingekauft hatte. Und da ich nicht der geborene Marktschreier war, der lautstark auf seine Waren aufmerksam machen konnte, ging ich in der Menge der Verkäufer häufig unter. Ich erinnere mich, dass ich es eines Tages versucht hatte, meine Waren auf diese Weise feilzubieten, um so schnell wie möglich das Gemüse loszuwerden, weil ich nicht weiter unter der sengenden Sonne auf Kundschaft warten wollte. Aber nach einer halben Stunde bekam ich keinen Laut mehr heraus. Meine Stimme versagte. Ich musste den restlichen Tag damit zubringen, mit den Kunden per Handzeichen zu kommunizieren. An diesem Tag blieb ich auf einem Großteil des Gemüses sitzen und erkannte, dass dies – auch wegen des niedrigen Verdienstes – nicht die richtige Arbeit für mich sei.

Selbst nach der Entspannung zwischen Palästinensern

und Israel gab es im Westjordanland nur wenige Möglichkeiten eine Anstellung zu finden. Mein Vater arbeitete nach wie vor im Al-Sham. Eine weitere Arbeitskraft konnte sich mein Onkel beim besten Willen nicht leisten. Ich begab mich von Neuem auf Arbeitssuche. Ich fragte in den Geschäften der Innenstadt, in der Bank Al-Arab, wo ich mir ohnehin keine Chance ausgerechnet hatte, da ich keine Qualifikationen mitbrachte, in den Behörden, wo es sich ähnlich verhielt wie in der Bank, in einigen Kfz-Werkstätten oder in den Steinbrüchen vor der Stadt. Aber nirgendwo hatte ich Erfolg. Es war zum Verrückt werden. Ich konnte kaum glauben, dass nirgendwo Arbeitskräfte benötigt wurden.

Ich fragte Nidal, den Bruder von Muhammad um Rat, ging er doch seit Jahren in Israel arbeiten. Er erzählte mir, dass ich nach Rishon le Zion oder nach Haifa zur Shari' Al Muluk, der Straße der Könige fahren sollte. Dort würde ich sicherlich Arbeit finden. Nur müsste ich aufpassen. Denn er hätte eine Erlaubnis der Militärbehörden, um nach Israel zu fahren. In meinem Fall jedoch wäre es aussichtslos, solch eine Genehmigung zu beantragen, da ich Jahre inhaftiert war und deshalb gegen die Sicherheitsauflagen verstieß. Aber wenn mir nichts anderes übrig bliebe, sollte ich es trotzdem machen, illegal sozusagen. Er kannte genügend Männer, die seit Jahren in Israel arbeiten gingen und noch nie erwischt worden waren. Ich überlegte, wägte das Risiko ab, malte mir aus, was im Falle einer Verhaftung passieren könnte. Sicherlich würde mir dasselbe wie in Al-Far'a blühen. Aber ich sah keine andere Möglichkeit, als diese Gefahr auf mich zu nehmen und nach Israel zu fahren. Irgendwie musste ich doch meinen Lebensunterhalt verdienen …

Vorrangiges Ziel, eine festgelegte Anzahl von palästinensischen Arbeitern in Israel zu beschäftigen, war es dem ehemali-

gen Verteidigungsminister Moshe Dayan zufolge, den Lebensstandard in den besetzten Gebieten zu verbessern. Dabei ging es jedoch nicht darum, der Bevölkerung im Westjordanland oder im Gaza-Streifen Gutes zutun, sondern vielmehr sich eines wirtschaftlichen Mittels zu bedienen, um auf die Palästinenser Druck ausüben zu können und sie sich damit gefügiger zu machen. Dayans Politik der kollektiven Bestrafung bezog sich auf die Variante der »Carrot and Stick«-Politik, die schon Shlomo Gazit, der erste Koordinator staatlicher Operationen in den besetzten Gebieten, angedacht hatte. Die Entscheidung, palästinensischen Arbeitern die Einreise nach Israel zu ermöglichen, fiel am 7. Juli 1968 vor dem Ministerial-Komitee für wirtschaftliche Angelegenheiten. Seit Ende der 80er Jahre machte Israel eine Einreisegenehmigung von verschiedenen Auflagen abhängig. Gründe hierfür waren die Erhöhung der Sicherheit und die bereits eingangs erwähnte kollektive Bestrafung der palästinensischen Bevölkerung. Diese Politik wurde auch nach der Unterzeichnung der Osloer Prinzipienerklärung beibehalten und stellte ein entscheidendes Hindernis für den normalerweise von Angebot und Nachfrage regulierten Zugang zum israelischen Arbeitsmarkt dar. Es existieren folgende Restriktionen:

1. Grüne Identitätskarten: Im Jahr 1988 begann Israel spezielle Identitätskarten an ehemalige Häftlinge und Gefangene aus dem Westjordanland auszugeben, sowie auch an Palästinenser ohne Eintragungen im Bezug auf israelische Sicherheitsauflagen. Besitzer dieser Identitätskarten waren von einer Einreise nach Israel ausgeschlossen. Nach der Abriegelung der besetzten Gebiete im Jahr 1993 und der für Palästinenser damit verbundenen Anforderung einer Sondergenehmigung, nach Israel einzureisen, wurden die grünen Identitätskarten abgeschafft.

2. Magnetkarten: Im Mai 1989 führte Israel für Arbeiter aus dem Gaza-Streifen Magnetkarten ein, die Informationen darü-

ber enthielten, ob sie den Sicherheitskriterien zur Einreise nach Israel entsprachen oder nicht. Ertönte bei der Einreise am Kontrollpunkt Eretz an der elektronischen Vorrichtung, durch die diese Karten gezogen werden mussten, ein lautes Signal, so war es dem Inhaber der Karte untersagt, Israel zu betreten. Diese Direktive wurde später auch im Westjordanland eingeführt. Die Magnetkarte muss jährlich erneuert werden.

3. *Arbeitserlaubnis:* Seit 1968 sind die Arbeitsämter für die Ausstellung von Arbeitserlaubnissen an in Israel beschäftigte Palästinenser zuständig. Die grundlegende Bedingung, eine solche Arbeitserlaubnis zu erhalten, ist das Gesuch um Beschäftigung eines Palästinensers von einem israelischen Arbeitsgeber, der beim Arbeitsministerium registriert ist. Tatsächlich wurden Arbeitserlaubnisse bis Ende der 80er Jahre ohne Komplikationen ausgestellt. Seit dieser Zeit aber wurden diese Dokumente nur unter Vorbehalt und unter Berücksichtigung israelischer Sicherheitskriterien ausgestellt. Seit der Abriegelung der besetzten Gebiete im Jahr 1993 und der Zunahme von Attentaten in Israel wurden Arbeitserlaubnisse einer Quotenregelung in jedem Wirtschaftsektor unterzogen. Außerdem wurden diese nur unter Berücksichtigung von Sicherheitskriterien wie Familienstand und Alter ausgestellt. 1998 wurde die Quotenregelung abgeschafft, die Sicherheitskriterien blieben jedoch bestehen. Jede Arbeitserlaubnis ist drei Monate gültig und erlischt umgehend, wenn eine Abriegelung des Westjordanlands oder des Gaza-Streifens erfolgt.

4. *Abriegelungen:* Seit 1990 und in besonderem Maße nach den seit 1994 zunehmenden Selbstmordattentaten hat Israel immer wieder das Westjordanland und den Gaza-Streifen vollkommen abgeriegelt. Wiederum eine Kollektivstrafe, die palästinensische Arbeiter daran hindert, in Israel ihren Beschäftigungen nachzugehen, um sich ihren Lebensunterhalt zu verdienen. Die Folgen sind weit reichende Schäden der von Israel

abhängigen Wirtschaft in den besetzten Gebieten. Beispielsweise betrug die Dauer der hermetischen Abriegelung im Jahr 1996 ganze 104 Tage.

Es war sehr früh am Morgen, als ich in der Shari' Al Muluk, der Straße der Könige in Haifa ankam. Ich nahm meinen Platz unter den anderen Arbeitssuchenden ein und wartete. Um mich herum befanden sich bestimmt zwanzig bis dreißig palästinensische Männer jeglichen Alters, die stehend den Gehsteig säumten oder auf Steinpfosten saßen und warteten. Man sah ihnen an, dass sie ständig schwer arbeiteten. Ihre Gesichter waren braun gebrannt. Die Arbeit am Bau oder auf den Feldern der israelischen Plantagen hatte sie gebrandmarkt. Manche hatten tiefe Furchen auf der Stirn, andere typische Arbeiterhände mit dicken, geschwollenen Fingern. Unweit dieser Szenerie standen an ihre Wagen gelehnte Taxifahrer, die einige der Männer hierher gebracht hatten und nun auf Passagiere warteten, die sie dorthin zurückbringen konnten, woher auch sie stammten – in jene Region, die jenseits der Grünen Zone lag *(diese bezeichnet das israelische Staatsgebiet vor dem Juni-Krieg von 1967, die Grenze zwischen den Palästinensergebieten und Israel wird Grüne Linie genannt).*

Ich grüßte mit einem Salamu Aleikum. Als Neuankömmling war ich den misstrauischen Blicken der Männer ausgesetzt. Nur zaghaft kam ein Aleikum Alsalam. Die Leute redeten miteinander, tauschten Neuigkeiten aus den Heimatdörfern und -städten aus, ohne aber den Blick von der Straße abzuwenden, denn es konnte ja jeden Moment ein jüdischer Arbeitgeber auftauchen. Ein älterer Mann, der einen mindestens zehn Tage alten Stoppelbart hatte, eine alte Jeans, ein gelbes T-Shirt und Schlappen trug, kam auf mich zu und fragte mich, wie ich hieße und woher ich käme. Nachdem ich ihm geant-

wortet hatte, stellte er sich als Mansour aus dem Flüchtlingslager Qalandija bei Ramallah vor. Er erzählte, dass
immer, wenn er keine feste Arbeit hatte, er hierher kam
und darauf hoffte, etwas Neues zu finden. Inscha'allah!
Wenn nicht, würde er mittags wieder heimfahren. Er
fragte, ob ich ein Tasrih (eine Einreiseerlaubnis nach Israel)
hätte. Im selben Moment, in dem ich verneinte, kamen
mir Zweifel, ob es so gut gewesen war, diesem Mann die
Wahrheit zu erzählen. Man konnte ja nie wissen, ob er
nicht mit den Israelis kollaborierte. Oder hatte mein Misstrauen ein ungesundes Maß erreicht? Jedenfalls hatte ich
bereits kopfschüttelnd seine Frage beantwortet. Anschließend musterte er mich. Die Art, wie er dies tat, nahm
aber keine verächtlichen Formen an. Ganz im Gegenteil,
er schien nur noch freundlicher zu werden. Wie ein Vater,
der seinen Sohn eine Armlänge von sich hält, nachdem er
ihn umarmt hatte, stand er nun vor mir und sagte:»Gott
segne euch Shabab der Intifada! Ihr seid es, die ihr uns
mit Stolz erfüllt und uns voll Zuversicht in die Zukunft
blicken lasst! Allah yichalikum! Gott segne euch!« Er
fragte mich, was passiert war, dass man mir kein Tasrih
ausstellen würde. Ich erzählte nur oberflächlich von meiner Zeit in Al-Far'a und in dem Gefängnis von Tulkarem.
Jeder im Westjordanland, der schon einmal den Namen
Al-Far'a gehört hatte, wusste was man damit in Verbindung zu bringen hatte. Deshalb schüttelte er jetzt den
Kopf:»Du musst aufpassen, mein Sohn! Oftmals kreuzen
hier israelische Polizisten auf, um uns und unsere Ausweise zu kontrollieren. Wenn die dich erwischen, dann
wanderst du schnurstracks wieder in eines dieser
schrecklichen Verwahrungslager! Sei auf der Hut und
mach dich so schnell wie möglich aus dem Staub, sobald
du einen ihrer Jeeps erblickst!« Ich dankte ihm für seinen
Rat. Meine nervösen Blicke wanderten immer wieder
aufs Neue von einer Seite der Straße zur anderen, hoffte

ich doch schnellstmöglich von diesem Ort wegzukommen. Nur war weit und breit niemand zu sehen, der auch nur annähernd wie ein jüdischer Arbeitgeber auf Ausschau nach billigen Arbeitskräften aussah. Die Ankunft eines dunkelblauen Dienstwagens der Polizei schreckte mich auf. Obwohl er nicht weit von mir anhielt, hatten man mich nicht bemerkt, als ich mich fluchtartig entfernte. Im Innenhof eines Wohnhauses fand ich Schutz. Aus sicherer Entfernung konnte ich das nun folgende Prozedere beobachten. Einer der Polizisten stieg aus dem Wagen und verlangte mit fordernder Geste alle Ausweise der Arbeitssuchenden. Als er sie eingesammelt hatte, ging er zurück zu dem Wagen und verglich über Funk die Daten der Ausweise und Unbedenklichkeitsbescheinigungen mit den Eintragungen des Computers in irgendeiner Polizeizentrale. Dann rief er die Männer einzeln zu sich, damit sie ihre Dokumente abholten. Wenig später war die Gefahr gebannt. Ich kehrte zurück an meinen Platz in der Sonne, die bereits im Zenit stand. Einige der Männer begannen sich auf den Heimweg zu machen, nachdem sie es aufgegeben hatten, an diesem Tag noch eine Arbeit zu finden. Mansour sagte: »Ich glaube, heute ist kein guter Tag. Wenn bis Mittag niemand aufgetaucht ist, dann wird sich auch später niemand mehr blicken lassen! Ma'asalemeh, auf Wiedersehen, mein Sohn!« Er ging zu den Taxis und wollte einsteigen, als jedoch im selben Moment ein schwarzer Toyota langsam die Straße entlang fuhr. Zusammen mit den übrigen bis dahin erfolglosen Männern, die noch immer keine Arbeit bekommen hatten, stürmte ich auf den Wagen zu, der nun seine Geschwindigkeit noch weiter drosselte. Alle schoben sich gegenseitig beiseite. Jeder versuchte, einen Teil des Wagens zu greifen, die Antenne, den Kotflügel oder eine der Türen Auf diese Weise wurden wir alle einige Meter mit dem Wagen mitgezogen. Der Fahrer rief auf Hebräisch, dass er Arbeiter für ein Restaurant suche. Es bestünden gute Verdienst- und Schlafmöglichkeiten. Dann hielt er an. Ich kämpfte mich durch die Menge, bekam einen Türgriff zu fassen, drückte diesen und saß im nächsten Augenblick auf dem Beifahrersitz, neben dem Juden, der mich streng ansah und dann die anderen zwei Männer, die sich einen Platz auf dem Rücksitz erkämpft hatten, durch einen Blick in den Rückspiegel argwöhnisch musterte. Er war vielleicht zweiundvierzig Jahre alt, hatte ein enges, weißes T-Shirt an, darüber ein Goldkettchen um den Hals und trug zu seiner schwarzen Jeans gleichfarbige Lederslipper. Seine Augen verdeckte eine große, verspiegelte Sonnenbrille. Der Wagen setzte sich wieder in Bewegung, allerdings nur sehr langsam. Der Mann, der sich Benjamin nannte und wie ein in die Jahre gekommener Mafioso aussah, wollte sich noch die Möglichkeit offen halten, im Falle eines Streits um den Lohn Unzufriedene hinaus werfen zu können. Mansour, der es ebenfalls auf den Rücksitz geschafft hatte, fragte nach der Bezahlung. Der Israeli antwortete, dass es 25 Schekel *(umgerechnet 6 Euro)* pro Tag gäbe und die Arbeitszeit von 12 Uhr mittags bis 12 Uhr nachts dauerte. Mansour verfluchte ihn, denn im Verhältnis zu den Arbeitsstunden war die Entlohnung ein Witz. Mit einem Ruck hielt der Wagen an. Der Israeli drehte sich zu Mansour um und schrie: »Ich diskutiere nicht! Also raus aus dem Wagen! Verpiss dich, bevor ich mich ganz vergesse!« Mansour stieg aus. Doch bevor er die Tür zuknallte, legte er kurz die Hand auf meine Schulter und sagte: »Fahr mit, Said, auch wenn es nicht viel ist, was du bekommst. Man kann ja nie wissen, wie lange du noch auf den nächsten Scheißkerl warten würdest!«

Benjamin war der Besitzer eines Restaurants samt Festsaal. Unsere Aufgabe war es, in der Küche des Festsaals zu arbeiten, da das Lokal einer gehobenen Klientel diente und er die Massenveranstaltungen nicht durch die feine Küche des Restaurants abdecken wollte. Wo er uns hingebracht hatte, wusste ich nicht. Es war ein großes Gebäude, das nicht in der Innenstadt von Haifa lag. So viel stand fest. Wir fuhren in einem Lastenaufzug in den dritten Stock. Vor uns erstreckte sich ein riesiger Raum, der sicherlich weit über 500 Leute fasste. Hier wurden Hochzeiten, Geburtstage und religiöse Festivitäten, an denen sich die gesamte Verwandtschaft beteiligte, abgehalten. Dann führte er uns in einen Trakt, in dem sich die Kühlräume befanden. Gleich daneben lagen die Toiletten und ein kleines Zimmer, in dem wir schlafen konnten. Die Wände waren nicht verputzt, kahl und durch die Nähe zu den Kühlräumen ziemlich kalt. Durch ein kleines, lukenähnliches Fenster fiel etwas Sonnenlicht. Auf dem Boden lagen vier Matratzen und einige zerschlissene, seit geraumer Zeit nicht mehr gewaschene Decken. Wir stellten unsere Habseligkeiten ab und folgten Benjamin in die Küche. Ein anderer Jude nahm uns dort in Empfang. Benjamin stellt ihn als Juri vor. Er war mittelgroß, dickleibig und hatte ein von Mitessern entstelltes Gesicht. Es ist schwer zu sagen wie alt er war. Vielleicht dreißig, vielleicht auch jünger. Juri war Russe. Seinen Anweisungen sollten wir folgen. Er war eine Art Vorarbeiter. Die restlichen Angestellten in der Küche glotzten uns neugierig an, so als ob sie noch nie Araber gesehen hätten. Denn ohne Ausnahme waren sie alle Immigranten aus dem Ostblock oder den ehemaligen Sowjetrepubliken. Ihre Gesichter waren vom tagelangen Stehen über dampfenden Kochtöpfen gerötet. Die Haut ihrer Hände war vom Spülwasser rau und rissig geworden. Und ihre Art sich zu bewegen erinnerte mich an Roboter. Der Ausdruck in ihren Gesichtern verriet nicht die leiseste Gefühlsregung. Trotz der unerträglichen Hitze in der Küche schienen sie kühl und unnahbar.

Juri teilte jedem von uns eine Aufgabe zu. Ich sollte mich an die Chromstahlbecken in einer kleinen Ecke der Küche stellen, in denen sich fetttriefende Pfannen, Töpfe, Bleche, Teller, Gläser und Besteck bis knapp unter die Decke türmten. Mit einer kreisenden Handbewegung in der Luft erklärte mir Juri, wie ich abwaschen sollte. Er behandelte mich wie einen ehedem Aussätzigen, der zurück in der Zivilisation nun das erste Mal einen Teller und einen Schwamm in der Hand hielt. Als ich zu schrubben anfing, blieb er eine Zeit lang hinter mir stehen, um zu beobachten, ob ich auch der hohen Kunst des Abspülens gerecht wurde. Dann verschwand er, sicherlich um die anderen beiden ebenfalls seinem prüfenden Blick zu unterziehen.

Ich rieb und scheuerte und rieb und scheuerte. Der Schweiß rann mir von der Stirn und den Rücken herunter. Die schadenfroh grinsenden Köche schickten mir verkrustete Pfannen und Töpfe in einem ungeahnten Tempo herüber. Es schien, als ob dieser Berg dreckigen Geschirrs von Minute zu Minute nur noch größer wurde. Kaum eine Stunde später waren meine Hände aufgeweicht. Ich wollte ihnen eine kleine Pause gönnen. Doch immer dann, wenn ich kurz innehielt, drehte sich einer der Köche um und deutete mir mit einer unmissverständlichen Geste an, dass ich schnell weitermachen sollte. Stunden des ständigen Schrubbens vergingen. Mein Hemd war klitschnass vom Schweiß und vom dreckigen Spülwasser, das im Eifer des Scheuergefechts andauernd aus dem Becken schwappte.

Ich denke, dass ich mit dieser Arbeit mindestens sieben oder acht Stunden zugebracht habe. Als ich fertig war, spürte ich weder meine Füße, noch meine Arme und Hände. Ich war vollkommen erschöpft und wollte mir zumindest eine kurze Pause gönnen. Die Köche hatten ihr Tagewerk beendet und waren bereits nach Hause gegangen. Ich stand in einer nur oberflächlich gereinigten Küche und überlegte, was wohl als Nächstes auf mich zukommen würde. Da stand auch schon Juri vor mir und bestätigte meine Vermutung, in dem er mir wortlos andeutete, dass nun die Küche selbst an der Reihe sei. Hierzu schleppte er einen Lappen und einen Eimer an, den ich anschließend mit heißem Wasser füllte, in das er wohldosiert einige Tropfen Spülmittel hineingoss. Währenddessen hörte ich die ersten Gäste, die draußen eintrafen. Ich sollte laut Juri die nächste Zeit in der Küche bleiben, da er nicht wollte, dass jemand an einem schmutzigen und stinkenden Araber Anstoß nahm. So unterzog ich die Küche einer gründlichen Reinigung. Bis zum Ende der Veranstaltung hatte ich ja genügend Zeit. Nur verließen mich meine Kräfte. Und dennoch versuchte ich, so gut wie möglich meine Aufgabe zu erfüllen, wollte ich doch einen guten Eindruck hinterlassen. Auch wenn die Bezahlung schlecht und die Arbeit ermüdend war, so glaubte ich, mit dem Lohn, den ich hier erhielt, weit besser abzuschneiden als mit jenem Gewinn, den ich durch den Verkauf von Obst und Gemüse auf dem Souk in Dschenin gemacht hatte.

Nach Arbeitsschluss brachte uns Juri in unser »Schlafgemach«. Er wartete, bis wir uns auf den von den Gästen verschmutzten Toiletten gewaschen hatten. Der Dreck, der Schweiß, das Fett verklebten meine Haare und bildeten eine Schmutzschicht auf meiner Haut. Was hätte ich darum gegeben, mich duschen zu können. Aber daran war hier nicht zu denken, denn das Einzige, was uns zur Verfügung stand, war ein winzig kleines Waschbecken. Ich wusch mich also so gut es ging, gesellte mich zu den anderen in das kleine Zimmer und legte mich auf eine der Matratzen. Juri wünschte uns heiter eine gute Nacht und schloss die Tür. Zu meiner Verwunderung sperrte er sie aber auch noch ab. Nour und Kasim, die beiden anderen, die mit mir diesen Job angetreten hatten, schien dies allerdings nicht weiter zu beunruhigen. Als ich nachfragte, sagten sie, dass wir allesamt Illegale seien und man mit uns machen könnte, was man wollte. Wir hätten keine Arbeitserlaubnis noch eine Schlafgenehmigung für Israel ...

Jeden Abend werden die Türen von Lager- oder Schlafräumen hinter Tausenden von arabischen Arbeitern aus den besetzten Gebieten abgesperrt, die in der Grünen Zone arbeiten. Die Räume bleiben bis zu den frühen Morgenstunden verschlossen.

Diese Praxis, die sowohl der Polizei als auch dem Zivilschutz durch ihre nächtlichen Kontrollen in den Industriezentren sehr wohl bekannt ist, drang im März 1976 anlässlich eines nächtlichen Brandes, der in der Aliagasse in Tel Aviv ausgebrochen war, an die breite Öffentlichkeit. Nachdem die Löscharbeiten abgeschlossen waren, begaben sich Feuerwehrmänner in das vollkommen zerstörte Gebäude und fanden in einem der Zimmer drei verbrannte Leichen. Das Ergebnis der anschließenden Untersuchung bestätigte den Verdacht. Bei den verbrannten Leibern handelte es sich um drei palästinensische Arbeiter aus dem Gaza-Streifen, die in der Fabrik gearbeitet und anschließend dort genächtigt hatten.

Der damalige Sprecher der Tel Aviver Polizei, Avinoam Kahani, teilte in einer Pressekonferenz mit, dass diese drei Arbeiter sich nicht aus dem Zimmer, in dem sie geschlafen hatten, befreien konnten, weil die Türen von außen abgeschlossen waren.

Diese so genannten »Arbeiterhotels«, in denen die palästinensischen Arbeiter regelrecht unter Haftbedingungen leben und die auch heute keine Ausnahmeerscheinung darstellen, haben folgende Ursachen:

Die israelischen Fabrikbesitzer und Arbeitgeber, die ihren arabischen Arbeitern eine Arbeits- und Schlaferlaubnis besorgen, suchen sie auf diese Weise an sogenannter nächtlicher Herumtreiberei zu hindern. Sollten sie nach Mitternacht von der Polizei auf der Straße aufgegriffen werden, so bringt man sie umgehend auf eine Polizeistation. *Häufig werden sie bis zum nächsten Tag auf der Wache festgehalten, obgleich sie die notwendigen Dokumente besitzen, um sich in Israel über Nacht aufzuhalten. Für den Arbeitgeber bedeutet dies Arbeitsausfall. In den meisten Fällen jedoch, in denen Arbeitgeber zu solch drakonischen Maßnahmen greifen, indem sie die Türen abschließen, handelt es sich bei den Arbeitern um Illegale, sprich um Palästinenser, die aus unterschiedlichen Gründen – meist weil sie nicht den Sicherheitskriterien der israelischen Behörden entsprechen (Alter und Familienstand) – keine Arbeitserlaubnis oder Schlafgenehmigung erhalten (Schätzungen zufolge sind 40 Prozent der Palästinenser, die täglich nach Israel zum Arbeiten strömen, nicht registriert, beziehungsweise halten sich dort illegal auf). Die Genehmigungen, die zur Zeit lediglich drei Monate Gültigkeit besitzen und danach zu erneuern sind, werden von den Arbeitsämtern ausgestellt. Dadurch ist der Arbeitgeber allerdings verpflichtet, zusätzlich zu dem Lohn noch gesetzlich festgelegte Sozialabgaben abzuführen. Eine Erhöhung der Produktionskosten ist die Folge. Um die Entdeckung der Illegalen zu verhindern, sei es durch die Polizei oder den Zivilschutz, pflegen einige Arbeitgeber ihre Arbeiter aus dem Westjordanland oder dem Gaza-Streifen bei Einbruch der Dunkelheit einzuschließen.*

Betrachtet man den Paragraphen 12 des israelischen Einreisegesetzes, so wird ersichtlich, dass dort neben der Androhung einer einjährigen Haftstrafe für Illegale die Beschäftigung von Illegalen seitens israelischer Arbeitgeber mit einer Gefängnisstrafe von zwei Jahren geahndet werden sollte. Tatsächlich aber hat ein solcher weit weniger von Staats wegen zu befürchten als der Illegale selbst, obwohl es laut Gesetzgebung anders verankert ist.

Ein Inhaber einer kleinen Metallwerkstatt, der vier Arbeiter aus Rafiach (ein Ort im Gaza-Streifen) beschäftigte, sagte in einem Interview, das er der israelischen Zeitung Yediot Achorot gab: »Ich verschließe am Abend die Tür zu dem Raum, wo sie schlafen, und weiß, dass ich am nächsten Morgen alle an Ort und Stelle antreffen werde. Ich muss nicht zur Polizeiwache rennen, verliere keine Arbeitsstunden und verschwende nicht mein Geld …«

Berichten verschiedener Menschenrechtorganisationen zufolge existieren solche »Arbeiterhotels« zuhauf. Man pfercht die Arbeiter auf engstem Raum zusammen und enthält ihnen sanitäre Einrichtungen vor …

Es ist kaum zu glauben, aber ich habe es dort etwas mehr als zwei Monate ausgehalten. Benjamin und Juri hatten uns die gesamte Zeit über wie Arbeitssklaven gehalten. Wenn wir einmal hinaus durften, dann höchstens für eine Stunde. Ich ging dann meist in eine billige arabische Absteige und unterzog meinen Körper einer eingehenden Reinigung. Kam es dadurch zu Verspätungen, so wurden diese mit Gehaltabzügen geahndet. Mein Arbeitsbereich war vom ersten Tag an die Küche. Daran änderte sich auch in der Folgezeit nichts. Täglich dieselbe Prozedur. Schrubben und reiben, während die Köche mir dreckige Pfannen und Töpfe reichten, die ich bis spät in die Nacht hinein reinigen musste. Es hing mir zum Hals raus. Ich wollte nicht mehr für diese Dreckskerle arbeiten, die uns nach Strich und Faden ausnahmen. Schmutzarbeit für den Gegenwert von 2 Schekel pro Stunde. Im Monat verdiente ich knapp 800 Schekel für mehr als 360 Arbeitsstunden. Am Ende zahlte er mir nicht einmal die 1 800 Schekel aus, die ich hätte bekommen sollen. Als ich ihn darum bat, weil ich meine Familie in Dschenin besuchen wollte, lachte er und meinte, dass er mir 1 000 Schekel gäbe, den Rest aber behalten werde, sozusagen zur Sicherheit, damit ich zurückkehre. Ich kehrte natürlich nicht dorthin zurück …

Das Erste, was ich in Dschenin machte, war eine heiße Dusche zu nehmen. Ich erinnere mich noch ganz genau, mit welcher Ausgiebigkeit ich meinen Körper bürstete, so lange bis meine Haut an allen Stellen in leuchtendem Rot erglühte. Ich hatte mir die letzten Wochen abgewaschen, sie aus meinem Gedächtnis gestrichen. Dennoch blieb ich nicht lange, obgleich es eine Wohltat war, wieder bei meiner Familie zu sein und mich frei bewegen zu dürfen. Viele Möglichkeiten boten sich mir hier nicht. Weder im Muchajiam, noch in der Stadt. Ich überlegte eine Zeit lang, ob ich mich für eine Stelle in den palästinensischen Behörden, die nun im Begriff waren, sich auch in Dschenin niederzulassen, zu bewerben. Wieder standen mir meine mangelnden Qualifikationen im Weg. Ich entschied wieder nach Israel zu gehen, um einen neuen Job zu finden.

Mit einem Taxi brach ich nach Haifa auf. Kurz nachdem ich eingestiegen war, fragte mich der Fahrer, ob ich ein Tasrih bei mir hätte. »Nein«, gab ich ihm zur Antwort. Es war mir klar, dass auch er Schwierigkeiten bekäme, wenn sie mich in seinem Wagen erwischen würden. Seufzend stieß er ein »Allah jisturna! Gott behüte uns!« aus und fuhr weiter. Palästinensische Felder, auf denen in diesen frühen Morgenstunden schon die ersten Bauern zugange waren, rauschten an uns vorbei. Hoch über den arabischen Dörfern thronten israelische Siedlungen. Bereits bestehende Siedlungen wurden ausgebaut. Neue sprossen noch immer wie Unkraut aus dem Boden. Der angebliche Friedensprozess hatte dem Siedlungsbau im Westjordanland, aber auch im Gaza-Streifen keinen Abbruch getan. Ganz im Gegenteil! Noch immer enteigneten sie unseren Grund und Boden, mähten unsere Olivenbäume nieder und bauten eifrig weiter. Abu Hamid, der Taxifahrer, begann bei dem Anblick der schweren Baustellenfahrzeuge und Bagger, die in eine Zufahrtstraße zu einer Siedlung einbogen, zu klagen: »Ya Allah, bei den Zionisten hat sich auch nach Oslo nichts verändert. Sie sagen, sie wollen

Frieden. Aber sie verhöhnen uns! Die Israelis beanspruchen Souveränität und bauen Siedlungen; sie nehmen sich Land und Wasser, bauen Straßen, die wir nicht befahren dürfen, stationieren bewaffnete Kräfte und proklamieren dann den Wunsch nach Frieden. Sie machen genau das Gegenteil von dem, was sie sagen oder versprechen! Allah verfluchte sie!

Ob Yitzhak Rabin, Benjamin Netanyahu oder Ehud Barak, keiner dieser drei israelischen Premierminister, die sich mehr oder weniger dem Friedensprozess verpflichtet fühlten, hatten jemals im Sinn gehabt, den Siedlungsbau zu stoppen, einzudämmen oder gar die Siedlungen ganz aufzugeben. Die Landnahme zum Zweck des Ausbaus bereits bestehender Siedlungen oder zur Errichtung vollkommen neuer, ging unaufhaltsam weiter, auch in den Jahren des Friedensprozesses. Beispielsweise hatte Ehud Barak – wie alle seine Vorgänger – zur selben Zeit, da er sich zum Abschluss eines dauerhaften Friedensabkommens mit den Palästinensern bereit erklärte, den Bau neuer Wohneinheiten genehmigt: Im Haushaltsplan für das Jahr 2001 waren 500 Millionen Dollar für die Siedlungen vorgesehen. Noch Mitte Mai des Jahres 2000 hatte das Wohnungsbauministerium allen Israelis Sondervergünstigungen versprochen, die sich in der Siedlung Ariel niederlassen wollten. Eine Werbebroschüre pries das interessante Angebot mit den Worten:»Mit einer Anzahlung von nur 4 600 Dollar können Sie sofort Ihre Wohnung beziehen. Die monatliche Kreditrückzahlung beträgt dabei lediglich 390 Dollar.«

Es ist nicht weiter verwunderlich, dass sich nach und nach der Unmut der palästinensischen Bevölkerung in einem neuen Konflikt entladen musste, wollten die israelischen Politiker im Westjordanland und im Gaza-Streifen vollendete Tatsachen und Hindernisse für einen Staat Palästina mit durchgängigem Territorium schaffen, die letztendlich nicht zu beseitigen wären. Betrachtet man alle Siedlungsblöcke im Zusammenhang, so wird Folgendes deutlich: Sie sind so angelegt, dass sie als Ganzes das gesamte Territorium des Westjordanlandes weiträumig einkreisen und es dazu noch in verschiedene Sektoren zerschneiden. Ein Gitternetz von Siedlungsachsen wird über die Region gelegt, wobei die palästinensische Bevölkerung innerhalb seiner Maschen gefangen ist.

Dem holländischen Nahos-Experten Jan de Jong zufolge, zeigt sich am Beispiel von Jerusalem, dass die Stadt von zwei Siedlungsringen umgeben ist. Der erste besteht aus Ramot, Neve Yaacov, Talpiot und Gilo, der zweite aus Rekhes Shujat, und Har Homa, wobei der eine Ring den anderen umschließt. Gebietsmäßig umfassen sie den größten Teil des mittleren Westjordanlandes von Bir Zeit im Norden bis zu den Randgebieten Bethlehems im Süden. Innerhalb dieses weiträumigen Gebietes kann Israel nun nach Belieben schalten und walten.

Wir fuhren in sicherer Entfernung hinter einem israelischen Armeejeep her. Ich saß auf dem Beifahrersitz und drückte meine Beine in den Boden. Selbst Abu Hamid rann der Schweiß von der Stirn. Nicht weil es so heiß gewesen wäre, sondern aus Angst vor den Soldaten. Sie hätten abrupt anhalten können, um uns einer Kontrolle zu unterziehen. Nachdem wir uns aber noch im Gebiet des Westjordanlandes aufhielten, wäre es in diesem Fall vermutlich zu einer Überprüfung meiner Personalien gekommen. Dann hätte es Fragen gehagelt, wohin ich fahren würde, was ich außerhalb Dschenins zu suchen hätte, wo ich wohnte, und so weiter und so fort, bis sie auf die kleinste Ungereimtheit gestoßen wären, um mich zu verprügeln und anschließend mit auf die Wache zu nehmen, was in jedem Fall einer Verhaftung gleichgekommen wäre. Und als ob sich meine Vorahnung bewahrheiten sollte, bremsten sie ganz plötzlich und ohne Rücksicht auf die hinter ihnen fahrenden Wagen und kamen mit einer aufsteigenden Staubwolke zum Stehen. Sogleich sprangen die Soldaten aus dem Wagen. Mir blieb das Herz stehen, als ich uns bereits den Jeep rammen sah. Doch Abu Hamid trat in die Bremse und riss das Lenkrad zur Seite, so dass wir noch im letzten Moment ausweichen konnten und mitten auf der Fahrbahn anhielten. Ein Soldat deutete uns an, langsam an ihnen vorbeizufahren. Am Straßenrand stand eine israelische Siedlerin, die eine Autopanne hatte. Sie beugte sich über den rauchenden Motor. Auf ihrem Rücken sah man eine Maschinenpistole, die sie sich umgehängt hatte. Sie war jung, hatte rötlich gelocktes Haar und freute sich über die zu Hilfe eilenden Soldaten. Wir setzten uns in Bewegung und fuhren weiter nach Haifa.

Es war noch vormittags. Ich hatte mich dieses Mal nicht in die Shari' Al Muluk begeben, denn ich wollte mich nicht wieder dem Risiko aussetzten an einen Arbeitgeber zu geraten, wie Benjamin es gewesen war. Ich schlenderte durch die Straßen und hielt Ausschau nach einem Laden, einem Restaurant oder einer Werkstatt, wo ich nach Arbeit fragen konnte. »Fi Schuchul? Gibt es Arbeit?«, fragte ich überall dort, wo ich glaubte, dass ich Erfolg haben könnte. Aber die Antwort war immer die gleiche. »Ma fisch! Gibt es nicht!« Ich wollte schon aufgeben und mich doch auf den Weg zur Shari' Al Muluk machen, um dort noch einmal mein Glück zu versuchen, als genau in diesem Augenblick der Besitzer einer Schreinerei nach mir rief. Er saß in einem Café und hatte meine Frage nach Arbeit vernommen, als ich mich noch vor wenigen Minuten in eben diesem Lokal nach einem Job erkundigte. Er war groß, hatte eine hagere Figur und wirkte sympathisch. Seinem Äußerem nach schätzte ich ihn auf dreißig Jahre. Er stellte sich als Ovadia Kaduri vor. Er sagte mir, dass er einen kleinen Schreinereibetrieb habe, in dem außer mir noch vier weitere arbeiten würden. Er hätte zur Zeit so viele Aufträge und er benötige eine zusätzliche Hilfe. Ob ich mit 15 Schekel pro Stunde einverstanden wäre. Ich begann mit ihm zu feilschen. Aber er wehrte ab und sagte ohne die geringste Spur von Böswilligkeit: »Araber gibt es hier wirklich genug. Alle suchen Arbeit. Ich sehe also keinen Anlass, dir mehr als nötig zu zahlen! Nimm an oder lass es sein!« Dann reichte er mir seine Hand. Ich schlug ein. Daraufhin leerte er seinen Kaffee, zahlte, und wir machten uns auf den Weg zu seinem Betrieb und meinem neuen Arbeitsplatz.

Auf dem Weg fragte er mich nach meiner Herkunft und Ausbildung. Ich sagte ihm wahrheitsgemäß alles über meine Person, nur sparte ich die Zeit im Gefängnis von Tulkarem aus. Als wir angekommen waren, stellte er mir die anderen vier Arbeiter vor. Sie waren allesamt aus dem Gaza-Streifen. Fathi, ein Mann von 45 Jahren, Mahmud, dem ein kleiner Finger fehlte und der 37 Jahre alt war, Najib, der in meinem Alter war und Chaled, dessen charismatische Erscheinung mich an Muhammad erinnerte. Ovadia fügte noch ergänzend hinzu, dass ich jeden Morgen um acht Uhr da zu sein und abends um fünf Uhr Feierabend hätte. Im Vergleich zu meinem vorigen Job waren dies regelrecht traumhafte Bedingungen. Freudig stimmte mich auch die Tatsache, dass ich freitags und samstags frei hatte und nach Dschenin fahren konnte. Und obgleich Dschenin nur eine Stunde Autofahrt entfernt lag, wollte ich nicht das Risiko eingehen, von der Polizei aufgegriffen werden zu können und entschied, wochentags in einer arabischen Absteige zu übernachten, die nicht weit von der Schreinerei lag. Auch Chaled und Najib schliefen dort, weil sie kein Tasrih hatten.

Der Ort, in dem ich nächtigte und der eigentlich nichts anderes war als eine schäbige Pension für die palästinensischen Gelegenheitsarbeiter, hieß Laila a Saideh. Sie war ziemlich versteckt gelegen, da dort auch viele Illegale verkehrten. Man musste durch einen kleinen Durchgang gehen, der zu beiden Seiten mit altem Gerümpel wie verrosteten Fahrrad- oder Autoteilen, ausrangierten Waschmaschinen oder alten Bettgestellen gesäumt war. Dann erreichte man einen Innenhof, der von drei Seiten durch alte Wohnhäuser begrenzt war. Das Haus mit den Balkonen, das sich vor einem erhob, war das Laila a Saideh. Im ersten Stock lag die Rezeption, an der ein alter Mann saß und wie geistesabwesend unentwegt in den Fernseher starrte. Er hieß Abu Sini und war sozusagen der Herbergsvater. Pro Nacht verlangte er anfänglich sechs, wenn man zum Stammgast avancierte, dann nur noch die Hälfte, drei Schekel. Seine Antwort auf unsere Begrüßungen war immer dieselbe »Marhabatein ya Shabab al Mustakbal! Gegrüßt seid ihr Jungen der Zukunft!« Dann blickte er mit seinen kindlichen Augen auf und sagte, dass es noch genügend freie Betten gäbe. Das ist meine einzige Erinnerung an Abu Sini, obgleich ich ständig im Laila a Saideh übernachtete.

Es vergingen die Wochen, die Monate, die Jahre. In Ovadia hatte ich einen guten Arbeitgeber gefunden. Er bezahlte mich pünktlich, immer am Ende der Woche, wenn ich nach Hause fuhr. Und er vergaß auch nicht die Überstunden. Nach einiger Zeit bot er mir an, auf Monatsbasis zu arbeiten. Er erhöhte meinen Lohn von 2 700 Schekel auf 3 000 Schekel. Niemand der anderen hatte an ihm etwas auszusetzen. Er war durch und durch ehrlich, gab uns hin und wieder Mahlzeiten und Getränke aus und packte oftmals selbst mit an. Einmal verletzte sich Fathi beim Zusägen einer Spanplatte an der Hand. Ovadia ließ alles liegen und stehen und brachte ihn ins Krankenhaus. Fathi konnte daraufhin einige Zeit nicht zur Arbeit erscheinen. Ovadia machte den Vorschlag, dass wir alle am Tag eine oder anderthalb Stunden länger arbeiten sollten, damit Fathis Arbeit nicht liegen blieb und er trotz allem seinen Lohn bekam. Wir wussten, dass ein Verdienstausfall für Fathi katastrophale Folgen haben könnte, denn er musste seine Familie ernähren. Er war verheiratet und hatte vier Kinder. Also schlossen wir uns zusammen und arbeiteten täglich eine Stunde länger, so lange, bis Fathi sich wieder erholt hatte. Seine Dankbarkeit jedem Einzelnen gegenüber konnte er nicht in Worte fassen. Als er wieder zur Arbeit erschien, uns und Ovadia wiedersah, war er regelrecht zu Tränen gerührt. Ovadia bildete sicherlich eine große Ausnahme. Denn ich hatte viele negative Geschichten über andere Arbeitgeber gehört. Im Laila a Saideh, auf den Autofahrten von Haifa nach Dschenin oder von Dschenin nach Haifa kam mir so manches zu Ohren, was mich an die Zeit bei Benjamin und Juri erinnerte. Es war schlichtweg schockierend, wie man eine Vielzahl von palästinensischen Arbeitern behandelte. Hätte ich es nicht selbst erlebt, wäre es mir schwer gefallen, diesen Geschichten Glauben zu schenken. Am schlimmsten erging es den Männern, die in den Siedlungen oder Industriegebieten des Westjordanlandes oder des Gaza-Streifens arbeiteten. Auf jede nur erdenkliche Weise versuchten die Israelis uns zu schikanieren, um uns loszuwerden. Aber das ist unser Land. Sie können uns knechten, sie können uns diskriminieren, sie können uns Schmerzen zufügen, aber unseren Widerstand werden sie nicht brechen können ...

Israelis, die in den besetzten Gebieten Fabriken eröffnen, kommen automatisch in den Genuss von staatlichen Vergünstigungen, wie Zuschüssen und Steuernachlässen. So gibt es bereits einige Industriegebiete wie Barkan, Rehan, Atarot und Mishor im Westjordanland und Eretz im Gaza-Streifen. Zusätzlich zu diesen staatlichen Zuschüssen und Steuererleichterungen kommt israelischen Arbeitgebern und Unternehmern ein weiterer wirtschaftlicher Vorteil zugute: Die Ausbeutung palästinensischer Arbeitskräfte ohne jegliche Folgen, da die besetzten Gebiete nicht den Bestimmungen des israelischen Ar-

beitsrechts unterliegen. *Sie haben deshalb in dieser Hinsicht freie Hand, weil die Anwendbarkeit des israelischen Rechts bezüglich dem Arbeitgeber-Arbeitnehmer-Verhältnisses in den besetzten Gebieten unklar und nicht weiter festgelegt ist. Darüber hinaus werden in den besetzten Gebieten die Rechte der Arbeitnehmer von den israelischen Behörden nicht in Form von gesetzlichen Bestimmungen in Schutz genommen, obgleich diese Rechte an sich nie in Frage gestellt wurden.*

Im Hinblick auf eine Verfügung der Militär-Verwaltung haben palästinensische Arbeitskräfte ein Anrecht auf ein Lohnniveau, das das gesetzlich festgelegte Existenzminimum nicht unterschreitet und welches sich nach dem israelischen Lebensstandard richtet. Ganz anders sieht es David Shapira, einer der Besitzer der Abir-Fabrik, die in dem Barkan-Industriegebiet liegt:

»Es stimmt, dass diese Verfügung erlassen wurde, aber wir betrachten diese eher als Empfehlung. Ein minimales Lohnniveau für Juden wäre der Wirtschaft nicht zuträglich. Falls es hierbei zu Beschwerden kommt, folgt eine Welle von Firmenschließungen. Das wäre für die Araber schlimmer als für uns ... Sie müssen verstehen, dass ein Araber nicht nur von Gesetzes wegen dieses Anrecht nicht haben kann, sondern es ihm ebenso moralisch nicht zusteht. Wenn ein Araber ein Lohnminimum erhalten müsste, würde er einem Juden vorgezogen werden. Die Ausgaben eines jüdischen Arbeiters, sein Lebensstandard, sind aber bei weitem höher. Wären wir verpflichtet, ein Lohnminimum zu zahlen, wären wir die Araber schon morgen los ...«

Den Angaben verschiedener Arbeiterorganisationen in den besetzten Gebieten zufolge erhält die Mehrheit der palästinensischen Arbeiter deutlich weniger als ein Minimum des Lohnniveaus.

An einem Sonntagmorgen verließ ich das Muchajiam, um wieder nach Haifa zur Arbeit zu fahren. Es war Oktober und die Luft wurde von Tag zu Tag kühler. Ein milchiger Schleier hatte sich über die Felder in der Ebene unterhalb des Flüchtlingslagers gelegt. Ich begab mich querfeldein zu der Straße, die von Dschenin nach Haifa führt und stellte mich an den Straßenrand. Morgens sind fast alle Sammeltaxis brechend voll, weil die meisten Leute sich schon in der Stadt einen Platz sichern. Ich wartete geduldig. Der Tag war erst angebrochen und ich hatte noch genügend Zeit, bis ich in Haifa zum Arbeitsbeginn erscheinen musste. Immer wieder versuchte ich einen Wagen, von dem ich glaubte, dass in ihm noch ein Platz frei war, mit einem Handzeichen zum Anhalten zu bewegen. Aber ohne Erfolg. Ich setzte mich in Bewegung und spazierte die Straße nach Haifa entlang. Ich genoss die frische Brise am Morgen. Ein lautes Hupen ertönte hinter mir. Dann fuhr ein VW-Bus vorbei und kam plötzlich einige hundert Meter vor mir zum Stehen. Ich eilte zu ihm hin, öffnete die Hintertür und fragte den Fahrer, ob er nach Haifa fahren würde. Als er nickte, stieg ich ein und schloss hinter mir die Tür. Ich platze in eine Diskussion über Jassir Arafat, die Autonomiebehörde und die Israelis. Der Fahrer sagte seinen Gästen, dass alle unter einer Decke stecken würden. »Er spielt den Israelis die Bälle doch regelrecht zu! Sie sagen, sie wollen diesen und jenen hinter Gittern sehen, weil er angeblich Terrorist sei, und schon spurtet er und sperrt – wie die Herrschaften es wünschen – die genannte Person in eines seiner Gefängnisse. Alles für die Sicherheit der Israelis. Aber wer garantiert unsere Sicherheit?« Der Beifahrer fiel ihm ins Wort: »Ouein Al Adal, ya sidi? Wo ist die Gerechtigkeit? Sie zerstückeln unser Land, bebauen es mit Siedlungen, hindern uns, von einem Ort zum anderen zu kommen und setzen uns ihren Schikanen und Demütigungen aus. Ouein Al Salam? Wo ist der Frieden? Mfischeh Salam! Es gibt ihn nicht! Weil sie ihn nicht wollen!«

Ich saß ganz hinten auf der letzten Bank. Wir drängten uns zu acht auf den Sitzplätzen im hinteren Teil des Wagens. Aber die kühle Luft, die zum Fenster hereinströmte, ließ mich die Enge ertragen. Die Unterhaltung der beiden Männer, ihren Unmut über die Zustände im Westjordanland und im Gaza-Streifen hatte ich in den letzten Jahren schon unzählige Male gehört. Der Widerwille in der palästinensischen Bevölkerung war groß und nahm von Jahr zu Jahr noch größere Ausmaße an. Ich hatte jedoch nicht die geringste Lust ihnen zuzuhören und wollte mich auch nicht an dem Gespräch beteiligen. Mich hatte, seitdem ich bei Ovadia arbeitete – zu diesem Zeitpunkt waren es bereits vier Jahre – eine Zufriedenheit übermannt, die mich im Hinblick auf meine Vergangenheit mit Glück erfüllte. Es war mehr als nur die Arbeit. Es waren die Menschen, mit denen ich dort meine Zeit verbrachte, allen voran Chaled und Najib, die ich inzwischen zu meinen engsten Freunden zählte. Es waren die Abende, die wir zusammen in den Kaffeehäusern, manchmal auch in Diskotheken verbrachten. Es waren die Mädchen, denen wir hinterherschauten. Es waren auch jene Leute, die ich täglich im Laila a Saideh traf. Es war ein Leben, von dem ich während meiner Inhaftierung in Tulkarem nicht zu träumen gewagt hatte. Auf vier Jahre vier Jahren hinter Gittern, waren nun vier Jahre des Arbeitens, des Wiedererstarkens, des geglückten Neubeginns gefolgt. Die Freiheit, die mir am ersten Tag nach meiner Entlassung ins Gesicht gelacht hatte, war der Antrieb für meinen Lebenswillen und meinen Ehrgeiz.

Während ich aus dem Fenster schaute und die Schönheit dieses Landes bewunderte, fuhren wir einen Schleichweg, um die Militärabsperrung zu umgehen, die vor uns lag. Denn ich war nicht der einzige, der kein Tasrih hatte. Eine Siedlung rückte in mein Blickfeld. Plötzlich hörte ich einen lauten Knall und einen Einschlag in die Außenwand des Busses. Er geriet außer Kontrolle. Dann noch einmal einen Knall. Und wieder einen Einschlag. Irgendjemand schoss auf uns. Ich vermutete schießwütige Siedler. Der Wagen war auf dem ungeteerten Weg schwer zu kontrollieren. Der Fahrer riss das Lenkrad hin und her, versuchte gegenzulenken. Wir Passagiere fielen zu seinen Lenkbewegungen von der einen Seite zur anderen. Dann wieder ein Knall, der aus nächster Nähe abgefeuert worden war. Ich spürte einen unerträglichen, tief sitzenden Schmerz in beiden Beinen. Ich schrie auf: »Ayyy, meine Beine!« Ein anderer schrie ebenfalls: »Ya Allah, meine Hand!« Unruhe, Panik breitete sich aus. Der Fahrer fuhr schnell weiter. Der Bus sprang aufgrund des Tempos über die Unebenheiten des Bodens. Wir wurden von unseren Sitzen hochgeschleudert. Dann nach rechts. Wieder hoch. Meine Beine! Ich hielt sie fest und bemerkte, dass Blut herausquoll. Der Fahrer lenkte den Bus zurück auf die geteerte Straße, hielt aber aus Angst vor den Soldaten noch immer nicht an. Auch die abgefeuerten Schüsse nahmen kein Ende. Ein Knall nach dem anderen. Schreiende Soldaten, die in die Jeeps stiegen und mit quietschenden Reifen in unsere Richtung fuhren, dabei weiterhin auf uns schossen. Eine Kugel traf einen der hinteren Reifen und brachte ihn zum Platzen, so dass der Wagen nach kurzer Zeit zum Stillstand kam.

Meine Beine! Unerträgliche Schmerzen zogen sich bis zu meinem Becken hoch. Ein Jeep kam mit hohem Tempo auf unseren Wagen zu und rammte uns von hinten. Wieder musste ich aufschreien. Die Soldaten stiegen aus, kamen um den Wagen herumgeeilt, schlugen die Fenster der Fahrer- und Beifahrertür ein und forderten uns alle auf auszusteigen. Mir wurde schwindelig. Ich verlor Blut, viel Blut. Ich hörte einen Soldaten fragen, ob irgend jemand von uns ein Tasrih habe. Ich meldete mich. Er schrie mich an, dass ich mich verpissen sollte. Ich ging einige Schritte, konnte mich nicht mehr auf meinen Beinen halten, sackte auf dem Asphalt der Straße zusammen, blieb liegen, wand mich vor Schmerzen, schrie um Hilfe, versuchte mir an die Beine zu fassen, dort, wo ich die ungeheuerlichen Schmerzen verspürte, schaffte es jedoch nicht meinen Oberkörper so weit aufzurichten, um an die Beine heranzukommen, fiel wieder nach hinten zurück, prallte mit dem Kopf auf den Boden und verlor das Bewusstsein ...

V
DIE LETZTE NACHT

Das heldenhafte Porträt *eines jungen Mannes hing über der Eingangstür eines Hauses im Muchajiam. Das schummrige Licht der Gassenbeleuchtung fiel auf sein Gesicht. Er war sicher nicht älter als neunzehn Jahre. Sein Kopf war kurzgeschoren. Die Farbe der Augen war bei diesen Lichtverhältnissen nicht auszumachen, aber zweifelsohne lag in ihnen die Fröhlichkeit eines Menschen, der sich in Kürze auf eine lange und abenteuerliche Reise begeben wird. Er lachte. Ein Lachen, welches mich in Anbetracht seines nur wenige Tage zurückliegenden Todes nachdenklich stimmte und mich vor die Frage stellte, warum er sich in solch ausgelassener Stimmung befand, als man das Porträt von ihm angefertigt hatte. War es die Vorfreude auf das Paradies, das den Märtyrer – dem Koran zufolge – nach seinem Tod erwartet? War es die Erlösung aus der Sehnsucht nach einem Dasein, wie es die Israelis und andere Menschen führen, das ihm jedoch Zeit seines Lebens verwehrt bleiben sollte? War dies der Grund, weshalb er sich von seinem irdischen Sein in einem Video – alle Märtyrer hinterlassen ein letztes Andenken in Form eines Videos – verabschiedet und sich auf den Weg zu seinem Bestimmungsort begeben hatte? Fragen, deren Antworten in den Ausführungen Saids zu finden sind.*

Diesen auf dem Porträt abgebildeten jungen Mann hätte man zu Recht als attraktiv bezeichnen können, ein zarter, zu seiner bevorstehenden Tat entschlossener Jüngling, der in der einen Hand eine Granate, in der anderen ein Gewehr hielt. Am unteren Bildrand befanden sich Sympathiebekundungen, die sich in arabischer Sprache insbesondere an seine Familie richteten. Die Fassaden der umliegenden, von Maschinengewehrkugeln durchsiebten Elternhäuser waren übersät von solchen Postern …

Wenig später saß ich mit dem Mann zusammen, dessen Abbild in vergleichbarer Pose bald ebenfalls an unzähligen Hauswänden hängen werden würde.

»Dies ist nun die letzte Nacht! Ab morgen, mein Freund, können wir uns nicht mehr treffen!«, eröffnete mir Said. Ich begriff nicht, weshalb er unseren Sitzungen ein Ende setzen wollte. Hatte er womöglich seinen Einsatzbefehl erhalten? Musste er vielleicht schon morgen in eine der geschäftigen Straßen Tel Avivs oder Netanyas den Auslöser einer an seinem Körper befindlichen Bombe drücken? Die Vorstellung, er könne schon in wenigen Stunden nur noch ein zerfetzter Leichnam sein, erschütterte mich und ließ Zweifel aufkommen. Zweifel an dem, was ich hier gerade machte, saß ich doch mit einem Menschen zusammen, dessen Leben in den letzten Nächten noch einmal an ihm vorbeigezogen war, der über Augenblicke und Ereignisse erzählt hatte, die ihn offensichtlich berührten, die er aber dennoch ohne Wehmut hinter sich ließ. Die vor uns liegende Nacht sollte womöglich dazu dienen abzuschließen, sein Buch des Lebens zu besiegeln. Nein, ich hätte ihn nicht nach dem Grund fragen können. Ich hätte nur ein Lächeln in seinen Augen geerntet. Meine Verwirrung jedoch war ihm aufgefallen. »Glaub mir, es ist zu deiner eigenen Sicherheit! Du solltest besser sobald wie möglich abreisen. Sie werden in den nächsten Tagen zurückkehren. Und wenn hier erst einmal die Hölle losbricht, zermalmen sie alles, was ihnen in den Weg kommt! Auch dich!« »Und was, wenn dein Bericht nicht beendet ist? Was, wenn einige Fragen offen bleiben?« »Heute Nacht werde ich dir alles erzählen, wozu noch Zeit bleibt. Schließlich sind es noch sechs Stunden bis zur Morgendämmerung, vorausgesetzt es kommt nichts dazwischen. Und wenn doch noch Fragen offen

bleiben sollten, dann bleiben sie eben offen.« Daraufhin überlegte er kurz, wo wir stehen geblieben waren und begann die
Ausführungen der letzten Nacht.

Großkalibrige Gewehrkugeln waren durch die Metallver-
kleidung des Wagens gedrungen und hatten sich durch
meine beiden Unterschenkel gebohrt. Ich hatte viel Blut
verloren und war auf der Straße zusammengebrochen.
Als ich wenige Stunden später aus der Bewusstlosigkeit
erwachte, befand ich mich in einem Krankenhausbett in
Dschenin. Ich rief mir all das in Erinnerung, was an diesem Morgen geschehen war. Ich hörte die Schüsse, ich
hörte meine eigenen schmerzerfüllten Schreie. Ich spürte
die Panik. Dann sah ich mich, wie ich versucht war, die
Straße entlang zu gehen, nachdem mich der israelische
Soldat weggeschickt hatte. Die Ereignisse waren wieder
deutlich erkennbar. Als ich an mir herunterblickte und
die verbundenen Beine sah, wurde mir allmählich klar, in
welcher Situation ich mich befand. Meine Zehen konnte
ich bewegen. Nur spürte ich sie nicht. Ein taubes Gefühl
in meinen Beinen. In diesem Moment schoss ein über-
dimensional großes Nein durch meinen Kopf. Es erfüllte
nach und nach den gesamten Raum, erdrückte mich,
nahm mir die Luft zum Atmen. Ich wehrte mich mit allen
Kräften, diese Wirklichkeit anzunehmen. Ich wollte sie
abschütteln, aus meiner Sinneswelt verbannen. Und als
ich erkennen musste, dass sie unumkehrbar war, regte
sich jede Faser meines heißen Körpers, zog sich eine
mächtige Welle des Schmerzes, der Frustration und des
Zorns durch mich hindurch. Ich wollte fluchen, ich wollte
das Leben verfluchen, ich wollte diesen Schmerz hinausschreien. Mein Mund formte sich und meine Stimme versagte. Es war ein stummer Schrei, den niemand vernehmen konnte. Ich lag in dem Krankenhausbett und weinte.
Ich glaube, es ist das einzige Mal in meinem Leben gewe-

sen, dass ich die Tränen in dieser Weise gewähren ließ. Sie flossen in Strömen. Ich wollte und konnte sie nicht aufhalten. Es war ein Trümmerhaufen zuviel, der nun vor mir lag, der mich an allem zweifeln, verzweifeln ließ ... Die Tür ging auf. Abir und Khouloud kamen herein. Wenig später kam auch mein Vater, Onkel Abu Omar, seine Frau und Farid. Der klägliche Rest der Familie. Ich hatte mich beruhigt. Die fragenden Blicke: Hatte er geweint? Dann derselbe Ausdruck in ihren Augen, den ich schon von ihren Besuchen im Gefängnis her kannte. Ich als Teil ihrer Geschichte. Ihr Sohn, ihr Neffe, ihr Bruder, als Teil ihres Schicksals; ein Schicksal, das sich mit dem vieler Palästinenser deckt. Ihre aufmunternden und tröstenden Worte gaben mir wieder etwas Kraft. Aber würde diese Kraft dazu ausreichen, aus dem Trümmerhaufen wieder ein halbwegs bewohnbares Haus zu bauen? Ich hatte eine Arbeit gehabt, die mir Spaß machte, wo ich mich gut aufgehoben fühlte, von der ich gut leben konnte, die es mir erlaubt hätte, bald zu heiraten und eine Familie zu gründen, mein Glück zu finden. Aber dieses Glück, ein mehr oder weniger normales Leben führen zu können, wurde und wird uns missgönnt. In den Augen der Juden haben wir in unserem eigenen Land – dem historischen Palästina – nichts zu suchen, weil sie es nun sind, die es aufgrund irgendwelcher alttestamentarischer Verheißungen und dem vom Gewissen geplagten Zutun der westlichen Welt beanspruchen. Man schaut ihnen tatenlos zu, wie sie roden und walzen. Im Namen ihrer Religion. Man schaut ihnen tatenlos zu, wie sie enteignen, besetzten und vertreiben. Im Namen ihrer Religion. Und als ob das noch nicht genug wäre, schaut man ihnen tatenlos zu, wie sie misshandeln und morden. Im Namen ihrer Religion. Sie heucheln Shalom – Frieden –, auch das im Namen ihrer Religion ...

Seit Oslo I im Jahre 1993 schienen die ersten Gehversuche auf dem Weg des Friedens Erfolg versprechend zu verlaufen. Am 13. Mai 1994 wurde Jericho als erste Stadt unter palästinensische Selbstverwaltung gestellt. Wenige Tage später, am 18. Mai 1994, war der Rückzug der israelischen Streitkräfte aus der Stadt unweit des Toten Meeres abgeschlossen. Als am 28. September 1995 der sozialdemokratische Premierminister Yitzhak Rabin und PLO-Chef Jassir Arafat in Washington ein neues Abkommen (Oslo II), das den Zeitplan für den Rückzug aus sechs weiteren Städten festlegte, unterzeichneten, schien ein Staat Palästina in greifbare Nähe gerückt zu sein. In weiten Teilen der palästinensischen Bevölkerung war man zuversichtlich, und das trotz der weit reichenden Zugeständnisse von Seiten Arafats. Doch dann ereignete sich eine folgenschwere Tragödie. Jigal Amir, ein rechtsradikaler, orthodoxer Jude, ermordete am 4. November 1995 den israelischen Premierminister Yitzhak Rabin auf einer öffentlichen Veranstaltung. Mit der anschließenden Wahl des Likud-Politikers Benjamin Netanyahu kam der Friedensprozess stellenweise vollkommen zum Erliegen. Die Hoffnungen auf eine Wiederbelebung waren in diesen Jahren der Stagnation enorm. Und als Ehud Barak bei den Wahlen im Jahre 1999 den Sieg davontrug, glaubte man, dass dies von israelischer Seite nun die Rückkehr an den Friedenstisch sei. Man war erleichtert über die Niederlage von Benjamin Netanyahu, der sich zwar im Oktober 1998 auf internationalen Druck hin im Wye-Abkommen dem Motto »Land gegen Frieden« und einem weiteren Abzug israelischer Truppen verschrieben, faktisch jedoch keinen Fortschritt in den Verhandlungen beabsichtigt hatte. Man setzte auf den neuen Premierminister Barak als den Erben und Testamentvollstrecker Rabins. Fast zwei Jahre später als ursprünglich geplant, sollte durch die Regierung Ehud Baraks die letzte Phase des Friedensprozesses zu einem endgültigen Abschluss gebracht werden. Man einigte sich auf ein Gipfeltreffen im August 2000 in Camp David, dort, wo auch schon Menachem Begin und

Anwar As Sadat zugange waren und sich erfolgreich auf einen ägyptisch-israelischen Friedensvertrag einigten. An diesen Geist von 1979 wollte US-Präsident Bill Clinton anknüpfen, um damit seine noch verbleibende Amtszeit zu krönen. Doch dann gerieten die Dinge außer Kontrolle.

In den sieben Jahren nach Oslo I hatte die israelische Regierung im Westjordanland und im Gaza-Streifen vollendete Tatsachen geschaffen, die ihrer propagierten Friedensabsicht vollkommen widersprachen, ja sich sogar in das Gegenteil verkehrten.

Man hatte das Westjordanland in A-, B- und C-Zonen (rein israelische, israelisch-palästinensische oder rein palästinensische Verwaltungsdistrikte) zerstückelt und der palästinensischen Autonomiebehörde die Kontrolle über 18 Prozent des Landes gewährt, während Israel selbst die Kontrolle über 61 Prozent behielt. Ferner wurde der Gaza-Streifen in gelbe, weiße, blaue und grüne Zonen aufgeteilt, wovon insgesamt 40 Prozent 6 000 israelischen Siedlern zufielen und eine Million Palästinenser in den Rest zusammengepfercht wurden. Das arabische Ostjerusalem trennte man von den Autonomiegebieten völlig ab.

Knapp 200 Quadratkilometer Land wurden enteignet, 1 200 palästinensische Häuser zerstört, über 80 000 Olivenbäume palästinensischer Bauern gefällt – die damit ihrer Lebensgrundlage beraubt waren –, um diese Flächen für den Bau von weiteren Siedlungen wie die Satellitenstädte Kiryat Sefer und Tel Zion sowie Schnellstraßen, die teilweise von Palästinensern nicht befahren werden dürfen, zu nutzen. Seit dem Jahr 1967 verdoppelte sich die Zahl der Siedler dadurch auf 400 000, wobei zusätzlich zu dem Territorium der Siedlungen Sicherheitszonen eingerichtet wurden. Zusammengefasst unterstehen diese Gebiete zu 90 Prozent israelischer Souveränität und wurden in den Friedensverhandlungen nicht erwähnt. Insgesamt baute Israel 480 Kilometer Schnell- und Umgehungsstraßen für die Siedler, die das Gebiet der Palästinenser in kleine isolierte Inseln zerschneiden und damit ein entscheidendes Hindernis für einen durchgehenden Staat sowie für eine überlebensfähige Volkswirtschaft darstellt.

Seit dem Golfkrieg verfügten die israelischen Behörden eine Abriegelung des Westjordanlandes und Gaza-Streifens, hinderten somit diejenigen, deren Grund und Boden sie enteigneten, daran, in Israel einer Beschäftigung nachzugehen. Man setzte ohnehin nun auf Arbeiter aus den ehemaligen Sowjetrepubliken oder Ostblockländern und Südostasien, da sie billiger und fügsamer sind. Darüber hinaus verweigerte man einem Großteil der palästinensischen Bevölkerung den Zugang zu Jerusalem, jenem Ort, der eine ihrer heiligsten Stätten beherbergt.

Auch das Wasser fällt unter israelische Kontrolle. Ein Großteil des im Westjordanland und Gaza-Streifen verfügbaren Wassers kommt einer Minderheit von Siedlern zugute. Die palästinensische Bevölkerungsmehrheit muss sich mit einem Minimum begnügen. Nicht selten ist das Wasser in den Dörfern und Städten mehrere Stunden am Tag abgestellt. Ebenso verhält es sich mit dem Strom.

Und als ob dies noch nicht genug sei, sind Palästinenser noch immer der Willkür der israelischen Armee und Polizei ausgesetzt, die sich nicht davor scheut, exzessive Gewalt anzuwenden. Verschiedenen Menschenrechtsorganisationen und dem Internationalen Roten Kreuz zufolge war dies auch während der Jahre des »Friedensprozesses« keine Seltenheit.

Derartig geschaffene Strukturen schürten den Unmut der palästinensischen Bevölkerung. Außerdem verdeutlichte diese Vorgehensweise die Missachtung der Bevölkerung und die höhnische Haltung der Israelis in einer wichtigen Frage: Was ist mit jenen Palästinensern, die in den Jahren 1948 und 1967 in die umliegenden Länder flüchten mussten?

Unter den gegebenen Bedingungen reiste der israelische Premierminister Ehud Barak nicht etwa mit weiteren Zugeständnissen an die Palästinenser in der Tasche nach Camp David. Ganz im Gegenteil! Er brachte ein Diktat mit – ein Friedens-

diktat. Vor seiner Abreise im August 2000 gab er so genannte
»Rote Linien« bekannt, die er unter keinen Umständen über-
schreiten wollte. Diese waren: die gesamte Altstadt von Jerusa-
lem einschließlich des Haram Al Sharif fällt unter israelische
Souveränität; es gibt keine Rückkehr zu den Grenzen von
1967; 80 Prozent der Siedler bleiben; keine Rückkehr auch nur
eines einzigen Flüchtlings. All dies sind israelischen Tabuthe-
men. Arafat wurde aufgefordert, die israelische Landkarte mit
den Siedlungen und der Kantonisierung sowie die Vorstellung
einer endgültigen Regelung der Flüchtlingsfrage zu akzeptie-
ren. Er lehnte zu Recht ab. Gewiss hätte er damit einen Bürger-
krieg riskiert.

Entgegen der gängigen Meinung, Ehud Barak hätte zum
einen alles daran gesetzt, den Frieden zu erreichen und wäre
zum anderen weiter als alle Premierminister vor ihm gegan-
gen, ist Folgendes zu bemerken: In Wahrheit hat er alles daran
gesetzt, das Tempo des Siedlungsbaus in den Autonomiegebie-
ten zu erhöhen (unter dem Vorwand bestehende zu erweitern)
und war zu keiner Zeit bereit, politische Konzessionen zu
machen. Selbst Benjamin Netanyahu hat mehr unternommen,
indem er den größeren Teil Hebrons den Palästinensern zu-
kommen ließ.

Sie erzählen der Welt, wie sehr sie sich um Kompromisse
bemüht haben, wie großzügig sie waren, wie sehr sie den
Frieden gewollt haben, und wie enttäuscht sie sind, dass
wir – die Palästinenser – sie haben hängen lassen. Dass
wir ihre guten Absichten mit Steinen und Terror *(obgleich*
es in den Jahren 1994 bis 1997 keine Attentate gegeben hat)
beantwortet haben, dass wir keine Partner für Frieden
sind, dass wir nie für den Frieden bereit gewesen wären
und dass sie die ewigen Opfer sind. Und deswegen müssen sie zur Gewalt greifen, weil sie sich zu verteidigen
haben, da wir die Aggressoren sind und ihnen ihr Land
streitig machen wollen. Das sind jene Lügen, die sie seit

geraumer Zeit in die Welt hinausschreien. Aber in Wirklichkeit sind wir es, die schon seit Jahrzehnten einen Befreiungskrieg gegen eine fremde Besatzung führen. Sie sind auf unserem Grund und Boden, nicht wir auf ihrem. Sie bauen Siedlungen in unserem Land, nicht wir in ihrem. Sie sind die Besatzer, auch wenn sie diesen Umstand nicht anerkennen wollen, und wir sind die Opfer ihrer rücksichtslosen und menschenverachtenden Besatzungspolitik. Das ist die Realität, und niemand kann sie in Frage stellen. Denn sie beruft sich auf Wahrheiten, auf tatsächliche Begebenheiten. Die Israelis sind es, die sich auf verdrehte Tatsachen und Lügen berufen ...

In einer Pressekonferenz präsentierte der israelische Premierminister Ehud Barak eine eigenwillige Darstellung der Ereignisse in den Jahren 1947 bis 1949. Daraus leitete er ab, dass Israel keinerlei Verantwortung für das Flüchtlingsproblem übernehmen müsse: Er sagte sinngemäß, dass die arabische Welt den Krieg begann. Sie war es, die die palästinensische Bevölkerung aufgerufen hätte, das Land zu verlassen und sie müsse aufgrund dessen die Verantwortung dafür übernehmen, dass die Palästinenser noch immer in Lagern leben.

Dem schlossen sich selbst linksgerichtete politische Persönlichkeiten Israels an und beschleunigten eine Gesetzesvorlage in der Knesseth, die in Zukunft jeder israelischen Regierung verbietet, über das Recht auf Rückkehr palästinensischer Flüchtlinge zu verhandeln.

Es stellt sich nun die Frage, wann es jemals in der Menschheitsgeschichte ein Volk gab, das seine Habseligkeiten und Wurzeln zurückließ und aufgrund einer bloßen Aufforderung freiwillig aus seinem Land und seiner Heimat flüchtete. Man wird zu dem Schluss gelangen, dass es so einen Fall nie gegeben hat, auch nicht in Palästina.

Lässt man diese und all jene eingangs erwähnten Fakten jedoch beiseite, die eindeutig gegen eine ernstzunehmende Frie-

densabsicht sprechen und betrachtet man Baraks Regierungs-
konstellation, so kommen einem starke Zweifel, ob er über-
haupt in der Lage gewesen wäre, den Palästinensern entgegen-
zukommen. Denn Barak hätte entsprechende Vorlagen nie in
der Knesseth durchbringen können, da er keine Mehrheit im
israelischen Parlament erzielen konnte. Nach seiner Rückkehr
aus Camp David sah er sich mit gravierenden innenpolitischen
Problemen konfrontiert und begann Maßnahmen zu ergreifen,
um seine Regierung zu retten. Besonders tragisch war hierbei
seine Entscheidung, Ariel Sharon – der für die Massaker an
Palästinensern in den Flüchtlingslagern Sabra und Shatila in
Beirut verantwortlich war und mit welchem Barak eine Koali-
tionsregierung zu bilden hoffte – einen Besuch auf dem Haram
Al Sharif auf dem Tempelberg zu gestatten, der drittheiligsten
Stätte des Islam. Die Proteste gegen diesen Besuch weiteten
sich rasch zu einem Volksaufstand und zu der Al-Aqsa-Intifada
aus, in der sich die über Jahre aufgestaute Enttäuschung und
Erniedrigung der Palästinenser entlud.

Nachdem ich in Dschenin im Krankenhaus gelegen hatte,
wurde ich nach Jericho überführt. Durch die täglichen
Übungen mit einem Krankengymnasten regenerierten
sich die Muskeln und nach wenigen Monaten waren die
Verletzungen vollkommen verheilt und ich konnte wieder
normal gehen.

Ich war zu lange von meiner Arbeit weg gewesen, als
dass Ovadia mir die Stelle hätte freihalten können.
Außerdem gab es inzwischen keine Möglichkeit mehr,
nach Israel zu kommen. Und mit Beginn der Al-Aqsa-Intifada und insbesondere aufgrund der zunehmenden
Attentate hatte die israelische Armee nicht nur die Autonomiegebiete abgesperrt. Selbst von einer Stadt zur anderen, von einer Ortschaft zur nächsten gab es kein Fort-
kommen. Überall waren Kontrollpunkte der israelischen
Armee errichtet worden, die man nur in den seltensten

Fällen passieren kann. An manchen haben die Soldaten sogar den Befehl, ohne Vorwarnung zu schießen, falls sich Fahrzeuge oder Passanten nähern. Nablus *(Stadt im Norden des Westjordanlandes, nur wenige Kilometer von Dschenin entfernt)* ist dadurch völlig isoliert. Die Bewohner sind in der Stadt eingesperrt. Wir sind wieder dahin zurückgefallen, wo wir angefangen haben. Weit vor der Intifada Al Kubra *(erste Intifada in den Jahren 1987–1993)*. Unser Traum von einem eigenen Staat, von einem Ende der Besatzung hat sich als Illusion erwiesen.

Nachdem ich nun keine Beschäftigung hatte, begann ich meinem Onkel Abu Omar in seinem Lokal auszuhelfen. Mein Vater und ich teilten uns die Arbeit auf. Er übernahm die Frühschicht und ich stieß nachmittags hinzu und schloss am Abend den Laden. Das Geschäft lief im Vergleich zu anderen Läden ganz gut. Aber nach wenigen Monaten spürten auch wir, dass die Menschen einfach kein Geld mehr hatten. Woher auch! Diejenigen, die eigentlich in Israel gearbeitet hatten, waren nun von einer Verdienstmöglichkeit ausgeschlossen, die ihnen ein Überleben ermöglicht hätte. Der palästinensische Warenverkehr in den Autonomiegebieten kam oft genug zum Erliegen, da die Transporter und Lastwägen die Kontrollpunkte nicht passieren durften. Verhungern wird niemand, aber die Ohnmacht der Leute ist groß. Zu groß!

Wir schlossen den Laden um zwei Uhr nachmittags. Um diese Uhrzeit war auf dem Souk ohnehin nichts mehr los. Zum einen, weil inzwischen die Kunden ausblieben, zum anderen weil die Angst vor israelischen Angriffen die Menschen in die heimischen vier Wände trieb. Das Leben ist zum Stillstand gekommen. Was den Menschen bleibt, ist dumpfes Vor-sich-hin-vegetieren.

Abends, wenn die Sonne ihr Haupt senkte und die Straßen nach und nach leerer wurden, saß ich im Muchajiam bis spät in die Nacht hinein mit den Shabab zusammen. Einige von ihnen hatten sich bereits bewaffnet. Wir unterhielten uns über dieses und jenes, kamen aber immer wieder auf diejenigen zu sprechen, die sich in den belebten Geschäftsteilen der israelischen Großstädte mittels eines Sprengstoffgürtels in die Luft gesprengt hatten. Jene, die eine Amalije Istisch'hadije *(eine Märtyreroperation)* begangen hatten. Sie waren aus Bethlehem, Tulkarem, Hebron, Toubas, Kufradan, Jericho, Dschenin gekommen, einfach von überall her, ob nun Palästinenser aus dem Westjordanland, dem Gaza-Streifen oder aus Israel. Einige der Jugendlichen und jungen Männer waren sogar aus unserer Nachbarschaft gewesen.

Und wenn ich nach Hause kam, saß Vater noch immer vor dem Fernseher, sah die neuesten Nachrichten darüber, wo der letzte Anschlag stattgefunden hatte, wie viele Tote und Verletzte es gegeben hatte und welche palästinensischen Städte in wenigen Stunden mit der israelischen Vergeltung rechnen mussten. Wie alle wünschte auch er sich eine umfassende Konfrontation, koste es, was es wolle. Die Verzweiflung war so groß, der innere Druck so stark, dass er das Gefühl hatte: Diesmal geht es ums Ganze; entweder wir oder sie. Und wenn sie uns bombardieren und uns damit ausradieren? Sollen sie doch. »Für das Muchajiam reichen vier, fünf Bomben. Vielleicht nicht einmal soviel«, hatte Vater gesagt. »Wir werden alle auf der Stelle tot sein«, gab ich ihm zur Antwort. Er wandte seinen Blick vom Fernseher ab, drehte sich zu mir um und schaute mich mit einer Ernsthaftigkeit an, die mir bis dahin fremd gewesen war. Dann sagte er: »Weißt du, mein Sohn, Sterben ist besser als so weiterzumachen wie bisher.« Hinter ihm flimmerten die Bilder von Toten, die unter den Trümmern der von israelischen Bomben zerstörten Häuser geborgen wurden. Ich war sprachlos. Noch nie hatte er Vergleichbares gesagt. Er war immer derjenige gewesen, der alle zum Weitermachen ermutigte. Aber die Bilder, die er bis zum heutigen Tage gesehen hatte, die Verluste, die er in seinem Leben ertragen musste, hatten ihn überrannt. Sie hatten ihm all seine Hoffnungen genommen. Resignation stand ihm ins Gesicht geschrieben.

Alle schliefen. Mein Bruder lag neben mir und schnarchte. Licht fiel von der Gassenbeleuchtung in das Zimmer direkt auf mein Gesicht. Es war mir egal, beschäftigte ich mich doch gerade mit der Frage, was ich machen könnte. Ich hatte es satt, jeden Tag einige Stunden im Al-Sham zu arbeiten, ansonsten untätig herumzusitzen und zu warten. Unser Nachbar hatte gesagt, es sei das einzig Wichtige, dass wir lebten. Denn das Leben sei ein Geschenk Allahs. Doch im selben Augenblick, in dem ich mir seinen gebeugten Gang in Erinnerung rief, mit dem er nach diesen Worten seinen Weg fortgesetzt hatte, erkannte ich, dass wir keineswegs leben. Nein! Wir atmen, wir essen, wir schlafen – wir sind am Leben. Aber wir leben nicht!

Plötzlich brach draußen die Hölle los. Lautes Gewehrfeuer, Maschinengewehrsalven, Granaten. Ein Lärm, der mir ins Mark fuhr und mich und meinen Bruder aufschrecken ließ. Nur wenige Gassen weiter schienen einige der bewaffneten jungen Männer auf ihren nächtlichen Streifzügen durch das Muchajiam einer israelischen Militär-Patrouille begegnet zu sein, die den Schutz der Dunkelheit ausnutzte. Sie mussten sich am Rande des Lagers befinden, denn die Einheiten der Armee trauten sich nicht weiter in das Labyrinth des Lagers hinein. Die Schüsse hallten zwischen den Wänden der Häuser. Sie vermischten sich mit revolutionären Liedern und Sirenen. Die Geräuschkulisse machte mich nicht nur wütend. Nein, der Lärm trieb mich an, brachte mein Blut zum Kochen, ließ mich noch mehr Zorn empfinden, sodass ich aufsprang, um mich nach draußen zu begeben. Raus zu den Shabab, ihnen zu Hilfe eilen, mit ihnen kämpfen. Doch Farid hielt mich zurück. Er sagte, dass es ihm nicht anders ergehen würde, dass er mich verstehe, aber ich hätte nichts, mit dem ich den Soldaten gegenübertreten könnte. Er hatte Recht. Ich beruhigte mich. Doch in dieser Nacht fasste ich den Entschluss, nicht so weiterzumachen wie bisher. Ich wollte etwas unternehmen. Ich musste etwas unternehmen …

Am nächsten Morgen lief mir Daoud, ein junger Mann aus der Nachbarschaft, über den Weg. Ich wollte gerade Eier bei Abu Kasim holen, der einen kleinen Laden einige Gassen weiter führte, der Treff- und Angelpunkt des Muchajiams. Daoud war wie mein verstorbener Freund Muhammad – Allah yirhamu! Gott möge seiner Seele gnädig sein! – ein Kind des Muchajiams. Auch er hatte nur selten einen Fuß aus dem Lager am Rande Dschenins gesetzt. Er war groß, schmächtig und hatte einen roten Wuschelkopf. Wenn man auf eine Menschenansammlung traf, aus der ein leuchtendroter Kopf herausragte, dann konnte man davon ausgehen, dass es Daoud war. Er hatte eine Misbaha (die traditionelle Gebetskette) dabei und pries im Gehen den Namen Allahs. Ich warf ihm ein »Salamu Aleikum!« zu. Er blieb stehen und begrüßte mich mit einem »Aleikum A' Salam!« Er fragte, ob auch ich das Feuergefecht der letzten Nacht vernommen hätte. Ich bejahte. Nur einem Tauben hätte dieser Lärm entgehen können. »Fi Shahid? Gab es Tote?« Ich sagte, dass ich es nicht wüsste. Aber sobald ich Abu Kasims Laden beträte, würde sich ein Schwall von Neuigkeiten über die Ereignisse der gestrigen Nacht über mich ergießen. Daoud lächelte amüsiert. Dann verabschiedete er sich. Ich ging zu Abu Kasim, kaufte Eier, ließ das übliche Getratsche über mich ergehen, ohne aber zu erfahren, ob es Tote gegeben hatte, und kehrte nach Hause zurück. Mein Vater und meine Geschwister hatten das Haus bereits verlassen. Ich machte mir ein paar Rühreier und setzte Tee auf. Dann nahm ich das Frühstück und begab mich auf jenes Dach, von welchem ich während der Intifada die israelischen Soldaten beworfen hatte. Die Sonne schien mir auf den Kopf, während in mir schmerzliche sowie erfreuliche Erinnerungen aus vergangenen Jahren hochstiegen. Den gesamten Vormittag badete ich in ihnen. Stunden später schaltete ich das Radio ein. Meldungen aus Bethlehem. Meldungen aus Ramallah. Meldungen aus Hebron. Dann eine Meldung von einem Amalije Istisch'hadije. Ein Selbstmordattentat vor dem Bahnhof eines kleinen Ortes in der Nähe von Haifa. Zwei tote Soldaten und einige Verletzte. Dann der Name des Shahid. Nein! Ich hatte gerade in einen Apfel gebissen, doch das Stück blieb mir jetzt im Halse stecken. Ich hustete, rang nach Luft, klopfte mir auf die Brust, bis ich es wieder losgeworden war. Das konnte nicht sein. Der Märtyrer war Daoud. Ein seltsames Gefühl überkam mich. Ich hatte ihn noch heute Morgen gesehen, wie er in aller Seelenruhe im Muchajiam herumspazierte. Nicht das kleinste Anzeichen, dass er wenig später zu solch einer Tat schreiten würde. Oder doch? Er hatte die Misbaha in der Hand gehabt. Aber Daoud war nun einmal mutadajin *(gläubiger Muslim)*. Also doch kein Hinweis! Natürlich hatte ich schon von vielen anderen Shuhada *(Märtyrern)* gehört, die noch kurz vor dem Betätigen des Auslösers nicht einmal den Anflug von Nervosität an den Tag legten. Aber Daoud? Unglaublich! Ich war fassungslos …

Als ich mich wieder gefangen hatte, stellte ich ihn mir vor. Vermutlich hatte er wie viele andere einen Sprengstoffgürtel um den Bauch gebunden. Oder er hatte eine Tasche mit einer Bombe und Nägeln gefüllt. Er musste über Schleichwege nach Israel gelangt sein. Sicherlich hatte er eine Begleitperson dabei gehabt, die ihn dorthin brachte. Ich fragte mich, wie es sich wohl anfühlt zu wissen, dass man in der nächsten Sekunde in unzählige Stücke gerissen wird. Kurz davor Al Fatha *(eine Sure aus dem Koran)* zitiert. Der Auslöser. Bi'ismilhaheh Ar Rahman Ar Rahim! Im Namen Gottes, des Barmherzigen! Dann das ewige Licht! Allah yirhamak, ya Daoud! Gott möge deiner Seele gnädig sein, Daoud!

Vermutlich reichen die Ursprünge des Märtyrertodes bis ins Jahr 620 n.Chr. zurück. Ali, der Schwiegersohn des Propheten Muhammad, legte sich in das Bett des Propheten, als er erfahren hatte, dass dieser im Schlaf ermordet werden sollte. Doch die Täuschung blieb nicht unerkannt. Die Attentäter bemerkten, dass jener, der im Bett lag, nicht Muhammed war und ließen von Ali ab. Allah hat Ali vor dem Tod bewahrt, da er seine Bereitschaft für den Propheten zu sterben und damit auch seine Loyalität und bedingungslose Hingabe zum Islam unter Beweis gestellt hat. Sein Tod anstelle des Propheten und der damit verbundene Tod für den islamischen Glauben war ein erstrebenswertes Ende, das göttliche Gnade verheißt. Doch lässt sich der Martyrertod auch auf ein weiteres Ereignis zurückführen, dem die schiitischen Muslime jährlich am Muharam-Fest gedenken. Im Jahre 680 n.Chr. trat ein Sohn Alis, der Imam Hussein, mit 72 seiner Kämpfer bei Kerbala, das sich im heutigen Irak befindet, einer zahlenmäßig weit überlegenen Streitmacht entgegen. In dieser Schlacht wurden Hussein und seine Gefolgsleute regelrecht niedergemetzelt. Den Schiiten zufolge gelangten sie von dort direkt in Al Janeh, direkt in das Paradies.

Auch wenn für die Muslime der Suizid an sich haram (eine Sünde) ist, stellt der Märtyrertod insbesondere für die Schiiten den Heldentod dar, der von Allah und der Umma (Gemeinschaft der gläubigen Muslime) besonders bewundert und vergütet wird. Es ist ein ehrenhafter Tod. Der Märtyrertod ist demnach eine Form der religiösen Hingabe. Er ist ein Akt der Selbstopferung für die heilige Sache – den Glauben. Im Islam wird dies u. a. mit der dritten Sure des Korans begründet: »*Und betrachte*

nicht diejenigen, die auf Allahs Wegen gefallen sind, als tot.
Nein! Sie leben bei ihrem Herrn, und sie werden dort versorgt.«
(Sure 3; Vers 168)

Es war das erste Mal, dass der Shahid jemand aus meinem Umfeld war. Jemand, den ich fast täglich gesehen hatte. Und nun war er im Jenseits und lebte dort fortan weiter – an der Seite Allahs.

Eine Woche später gaben die Israelis seine Überreste frei. Sie wurden seiner Familie überstellt. Vor dem Elternhaus Daouds hatten sich alle Shabab des Muchajiams versammelt, mich eingeschlossen, um dem Shahid die letzte Ehre zu erweisen. Die Musalahin, die Bewaffneten, hielten ihre Gewehre in die Höhe und gaben immer wieder Schüsse ab.

Nur bei besonderen Anlässen zeigen sich die Musalahin in der Öffentlichkeit mit ihren Waffen. Die Gefahr, von einem Kollaborateur verraten zu werden, ist zu groß. Denn sollten die israelischen Sicherheitsbehörden und die Armee von einer Person erfahren, die sich bewaffnet hat, wird sie automatisch zu einem Matlub, einem offiziell von Israel gesuchten Terroristen.

Eine riesige Ansammlung von Menschen aus dem Flüchtlingslager machte sich auf den Weg, den Wagen mit den Überresten Daouds zu dem Friedhof der Shuhada am Rande des Muchajiams zu begleiten. Die Atmosphäre war ziemlich angespannt. Wir trauerten um Daoud. Eine gegen die israelische Besatzung gerichtete Wut erfüllte die Menschenmenge. In die Luft abgegebene Schüsse begleiteten unsere Rufe und revolutionären Lieder. La illaha illalah! Es gibt keinen Gott außer Gott! Wieder Gewehrschüsse. Allahu Akbar! Gott ist groß! Erneut hallten Gewehrsalven zwischen den Wänden der Häuser des Lagers. Bilrouh, bildamm, nasdika, ya shahid. Unser Blut, unsere Seelen werden wir dir geben! Tränen trauender Frauen. Schweigend marschierende Kinder. Mit Stolz erfüllte Männer. Dennoch war es kein Trauermarsch im üblichen Sinne. Denn unser Blut kochte. Wir demonstrierten. Wir verfluchten die israelische Besatzung. Wir verfluchten die USA, die den Israelis freie Hand lässt, uns unser Land zu rauben. Es war eine Kampfansage der Massen. Ich hatte mich ihrem Tun und ihren Ausrufen angeschlossen. Ich brodelte innerlich bei dem Gedanken an Mutter, die sie auf offener Straße erschossen hatten, bei dem Gedanken an Muhammad, der von ihnen zu Tode geprügelt wurde, bei dem Gedanken an jene Zeit, die ich ihnen wehrlos ausgeliefert gewesen war und die ich nur knapp überlebt hatte. Bei dem Gedanken an Daoud, der zu allem entschlossen sie mitten ins Herz getroffen hatte und bei dem Gedanken daran, dass sie unser aller Zukunft mit Füßen traten.

Auf diesem Trauermarsch lernte ich Jamal kennen. Ein Freund stellte mich ihm vor. Er ist eine wichtige Person der Bewegung des Dschihad Al Islami *(eine Organisation, der viele Selbstmordanschläge angelastet werden)*, da er viele der Attentate plant und durchführt. Er ist derjenige, der die Anwärter auswählt, ihnen Zeit und Einsatzort mitteilt und den Sprengstoff besorgt. Auf der schwarzen Liste der Israelis steht er ganz oben. Deshalb hat er meist sein Gewehr dabei und ist, wo auch immer er hingeht, unentwegt von mehreren, schwer bewaffneten Leibwächtern umgeben. So war es auch an diesem Tag. Nur hatte er sein eigenes Gewehr zu Hause gelassen. Verärgert sagte er, dass wir Daoud die letzte Ehre erweisen wollten und nicht wahllos unsere Munition verschießen sollten. Wir würden sie noch bitter nötig haben. Spätestens dann, wenn die Israelis wieder in das Muchajiam eindringen. Von ihm bekäme kein einziger auch nur eine Patrone. Und als ob er es geahnt hätte, kam wenige Momente später ein Muslalah auf ihn zu und bat ihn um Munition. Jamal winkte wortlos ab.

Da die Waffen, welche die Sicherheitsbeamten der Autonomiebehörde und die Polizei benutzen, nicht zu gebrauchen sind – meist handelt es sich dabei um alte Kalaschnikows –, suchen die Shabab Möglichkeiten an modernere Gewehre und entsprechende Munition zu kommen. Fündig werden sie auf dem Schwarzmarkt. Sie kaufen diese zu horrenden Preisen von israelischen Händlern. Da die meisten aber arbeitslos sind, demnach weder Einkommen noch Ersparnisse besitzen, sich aber gegen die israelische Armee zur Wehr setzen wollen, müssen sie sich hoch verschulden und mit der Munition sparsam umgehen.

Jamal fragte mich nach meiner Beschäftigung. Ich sagte ihm, dass ich ab und zu in dem Lokal meines Onkels, im Al-Sham arbeiten würde und ansonsten eigentlich nicht viel unternähme. Einen Moment lang überlegte ich, ob ich ihn nach einer Waffe fragen sollte, war ich doch entschlossen, mich dem Kampf der Shabab anzuschließen. Doch Zeitpunkt und Ort waren wahrlich ungünstig. Wir befanden uns auf der Beerdigung von Daoud. Ihm sollten wir ein letztes Mal unsere Aufmerksamkeit widmen. Sicherlich wäre mein Verhalten Jamal missfallen. Es würden sich noch andere Gelegenheiten ergeben

Nicht eine einzige Person im Muchajiam stellte Daouds Tat in Frage. Alle waren einhellig der Meinung, dass er sich für den Al Kadijeh Al Phalastinijeh, für den palästinensischen Freiheitskampf geopfert hatte. Allah yirhamu! Gott möge seiner Seele gnädig sein! Er war ein Shahid, ein Märtyrer, dessen Familie nun großes Ansehen genoss. Noch am selben Tag wurden im ganzen Lager die Hauswände mit Plakaten beklebt, auf welchen

Daoud mit einem Gewehr in der Hand abgebildet war. Immer wenn ich an seinem Porträt vorbeilief, dachte ich an die Worte meines Vaters. Sie hatten sich zwischenzeitlich in meinem Kopf eingebrannt. »Sterben ist besser als so weiterzumachen wie bisher!« Er hatte Daouds Tat nicht gutgeheißen. Aber missbilligt hatte er sie auch nicht. Denn wir erleben täglich, wie unsere Leute liquidiert werden. Wir Palästinenser zahlen seit mehr als fünfzig Jahren immer wieder mit unserem Leben. Und warum? Weil wir Araber sind. Weil wir palästinensische Araber sind. Und ein Ende ist nicht abzusehen. Wenn man meint, allein gegen alle anderen zu stehen, glaubt man doch irgendwann, nichts als den eigenen Körper zu haben.

Im Herbst 1986 veröffentlichte man in der israelischen Presse ganzseitige Inserate, in denen dazu aufgerufen wurde, an einer Großkundgebung teilzunehmen, die am 7. Oktober stattfinden sollte, welche den Zweck hatte, die Solidarität mit den Mitgliedern des »Jüdischen Untergrunds« zu bekunden. Darüber hinaus wurde in den Anzeigen deren Begnadigung und Entlassung aus dem Gefängnis gefordert. Die Vorgeschichte hierzu ist die folgende:

Am 18. Juni 1980 explodierten in den Autos zweier Bürgermeister im Westjordanland Bomben. Bassam Schaka aus Nablus verlor beide Beine und Karim Halaf aus Ramallah einen Fuß. Ein Sprengstoffexperte der Armee wurde zu Rate gezogen, um den Wagen eines dritten Bürgermeisters, Ibrahim El Tawil aus Al Bireh, zu überprüfen. Als der Soldat das Garagentor öffnete, detonierte eine Sprengladung direkt vor seinem Gesicht. Er erblindete. Die drei Bürgermeister, die man ins Visier genommen hatte, waren Mitglieder des Nationalen Palästinensischen Lenkungsausschusses, einer Einrichtung politischer Führer im Westjordanland, die sich der israelischen Okkupation widersetzte und unter der Schirmherrschaft der PLO agierte.

*Drei Jahre später wurde ein weiteres Attentat auf die paläs-
tinensische Bevölkerung verübt. Ein Lieferwagen fuhr auf den
Hof des Islamischen College in Hebron. Die Insassen eröffneten
das Feuer und warfen Handgranaten auf die Studenten. Drei
Menschen wurden getötet und dreiunddreißig verletzt.*

*Ein Jahr darauf, im Mai 1984, verhaftete der Shin Bet acht-
undzwanzig Personen, allesamt jüdische Siedler aus den besetzten Gebieten, die verdächtigt wurden, der Gruppierung
»Jüdischer Untergrund« anzugehören. Während ihrer Vernehmung gestanden sie, die Anschläge auf die Bürgermeister und
das Islamische College verübt zu haben. Ferner gestanden sie
ein weiteres Vorhaben: Sie hatten die Absicht die beiden Mo-
scheen auf dem Tempelberg in die Luft zu sprengen, um für den
Aufbau eines jüdischen Tempels Platz zu schaffen.*

*Von diesen achtundzwanzig Männern wurden drei des
Mordes angeklagt und erhielten lebenslänglich, während man
zwei weitere zu sieben Jahren Freiheitsstrafe verurteilte. Die
Übrigen waren mit relativ leichten Strafen davon gekommen
und wurden nach kurzer Zeit entlassen.*

*Erschütternd an diesem Vorfall war die Tatsache, dass die
Mitglieder des »Jüdischen Untergrunds« von ihrem politischen Gesellschaftsbereich nicht etwa geächtet wurden. Man
jubelte sie zu opferbereiten Bürgern hoch, die vielleicht ein wenig vom rechten Weg abgekommen sein mochten. Sie hatten
das ausgeführt, was andere nicht selbst zu unternehmen wag-
ten, obgleich sie es auch als notwendig erachten würden. Die
Aktivisten des Gusch Emunim (politische Bewegung, die für
ein »Groß-Israel« einschließlich des Westjordanlands eintritt)
unternahmen erhebliche Anstrengungen, um die Freilassung
der »Untergrund-Mitglieder« zu erwirken. Man brachte Peti-
tionen zu ihrer Unterstützung in Umlauf, die von einem nicht
unerheblichen Teil der israelischen Bevölkerung unterschrieben
wurden, und setzte damit den Präsidenten von Israel unter
massiven Druck, die Inhaftierten zu begnadigen.*

Der Keim zu meinem Entschluss war bereits am Tage der Beerdigung Daouds gelegt. Die Gefühle waren mit mir durchgegangen. Ich hatte gesehen und erlebt, wie die Menschen um mich herum dachten, wie sie fühlten und welche Opfer sie zu erbringen bereit waren. Ich hatte Jamal kennen gelernt, an den ich entschlossen herantreten wollte, zum einen, um mich zu bewaffnen und zum anderen, um ihm auf den Zahn zu fühlen, was die Amalijat Al Istisch'hadije, die Märtyreroperationen anging.

Es war ein Freitagabend. Ich erinnere mich deshalb daran, weil ich zum Freitagsgebet gegangen war. Da ich nicht sehr mutadajin gewesen bin, war es recht ungewöhnlich, mich in der Moschee anzutreffen, obgleich mein Vater mich oft genug dazu gedrängt hatte. Dort habe ich Jamal und Taoualbeh gesehen. Taoualbeh ist ebenfalls einer der Köpfe des Dschihad. Er ist derjenige, der den Sprengstoff besorgt und die Bomben baut. Taoualbeh steht auf der schwarzen Liste der Israelis noch vor Jamal.

Ich saß an diesem Abend vor dem Laden von Abu Kasem und unterhielt mich mit Mahmud, einem Jugendlichen aus der Nachbarschaft, der ebenfalls Waffen trug. Ich bat ihn darum, mir sein Gewehr zu geben. Es war nicht so eine alte Kalaschnikow, wie sie so manch anderer trug. Nein! Es war eine nagelneue M16. Ich nahm sie in die Hand, hielt das Visier vor mein rechtes Auge und zielte auf einen Strommast, den ein Panzer gerammt hatte und der deshalb umgeknickt war. Es war das erste Mal in meinem Leben, dass ich eine Waffe in den Händen hielt und es überkam mich ein Gefühl der Stärke. Ich musste mir ebenfalls eine M16 zulegen. »Wie viel hast du dafür bezahlt?« fragte ich Mahmud. Er antwortete, dass er stolze 21 000 Schekel nur für das Gewehr hinlegen hatte müssen. Die Munition kostete extra. Woher aber so viel Geld nehmen, dachte ich mir. Vor allem verstand ich nicht, wie Mahmud an diese Summe gekommen war. Er sagte, dass er sie sich von einem Freund geliehen hatte, der in der Bank Al Arab arbeitete und sich einen kleines Vermögen zusammengespart hatte. Irgendwann müsste er es ihm allerdings wieder zurückzahlen. Inscha'allah! Mir stellte sich nun das schwerwiegende Problem, dass ich für den Kauf eines solchen Gewehres nicht genügend Geld hatte. Ich dachte nach, fragte Mahmud, ob er eine Idee hätte, aber ohne Erfolg. Onkel Abu Omar könnte es mir sicherlich leihen. Wenn er aber erfahren sollte, und das konnte ich ihm bei einer Summe wie dieser nicht verheimlichen, dass ich mir davon eine Waffe kaufen wollte, dann würde ich mit meiner Bitte auf taube Ohren stoßen. Es war nicht so, dass er die Bewaffneten verachtete. Ganz im Gegenteil! Er bewunderte ihr Durchhaltevermögen und ihren erbitterten Widerstand, den sie der israelische Armee entgegenbrachten, wenn diese versucht war, in das Muchajiam einzudringen. Aber er selbst wollte damit nichts zu tun haben. Und das galt auch für seine Söhne und die seines Bruders. Kaum hatte ich den Gedanken, eine M16 zu kaufen, verworfen, tauchten Jamal und Taoualbeh in Begleitung eines Trosses von Leibwächtern auf. »Salamu Aleikum!«, grüßte uns Jamal. Mahmud stand auf und erwiderte mit einem »Aleikum A'Salam!« Auch ich grüßte die beiden. Sie waren guter Dinge, obgleich in Jamals Gesicht eine gewisse Anspannung zu erkennen war. Aber ich denke, dass dies in Anbetracht seiner Situation vollkommen normal war. Denn die Apache-Hubschrauber kreisten auch heute wieder über dem Muchajiam. Hätten sie gewusst, wo sich die beiden aufhielten, hätten sie die gesamte Straße und die umliegenden Häuser in Schutt und Asche gelegt, nur um zwei Männer zu liquidieren, die auf ihrer Abschussliste standen. Mahmud teilte Taoualbeh mit, dass es zusehends gefährlicher werde, die Sprengsätze auch tagsüber unter dem Asphalt zu lassen. Von Tag zu Tag werde es heißer und das Risiko einer Detonation aufgrund des Temperaturanstiegs wäre nicht auszuschließen. Taoualbeh teilte seine Bedenken. Nur könnte es durchaus sein, dass sich die Israelis auf eine andere Strategie verlegten und zur Abwechslung auch tagsüber in das Lager einfallen könnten. In diesem Fall wären wir ihnen schutzlos ausgeliefert. Mahmud zeigte sich einsichtig. Ich hatte sein Gewehr noch immer umgehängt und hielt es in beiden Händen. Jamal schaute mich fragend an. Er hatte mich noch nie bewaffnet gesehen. Ich erklärte ihm, dass es nicht mir gehöre. »Aber du scheinst Interesse zu haben, uns zu unterstützen!« Ich erwiderte, dass ich nicht genug Geld besäße, um mir eine M16 leisten zu können. »Da lässt sich sicherlich etwas machen«, gab er mir zur Antwort. »Komm am besten morgen Abend bei uns vorbei! Mahmud weiß, wo du uns finden kannst!« Dann verabschiedeten sich Jamal und Taoualbeh und verschwanden mitsamt ihren Leibwächtern.

Er hielt sein Wort. An dem darauffolgenden Abend suchte ich zusammen mit Mahmud Jamal auf. Er hatte eine gebrauchte M16 besorgt. Ich hätte mir allerdings auch diese nicht leisten können. Doch er überließ sie mir, ohne auch nur einen Agora *(100 Agora entsprechen einem Schekel)* dafür zu verlangen. Er sagte, dass sie Männer bräuchten, die sich dem bewaffneten Kampf um unser Land anschlossen. Seit dem Ausbruch der Al-Aqsa-Intifada hatten die Israelis das Muchajiam unentwegt im Visier gehabt, weil hier die meisten Märtyrer beheimatet waren. Sie betrieben die Politik der Vergeltung, besonders nachdem Sharon neuer Premierminister geworden war. Das bedeutete, dass ein Attentat mit Militärschlägen beantwortet wurde. Und es traf immer jene Ortschaften, aus denen die Shuhada stammten. Die isra-elische Armee hatte es allerdings bisher nicht schaffen können, in unser Lager einzudringen, zum einen, weil es zu unübersichtlich ist und zum anderen, weil sie auf solch vehementen Widerstand stießen, der sie zumindest bislang zurückschrecken ließ. Aus diesem Grunde war jeder einzelne neu hinzukommende Kämpfer Gold wert.

Jamal gab mir noch Munition, die ich allerdings dann bezahlen konnte, wenn ich ihn beim nächsten Mal traf. Wie sollte ich ihm für all das danken? Er hatte mir ein Gewehr überreicht, für das andere ein halbes Vermögen hinblättern mussten. Doch er verstand es als Leihgabe. Und obgleich wir uns noch nicht lange kannten, wir nur wenige Worte gewechselt hatten, die sich auf die Alltäglichkeiten des Lebens unter der israelischen Besatzung beschränkten – ein Umstand, der uns hier alle auf Gedeih und Verderb miteinander verbindet –, vertraute er mir ohne auch nur den Anflug eines Zweifels. Dieses entgegengebrachte Vertrauen versetzte mich zuweilen sogar in Verlegenheit.

Es waren Tage und Wochen vergangen, seitdem mir Jamal das Gewehr gegeben hatte. Ich war oftmals mit Mahmud und meinem neuen Gefährten, meiner Waffe, auf eine der Anhöhen über dem Muchajiam gegangen. Wir schossen auf Blechdosen, so wie man es aus Filmen kennt. Ich schulte meinen Blick. Meine Treffsicherheit verbesserte sich von einer Stunde auf die nächste, von einem Tag auf den anderen. Diese Übung erinnerte mich an die Schulzeit mit Muhammad, an unsere nachmittäglichen Ausflüge auf die Felder und Wiesen in der Nähe der Schule. Und es erinnerte mich an jenen Tag, als er seine Schlingschleuder ausgepackt hatte. Jetzt aber ging es nicht darum, kleine Vögel mit einem Stein zu erlegen, um sie wenig später über einem Feuer zu braten und dann genüsslich zu verzehren. Mahmud und ich lagen hier oben auf dem steinigen Boden und zielten auf Gegenstände, um den Ernstfall zu trainieren, um unser Leben und das der Bewohner des Muchajiams zu verteidigen. Hier ging es um die Kadijeh Al Phalastinijeh. Wir waren beide entschlossen, im Falle einer Auseinandersetzung mit der israelischen Armee bis aufs Äußerste zu kämpfen und unser Leben für unser Land, für unsere Freiheit, für unseren Glauben zu geben.

Nachdem im Dezember 2000 Ehud Baraks Regierung zerbrach und er von seinem Amt zurücktrat, wurden in Israel Neuwahlen für den 6. Februar 2001 festgesetzt. Likud-Politiker Ariel Sharon, glühender Verehrer des rechtsgerichteten Jabotinsky, Politiker der eisernen Faust und Auslöser der neuen Intifada, wurde neuer Premierminister. Im Hinblick auf die Attentate war eines seiner wichtigsten Wahlversprechen an die israelische Bevölkerung die Schaffung von Sicherheit durch Stärke. Dieses Ziel schien jedoch illusorisch in Anbetracht der Verweigerung von Zugeständnissen an die Palästinenser. Also begann er im neuen Gewand des Premierministers den alten Feldherrn zu geben. Nun konnte er Stärke demonstrieren. Das Oslo-Abkommen erklärte er für tot, so wie er es schon vor Monaten prophezeit hatte. Denn Premierminister Sharon hatte seinen alten Feind Arafat und dessen Hintersassen im Visier. Dies zeigte sich insbesondere in seiner Fernsehansprache vom 3. Dezember 2001, in der er einen Krieg gegen den Terrorismus verkündete:

»Wir haben viele Kriege geführt und sind aus allen siegreich hervorgegangen. Unsere Feinde haben wir besiegt und einen Frieden geschlossen. Wir haben das Schwert geführt und die Wüste zum Blühen gebracht. Wir haben Landwirtschaft und Industrie aufgebaut, wir haben Städte errichtet und Israel zu einem Vorbild für viele Länder gemacht. All dies werden wir fortführen und wir werden niemals damit aufhören.

Man hat uns einen Terrorkrieg aufgezwungen – einen Krieg, dem jeden Tag viele unserer Mitbürger zum Opfer fallen. Das Ziel der Verantwortlichen ist es, uns zu vertreiben. Doch das wird ihnen niemals gelingen. Nicht eine Nation die-

ser Welt würde solche Ausdauer und Ernsthaftigkeit beweisen wie wir es tun …

Selbst wenn diese Terroristen einsehen, dass sie nie den Sieg davontragen werden, so schlachten sie dennoch weiter unschuldige Zivilisten ab, und das nur des Mordens wegen. Aus unserer ewigen Hauptstadt Jerusalem erkläre ich nun, dass wer uns umbringen und vertreiben will, einen hohen Preis zu zahlen hat. Ebenso wie die Vereinigten Staaten, die unter der Führung von Präsident George W. Bush den Terrorismus bekämpfen, so werden wir mit allen Mitteln, die uns zur Verfügung stehen, jenen, die in unseren Reihen den Terror verüben, gegenübertreten …

Dieser Krieg, diese Schlacht wird weder einfach, noch kurz währen, doch wir werden siegreich aus ihr herausgehen. Nicht wir haben diesen Krieg begonnen. Er wurde uns aufgezwungen. Jassir Arafat ist für all dies verantwortlich. Er hat die terroristische Entscheidung getroffen, diplomatische Erfolge durch Mord und Totschlag erreichen zu wollen. Er hat sich damit eindeutig für den Terrorismus entschieden.

Wir sehen nun sein wahres Gesicht. Er ist das größte Hindernis für Frieden und Stabilität im Nahen Osten. Aber uns, die jetzige Regierung wird er nicht täuschen können. Dieses Mal nicht. Die Lage, in die uns Arafat hineinmanövriert hat, wird in erster Linie die anderen treffen. Wir werden die Terroristen und ihre Hintermänner verfolgen. Sie werden den Preis für ihre Attentate bezahlen.«

Anschließend beschloss das Sicherheitskabinett die Vergeltungsmaßnahmen im Westjordanland und Gaza-Streifen weiter zu verschärfen.

Immer wieder gab es Übergriffe der israelischen Armee auf palästinensische Dörfer und Städte. Auch auf Dschenin, wo sie vor allem das Flüchtlingslager zum Ziel hatten. Zeitweise standen sogar bis zu hundert Panzer vor den Toren, bereit, jeden Moment in die Stadt und die umliegenden Wohngebiete einzudringen und alles niederzuwalzen, was sich ihnen in den Weg stellte. Wir hatten uns gewappnet. Wir waren bereit. An den Einfahrten und auf den Hausdächern des Muchajiams standen überall Wachposten. In den Asphalt waren Sprengsätze eingelassen, die wir über Fernzünder zur Detonation bringen konnten. Wir schliefen tagsüber und wachten nachts über das Lager. Und dann ereignete sich das Unvermeidbare ...

Am 1. März 2002 startete Israel eine Militäroffensive unter dem Namen »Farbenprächtige Reise«. In den Flüchtlingslagern von Gaza und Dschenin brach die Hölle los. Mindestens zwanzig Palästinenser kamen dabei ums Leben. Die israelischen Soldaten kämpften sich von Haus zu Haus, indem sie Löcher in die Wände sprengten und unbeteiligte Familien bedrohten. Premierminister Ariel Sharon sagte, die Offensive beweise, dass »kein Ziel außer Reichweite der Armee ist«. Die Tage darauf flogen israelische F16-Kampfflugzeuge und Apache-Hubschrauber Angriffe auf Ziele im Westjordanland, darunter auch auf Dschenin.

Eine schaurige Stille lag über dem nächtlichen Muchajiam. Eine bedrohliche Reglosigkeit, die wie ein schweres, in Angstschweiß getränktes Tuch über uns lastete. In jener Nacht war das Lager fast ausgestorben. Viele Familien hatten nach Bekanntgabe der neuen Offensive seitens der israelischen Regierung, die auch Dschenin betraf, die nötigsten Sachen zusammengepackt und sich zu Verwandten und Bekannten begeben. Nur jene, die niemanden hatten, und die bewaffneten Posten waren geblieben. Selbst die Hunde, Katzen und Hühner, die sonst immer im Schutze der Dunkelheit in den Abfallhaufen schlemmten, hatten die Flucht ergriffen. Das Muchajiam war ein gespenstischer Ort.
Wir lagen hinter Sandsäcken, Mauern, Hindernissen,

auf Hausdächern, und hatten unsere Waffen im Anschlag. Zwei, vielleicht auch drei Kilometer Luftlinie entfernt warteten die israelischen Panzer und Militärfahrzeuge auf ihren Einsatzbefehl. Darin saßen junge, wehrpflichtige Israelis, die vor Angst schlotterten. Sie hatten Angst um ihr Leben, war doch das Flüchtlingslager von Dschenin bekannt für seinen massiven Widerstand. Sie konnten nach ihren Einsätzen in ihr normales Leben zurückkehren, ein Leben am Strand von Tel Aviv, in den Cafés der Uferpromenaden, den Einkaufsstraßen Jerusalems. Wir jedoch hatten nur dieses Leben, ein Leben unter der israelischen Besatzung, die uns jeden Tag aufs Neue mit Willkür und Gewalt konfrontierte. Wir hatten nichts zu verlieren. Nur dieses Leben. Ich hatte mich vergewissert, ob die Bewohner jenes Hauses, auf dem ich mich nun befand, sich nicht in ihren vier Wänden aufhielten. Auch sie waren vor dem bevorstehenden Kampf geflohen. Unter mir lag eine der breiteren Straßen, die weiter in das Herz des Muchajiams führten. Nur über diese konnten sie mit den Panzern und Fahrzeugen einfallen. Rundherum hielten sich die bewaffneten, jungen Männer des Lagers auf. Ob auf den Dächern oder in den Gassen. Es würde ein harter Kampf werden, denn die Israelis hatten schweres Kriegsgerät mitgebracht und es war darüber hinaus davon auszugehen, dass sie auch aus der Luft angreifen würden.

Etwas durchquerte den Himmel. Ein orangefarbener Schweif, wie von einem Kometen. Er flog über das Firmament von Nord nach Süd. Ich schaute zu ihm hoch. Auch andere, die sich in meiner Nähe befanden, sperrten hingerissen ihre Münder auf. Ich verfolgte seinen Bogen von einem Ende unseres kleinen Himmels zum anderen und dachte mir, was dies doch für ein schöner Anblick sei. Einen Augenblick lang vergaß ich, wo ich war und was ich hier machte. Im Dunkel dieser Nacht schenkte uns ein reisender Stern etwas Licht und erfüllte unsere

Herzen mit Hoffnung. Ein Geschenk, ein Zeichen des Himmels? Ich bestaunte ihn, wie er sank und allmählich auf das Gebäude mit dem Stromgenerator niederging. Der Stromgenerator? Ya Allah! Oh Gott! Und im selben Moment, in dem ich begriff, dass dies eine Rakete war, zerriss ein gigantischer, ohrenbetäubender Knall die Stille des Muchajiams. Der Stromgenerator löste sich mitsamt dem Gebäude, in dem er sich befand, in einen Fächer hellleuchtender Flammen, in alle Richtungen sprühender Funken und dunklen Rauchs auf. Ein Musalah, der darauf gelegen hatte, wirbelte hoch in die Lüfte und wurde sodann von der Dunkelheit verschluckt. Dann brach das Inferno los, begleitet von den Schreien der zurückgebliebenen Anwohner und den Rufen der Musalahin.

Die Hubschrauber hatten sich hinter den Hügeln südlich des Lagers versteckt. Doch jetzt stiegen sie hoch und ließen Raketen auf uns niederhageln. Sie bombten den Panzern und Fahrzeugen der Soldaten den Weg frei. Ein unbeschreiblicher Höllenlärm erfüllte die Umgebung. Plötzlich sah das Lager wie ein Vulkan aus, der aus seinem tiefen Schlummer erwacht war und glühende Lava spie. Wir schossen aus den Fenstern und von den Terrassen und Dächern der Häuser. Wir schossen aus den Gräben und Löchern in den Straßen, die die Raketen der letzten Angriffe hinterlassen hatten. Wir schossen uns die Wut von der Seele. Granaten trafen Wohnhäuser. Maschinengewehre durchsiebten deren Wände. Panzer rissen Straßen auf und Mauern ein. Soldaten wollten Gebäude durchkämmen. Wir versuchten sie daran zu hindern. Sie trauten sich nicht aus den schützenden Panzern auszusteigen. Und dennoch trieb die Angst die wenigen Zurückgebliebenen auf die Straßen hinaus. Wie Tiere, die aus ihren brennenden Nestern fliehen, liefen sie umher auf der Suche nach einer möglichen Rettung. Auf der

Suche nach einem Ort, der ihnen Schutz gewähren könnte. Sa'idni, hilf mir, sa'idni. Frauen, Kinder, Familienväter, die voller Entsetzen nach Hilfe schrien, ziellos umherrannten und in der nächsten Gasse verschwanden. Ya Allah, oh Gott, ya Allah! In ihr Jammern, in ihr Flehen, in ihr Klagen mischte sich der Ruf eines Musalah, der auf dem Dach des Nachbarhauses gelegen hatte und nun hinunter auf die Straße lief. Er deutete mir, ihm zu folgen. Entlang der Begrenzungsmauer des Daches robbte ich zum Treppenhaus, stieg hinab und stieß zu ihm auf die Straße. Von den Seiten her schießende Panzer. Über uns schießende Hubschrauber. Der Lärm des Geknatters von Maschinengewehren aus allen Himmelsrichtungen. Wir fanden Schutz hinter aufgestapelten Sandsäcken. Ich sollte ihm Rückendeckung geben, da er auf die andere Seite der Straße wollte, denn dort war in einem Hauseingang eine junge, nach Hilfe rufende Frau in das Kreuzfeuer der Soldaten und Musalahin geraten. Ich legte mich auf den Boden, um weiter über die schützenden Sandsäcke hinauszukommen. Ich schoss in jene Richtung, in der ich das Maschinengewehrfeuer vermutete. Die Antwort war zunehmendes Geknatter, das mich rasch wieder hinter die Sandsäcke zurückrollen ließ. Ich hatte etwas berührt. Ein kaltes Bündel. Weich und kalt. Ich ertastete es, zog es in das Licht. Es war ein kleiner erstarrter Körper. Geschlossene Augenlider, die rechte über die linke Hand auf die Brust gelegt und die Beinchen kerzengerade ausgestreckt. Der Körper eines kleinen, toten Jungen, der wahrscheinlich durch eine Druckwelle oder Detonation gestorben war. Denn an seinem Körper waren keine Verletzungen oder Blutspuren zu erkennen. Ich spürte, wie sich mir langsam der Magen umdrehte. Ein stechender Schmerz in meiner Brust. Der kleine Junge, der hier tot vor mir lag, war der jüngste Sohn von Abu Hischam, einem Freund meines Vaters. Um mich herum tobte der

Krieg, doch nahm ich diesen Höllenlärm nicht mehr war. Ich hatte ihn ausgeblendet. Der Anblick des kleinen Jungen erfüllte mich mit unendlicher Traurigkeit. Ich hatte fast schon das Bedürfnis zu weinen. Am liebsten wäre ich auf die Straße gestürmt, um mir jeden einzelnen dieser jüdischen Hurensöhne vorzunehmen. Aber sie saßen sicher in ihren Panzern, trauten sich nicht auf die Straßen und in die Gassen. Ich hob ihn auf und brachte ihn an einen sicheren Ort. Dort verweilte ich eine Weile über ihm hockend und sprach eine Sure aus dem Koran. Dann bedeckte ich ihn mit einem leeren Mehlsack.

Die folgenden Tage dauerten die Kämpfe an. Während der ganzen Zeit hatte ich keine Möglichkeit, den toten Jungen einer Ambulanz zu übergeben. Selbst das Palästinensische Rote Kreuz wurde von den Israelis bombardiert. Einer ihrer Wagen fing Feuer. Die drei Insassen waren auf der Stelle tot. Die Soldaten hatten das Muchajiam gestürmt, waren mit aller Brutalität in die Häuser eingedrungen und schossen wahllos um sich. Aber weder hatten sie uns bezwingen, noch das Flüchtlingslager unter ihre Kontrolle bringen können. Sie zogen unverrichteter Dinge wieder ab, hatten sie doch die Absicht gehabt die von Israel Gesuchten zu liquidieren. Wir sind uns alle sicher, dass sie wieder zurückkehren werden. Denn vor Dschenin halten die Panzer noch immer die Stellung. Ganz gewiss werden wir eine neue Offensive zu erwarten haben. Nur wird sie diesmal sicherlich weit zerstörerischere Ausmaße annehmen ...

Es ist also erst drei Wochen her, dass ich den endgültigen Entschluss gefasste habe, eine Amalijeh Istischhadijieh *(eine Märtyreroperation)* zu begehen. Die Gründe dazu, mein Freund, sind in diesem Leben, das wir hier führen, zu finden. Es gibt Dinge, es gibt Ereignisse, die einen nachhaltig prägen. Ich habe dir nicht meine gesamte Lebensgeschichte erzählt. Ich habe sie auf jene Momente komprimiert, die ein Bild von unserer Wirklichkeit vermitteln. Weder haben wir einen Staat noch eine staatliche Institution, die unsere Rechte schützen könnte. Wir haben nichts. Weder Fahrzeuge noch Panzer, geschweige denn Flugzeuge, mit denen wir einen Krieg gegen die israelische Armee und für einen souveränen palästinensischen Staat führen könnten. Wir haben nur unsere Körper. Sie sind unsere einzigen Waffen.

Nach diesem Kampf im Muchajiam war ich müde, sehr müde. Doch schlimmer als die Müdigkeit war der Gedanke an den toten Jungen, der da gelegen hatte wie auf einer Bahre. Ein Bild, das nicht weichen wollte. Ein Bild, das mir auch die anderen Toten jener Nacht vor Augen führte. Wieder und immer wieder. Mich überkam ein Gefühl der Ohnmacht. Sollte ich etwa im Muchajiam auf meinen sicheren Tod warten? Sollte ich warten, bis sie in das Haus meines Vaters eindrangen und mich – umgeben von meinen heimischen vier Wänden – erschießen würden? Auch mich wollten sie inzwischen haben, auch ich war Gesuchter. Aber was würde ich mit meinem Gewehr ausrichten können. Nichts! Gar nichts!

Betrachtete ich die vergangenen Jahre, betrachten wir die erste Intifada und das Palästinenser-Ausrottungs-Oslo-Abkommen, fiel mir auf, dass während die Menschen hier tagtäglich starben, das Leben in Israel wie gewohnt weiterging. Die Israelis standen jeden Morgen auf und gingen zur Arbeit und brachten ihre Kinder ganz normal zur Schule. Sie besuchten Restaurants, Cafés und Theater. Was jenseits der Grünen Linie geschah, hatte schlichtweg nichts mit ihnen zu tun. Es war, als seien die Ehemänner, Väter und Söhne, die uns verstümmelten, verwundeten und töteten, Söldner aus einem fernen Land. Doch seit es die Selbstmordattentate der Hamas, des

Dschihad und der Al-Aqsa-Brigaden gibt, wissen sie, dass hier ein Volk, dem sie alles genommen haben, um seine Freiheit kämpft. Und dass wir entschlossen sind, bis zum Äußersten zu gehen. Dieselbe Angst, die unsere Mütter um ihre Kinder und Männer haben, dieselbe Angst herrscht nun auch bei ihnen.

Ich nahm mein Gewehr, suchte Mahmud auf und teilte ihm mit, dass ich Jamal sprechen wollte. Er hatte sich seit den Tagen, als die Israelis in das Muchajiam eingedrungen war, nicht mehr blicken lassen. Wir gingen zusammen durch die Gassen. Die asphaltierten Hauptstraßen waren von den Panzern aufgerissen worden. Die Raketen der Hubschrauber hatten riesige Löcher im Boden hinterlassen. Die Wände vieler Häuser waren übersät von Einschusslöchern. Manche hatten sie mit ihrem Kriegsgerät zum Einsturz gebracht. Fahrzeuge, die sich den Panzern in den Weg gestellt hatten, wurden einfach unter ihrer schweren Last zermalmt oder in Brand gesetzt. Der Anblick der Zerstörung ließ die Hölle dieser Tage erahnen.

Als wir an dem Haus, in dem sich Jamal aufhielt, ankamen, bat ich Mahmud draußen zu warten. Ich sagte ihm, dass wir etwas Vertrauliches zu besprechen hätten. Ich klopfte an die massive Stahltür. Eine Stimme fragte, wer ich sei. Ich sagte ihm meinen Namen. Dann öffnete sich die Tür. Einer von Jamals Leibwächtern ließ mich hinein. Ich teilte ihm mit, dass ich Jamal das Gewehr zurückbringen wollte, da es ohnehin nur eine Leihgabe gewesen war. Er brachte mich in einen Raum im zweiten Stock des Hauses. Dort saß Jamal mit Taoualbeh und Ali, einem Angehörigen der Hamas. Als er mich erblickte, forderte er mich auf, mich zu ihnen zu setzen und ein Glas Tee mit ihnen zu trinken. Ich nahm seine freundliche Einladung an. Als sich die Tür geöffnet hatte, war ihr Gespräch verstummt. Wahrscheinlich bereiteten sie neue Operationen in Israel vor. Ich weiß es nicht. Jamal fragte, was ich auf dem Herzen hätte. Ich sagte ihm, dass ich ihn unter vier Augen sprechen wollte. Jamal lächelte. »Du kannst offen reden. Wir sind unter uns. Nicht ein Wort von dem, was in diesem Raum gesagt wird, dringt nach draußen und es erreicht keine Ohren, für die es nicht bestimmt ist!« Dankend gab ich ihm das Gewehr zurück. Alle drei blickten mich fragend an. Sicherlich vermuteten sie bereits, was hinter dieser Geste steckte. Nur waren sie sich nicht ganz sicher. Sodann teilte ich ihnen entschlossen mit, dass ich bereit sei: Ich würde zur Verfügung stehen. Jamal nickte. Taoualbeh nickte. Und obwohl Ali der Hamas angehörte, nickte auch er. Stille senkte sich über den Raum. Kurz darauf sagte Jamal, dass sie sich bei mir melden würden. Ich nippte kurz an dem Teeglas und verabschiedete mich. Den restlichen Tag verbrachte ich überwiegend in der Moschee.

Im Westjordanland und im Gaza-Streifen gibt es verschiedene Organisationen, auf deren Rechnung die Attentate in den israelischen Städten gehen. Es handelt sich hierbei um die Al-Aqsa-Brigaden, die Tansim-Milizen, beides militärisch orientierte Abspaltungen der von Jassir Arafat geführten Fatah, die Hamas und den Dschihad Al Islami. Bei der Anzahl und den schrecklichen Folgen der Attentate tun sich besonders Dschihad und Hamas hervor.

Der Dschihad Al Islami entstand vor über zwei Jahrzehnten und definiert sich über den im Koran erwähnten Heiligen Krieg (Dschihad). Dabei handelt es sich um den Kampf gegen jene, die sich an Heim und Boden der gläubigen Muslime vergriffen haben und gegen jene, die Unrecht begehen. Hier beruft man sich insbesondere auf die zweite Sure des Koran: »Und kämpft auf dem Weg Allahs gegen diejenigen, die gegen euch kämpfen, doch übertretet nicht. Wahrlich, Allah liebt nicht diejenigen, die übertreten. Und tötet sie, wo immer ihr auf sie* *stoßt, und vertreibt sie, von wo sie euch vertrieben haben ... Und kämpft nicht gegen sie bei der heiligen Moschee, bis sie dort gegen euch kämpfen ... Wenn sie aber aufhören, so ist Allah Allverzeihend, Barmherzig ... Wenn sie aber aufhören, so soll es keine Gewalttätigkeit mehr geben, außer gegen diejenigen, die Unrecht tun« (Vers 189–193). Dagegen impliziert nach Auffassung verschiedener islamischer Rechtgelehrter ein Dschihad nicht notwendigerweise einen Aufruf zum Krieg. Vielmehr sollen die Gläubigen den Dschihad sowohl mit dem Herzen gegen sich selbst, mit der Zunge und der Hand zur Überzeugung und als Beispiel für andere, sowie mit dem Schwert führen.*

Als Gründer des Dschihad Al Islami gilt Fathi Shkaki, der in Kairo Medizin studierte und anschließend in einem Jerusalemer Krankenhaus arbeitete. Er hatte viele Monate in israelischen Gefängnissen verbracht, aber auch von dort aus die Fäden der Organisation in seinen Händen behalten. 1988 bekannte er sich zu einem glühender Anhänger der iranischen Revolution, wurde kurz darauf von Israel in den Libanon deportiert und ging dann von dort aus nach Damaskus. Auch im syrischen Exil dirigierte er mit einem ausgeklügelten Netz von Kurieren die Zellen seiner Organisation in den von Israel besetzten Gebieten. Im Oktober 1995 wurde er auf der Insel Malta erschossen. Man vermutet den israelischen Geheimdienst dahinter. Eine Reihe blutiger Anschläge und Selbstmordattentate, besonders nach der Osloer Prinzipienerklärung im Jahr 1993, wurde dem Dschihad Al Islami angelastet. Zu diesem Zeitpunkt sagte Fathi Shkaki in einem Interview, dass nur dann wirklicher Frieden in den Nahen Osten einkehren würde, wenn der Staat Israel von der Landkarte verschwinde. Heute hingegen sehen es führende Köpfe des Dschihad anders. Erklärtes Ziel ist ein souveräner Staat Palästina in den 1967 von Israel besetzten Gebieten. Nur dann könne man einen Frieden und ein Ende der Selbstmordattentate erwarten.

Im Hinblick auf die Selbstmordattentate ist die Hamas weit gefährlicher. Ihre heutige Struktur entstand während der Intifada Al Kubra in den Jahren 1987–1993. Das Wort Hamas steht als Abkürzung für »Harakat Al Mukaouama Al Islamijah« und bedeutet übersetzt »Bewegung des Islamischen Widerstandes«. Verantwortlich für die Selbstmordanschläge ist ihr militärischer Arm »Ezzedin El Kassam«, benannt nach einem arabischen Scheich, der 1935 im Kampf gegen die britische Mandatsmacht getötet wurde. Ihre Hochburg hat die Hamas im Gaza-Streifen, zugleich Heimat und Wohnort ihres Gründers und geistigen Führers Scheich Ahmad Yassin, der 1936 in einem Fischerdorf bei Ashkelon zur Welt kam und im Krieg von 1948 vor den Israelis in den Gaza-Streifen flüchtete. Dort wuchs er auf und engagierte sich nach dem Junikrieg im Jahre 1967 in der Moslembruderschaft. Zum bewaffneten Kampf gegen Israel entschied er sich allerdings erst 1984, woraufhin er zum ersten Mal von den Israelis verhaftet und zu dreizehn Jahren Freiheitsstrafe verurteilt wurde. Doch schon ein Jahr später kam er aufgrund eines Gefangenenaustauschs wieder frei. Nach Ausbruch der Intifada wurde er erneut von den israelischen Behörden inhaftiert. Dieses Mal dauerte es acht Jahre, bis man ihn auf jordanischen Druck hin aus der Haft entließ. Der damalige König Hussein hatte Yassins Freilassung gefordert, nachdem zwei mit falschen kanadischen Pässen ausgestattete israelische Agenten des Mossad, deren Versuch, den Hamas-Führer Khaled Mechaal zu ermorden, misslang, von den jordanischen Behörden festgenommen worden waren. Wieder kam er aufgrund eines Gefangenenaustauschs frei. Scheich Yassin wird als der geistige Führer der Hamas bezeichnet, der jede direkte Beteiligung an den Selbstmordattentaten leugnet. Wer, wo und wann zuschlägt, das erledigen tatsächlich die Kassam-Brigaden. Die Hamas fördert im Westjordanland und Gaza-Streifen eine Vielzahl an sozialen Projekten und sichert sich damit ihren Rückhalt in der Bevölkerung. Im Vergleich zum Dschihad Al Islami, wäre Scheich Yassin und die Hamas höchstens zu einer »Hudna« bereit, einem Waffenstillstand.

Doch dafür müsste sich Israel vollkommen aus den 1967 be-
setzten Gebieten zurückziehen, die Siedlungen völlig auflösen
und die Souveränität über Jerusalem mit den Palästinensern
teilen. Bedingungen, die für Israel schlichtweg inakzeptabel
sind.

Was die Planung und Ausführung der Attentate anbelangt,
gibt es zwischen dem Dschihad Al Islami und der Hamas deut-
liche Unterschiede. Bei der Hamas dürfen die angehenden
Attentäter weder die ältesten Söhne sein, noch darf ein Mit-
glied der Familie von den Israelis umgebracht worden sein. Da
es in den Palästinensergebieten keine soziale Absicherung gibt,
möchte man damit vorbeugen, dass den Eltern die Altersver-
sorgung entzogen wird. Ferner sollte die Tat aus Überzeugung
begangen werden und nicht von Rachegelüsten motiviert sein.

Die freiwilligen Anwärter oder Rekruten der Hamas müssen
ein regelrechtes Training durchlaufen. Sie werden sowohl in
Glaubensfragen wie auch in Selbstbeherrschung und Nah-
kampf geschult. Die Vorbereitung erfolgt unter höchster Ge-
heimhaltung. Nach Ausführung der Tat zahlt die Hamas den
Familienangehörigen eine Rente von 1000 US$, übernimmt
die Kosten für die Schulbildung der Kinder und stellt Nah-
rungsmittel zur Verfügung.

Man sagt, dass man ein Attentat der Hamas und des Dschi-
had Al Islami anhand der Opferzahlen unterscheiden kann.
Ein erschreckender Umstand, der aber Tatsache ist. Denn die
Hamas bereitet ihre Anschläge akribisch genau vor. In der Pla-
nungsphase werden Zeitpunkt und Ort in der Weise bestimmt,
dass die bevorstehende Tat möglichst viele Opfer fordert.
Außerdem bleiben die meisten Attentäter bis zur Vollendung
ihrer Mission unerkannt, da viele Hebräisch sprechen und in
Kleidung und Verhalten nicht von Israelis zu unterscheiden
sind.

Der Dschihad Al Islami hingegen legt nicht diese »Akribie«
an den Tag. Es ist der Oranisation egal, wer sich zu einem
Attentat meldet oder hierzu rekrutiert wird. Meist schickt man

die jungen Männer, manchmal sogar auch Frauen, nach einigen kleinen Prüfungen mit einem mit Sprengstoff und Nägeln gefüllten Rucksack oder einem um die Hüften geschnallten, mit TNT angereicherten Gürtel einfach los. Begleitet werden sie oftmals von einer Person, die als einzige den Bestimmungsort kennt. Doch auch vom Dschihad Al Islami erhalten die Familienangehörigen eine Rente.

Einen Abend später waren verschiede Shabab und ich zusammen im Muchajiam unterwegs. An diesem Tag waren die Temperaturen für diese Jahreszeit ungewöhnlich hoch. Die Bewohner des Lagers waren auf den Beinen und genossen die kühle Brise der späten Stunde. So viel Leben hatte man hier auf der Straße seit langem nicht mehr gesehen. Selbst Abu Kasem hatte seinen Laden noch geöffnet. Ich ging hinein und kaufte eine Tüte gerösteter Kürbiskerne. Dann gesellte ich mich wieder zu den Shabab. Ijad, einer der Leibwächter Jamals, war hinzugekommen. Ein mittelgroßer Mann, der einen Vollbart trug und dessen Augen eine gewisse Verschlagenheit ausstrahlten. Ich wusste nicht so recht, was ich von ihm halten sollte. Irgendwie war ich misstrauisch. Aber vielleicht lag es auch nur daran, dass er den Märtyrertod ansprach und immer wieder einige Fragen direkt an mich gestellt hatte. Langsam kam ich zu der Überzeugung, Jamal habe ihn losgeschickt, um meine Standhaftigkeit zu testen, und damit meine Überzeugung zu meiner bevorstehenden Tat auch wirklich unter Beweis zu stellen. Einige der Shabab waren dem Thema gegenüber ziemlich verhalten. Ich hingegen sagte Ijad, dass ich diese Attentate deshalb guthieße, weil die Israelis Sicherheit durch militärische Stärke erreichen wollten. Doch solange es die Selbstmordattentate gäbe, würden sie keine Sicherheit erlangen und begreifen müssen, dass es diese nur unter der Bedingung eines souveränen palästinensischen Staates in den

Grenzen der 1967 besetzten Gebiete geben könne. Ich bekundete meine Überzeugung der Richtigkeit und der Legitimität dieses Kampfes. Denn auch sie töten Frauen und Kinder! Auch sie töten unschuldige Zivilisten! Ich hielt inne. Ich durfte den anderen nicht den Eindruck vermitteln, Ijad Frage und Antwort zu stehen. Ansonsten hätte man leicht vermuten können, zu welchem Entschluss ich gelangt war. Ich sagte nun nichts mehr. Es wurden noch einige Worte gewechselt, dann verschwand Ijad wieder.

Die Tage vergingen. Ich betete viel, las im Koran und begab mich abends immer in die Moschee. Über Jahre war ich meinen religiösen Pflichten nicht wirklich nachgekommen. Jetzt aber, da ich kurz davor stand, meinem Schöpfer, Allahu Subhana ua Ta'ala, gegenüberzutreten, verspürte ich den Drang, Versäumtes, so gut es ging, nachzuholen. Allahu rahim! Gott ist gnädig! Und je mehr ich mich in mich selbst, in meinen Glauben und in meine Religion vertiefte, desto spürbarer war die innere Ruhe, die in mir aufstieg. Nicht der leiseste Zweifel durchzog meine Gedanken. Es schien mir zuweilen wie das Erlebnis, das ich während meiner Zeit in Al-Far'a in der schwarzen Gefängnisbox gehabt hatte. Dieses strahlende Licht. Ich hatte geglaubt, von einer Sintflut von Licht umgeben zu sein. Warmes, sanftes Sonnenlicht, das meinen Körper umspült hatte. Die Ängste und die Schmerzen schienen davon gesegnet worden zu sein. Die Wunden, ob innen oder außen, hatten sich geschlossen. Ganz sicher waren es jene Dimensionen, die sich hinter dem Horizont der Dunkelheit verbergen. Es ist die Ewigkeit. Das Paradies. Ich hatte den Weg Allahs beschritten!

Jamal hatte mir über Mahmud ausrichten lassen, dass er mich sprechen müsse. Wir trafen uns an einem abgelegenen Platz am Rande des Muchajiams. Nur er und ich. Dann teilte er mir mit, dass ich eine kleine Prüfung absolvieren müsse. Davon hinge ab, ob ich für solch ein Unternehmen in Betracht käme. »Wir werden dir eine Granate geben, die du an einem Kontrollpunkt der israelischen Armee außerhalb der Stadt vorbeischmuggeln musst. Ijad wird dich begleiten!« Es war mir klar, dass Jamal mit diesem Test prüfen wollte, ob ich in solch einer Situation die Nerven behielt. Ich sagte ihm, dass ich jederzeit bereit sei. Dennoch überraschte es mich ein wenig, als er im nächsten Augenblick eine gesicherte Handgranate aus der Tasche zog und sie mir in die Hand drückte. »Geh in die Innenstadt nach Dschenin. Ijad erwartet dich dort am Taxistand beim Busbahnhof. Er fährt einen blauen Subaru!« Ich steckte die Handgranate in die Hosentasche und machte mich sogleich auf den Weg. Der plötzliche Überfall war beabsichtigt gewesen. Denn in derselben Art und Weise würde ich meinen Einsatzbefehl erhalten. Man würde mir einen Treffpunkt ausrichten lassen, an dem ich Minuten später erscheinen müsste. Dort würde ich die Bombe und weitere Instruktionen erhalten.

Bei dieser Prüfung gab es jedoch eine Ungereimtheit. Wie sollte ich mit Ijad durch einen Kontrollpunkt hindurchkommen? Wir hatten zwei Möglichkeiten: entweder sie meinten es ernst und wir würden Gefahr laufen erwischt und verhaftet zu werden oder es handelte sich dabei lediglich um einen Bluff, der nur dazu diente die Strapazierfähigkeit meiner Nerven zu testen. Ich sollte es noch früh genug erfahren.

Wenig später stieg ich in den blauen Wagen, hinter dessen Steuer Ijad bereits wartete. Wir fuhren los, Richtung Nablus. Ijad war an diesem Tag ziemlich wortkarg. Bis auf ein Salamu Aleikum und einige bedeutungslose Kommentare, war von ihm nichts zu vernehmen. Auf halber Strecke zwischen Dschenin und Nablus bogen wir Richtung Toubas ab. Ich wusste nun, wo er hin wollte. Er hatte es auf den Kontrollpunkt in der Gegend von Al-

Hamra abgesehen. Es gab keine Möglichkeit, diesen zu umfahren. Ich blieb ruhig. Dort, wo ich die Granate eingesteckt hatte, wies die Hose eine große Beule auf. Nur ein zufälliger Blick eines Soldaten in den Wagen auf meine Hose und er würde mich auf der Stelle erschießen. Als wir an besagtem Kontrollpunkt ankamen, reihten wir uns in eine riesige Schlange von Fahrzeugen ein. Die Soldaten ließen die Autos und Transporter warten. Sie vertrieben sich die Zeit mit Spielchen oder plauderten und wenn sie Lust und Laune verspürten, kontrollierten sie die Ausweise und Passierscheine der Leute und durchsuchten sie, bevor sie einen Wagen durchließen. Wir warteten. Die Zeit verging und es war heiß. Der Schweiß rann mir den Nacken herunter und perlte sich auf meiner Stirn. Es war beruhigend zu sehen, dass es Ijad genauso erging. So konnte er mir nicht vorwerfen, dass es sich um Angstschweiß handelte. Denn ich war die Ruhe und Gelassenheit in Person. Ijad schwieg noch immer. Ich lehnte meinen Kopf an die Fensterscheibe und betrachtete die umliegenden Orangenbäume. Der süßliche Duft der Orangenblüten durchströmte den Wagen. Ich hatte bisher nur selten die Gelegenheit gehabt, bis hierher vorzudringen. Ich sog den Duft in mich ein. Die Zeit verging. Jede Viertelstunde ließen sie ein Fahrzeug durch. Und je näher wir an die Absperrung kamen, umso mehr glaubte ich, dass er es ernst meinte, wirklich an dem vor uns liegenden Kontrollpunkt vorbei zu wollen. Nun gut, dachte ich mir, wenn er es darauf anlegt, an mir soll es nicht liegen. Es vergingen zwei Stunden des Wartens. Kein Anzeichen der Nervosität, der Unruhe. Weder bei ihm, noch bei mir. Ich ertastete die Granate. Sie war warm geworden. Konnte sie womöglich bei dieser Hitze von selber losgehen?

Plötzlich startete Ijad den Motor und scherte aus der Schlange aus. Vor uns waren nur noch vier Fahrzeuge bis zur Absperrung. Er drehte um. Dann fuhren wir wieder nach Dschenin zurück. Es war doch ein Bluff. Insgeheim hatte ich es mir gedacht. Er brachte mich in das Muchajiam zu Jamal. Ijad berichtete ihm. Dann trat Jamal auf mich zu und beglückwünschte mich.»Halte dich bereit! Wir werden uns bei dir melden!«

Seit jenem Tag halte ich mich nun zur Verfügung. Ich warte. Ich warte darauf, von Taoualbeh eine Bombe zu bekommen, sie mir umzuschnallen, um nach Israel zu meinem Einsatzort zu fahren und dort den Auslöser zu drücken. Es gibt kein Zurück. Niemand will zurück. Weder zu Oslo noch zu Camp David. Weder zu dem Kriegsprozess noch zu dem Hartgummigeschossabkommen. Diesmal werden wir bis zum Ende kämpfen. Denn wir haben schon genug Opfer gebracht. Und dennoch sind wir nicht befreit. Wir leben immer noch unter der Besatzung, haben immer noch keinen unabhängigen Staat und sind einer Apartheidspolitik unterworfen, welche die Zustimmung der Welt genießt.

Wie viele Generationen von Müttern müssen noch trauern, bevor die Welt begreift, dass die Besatzung nicht ewig andauern kann?

Ich bin 29 Jahre alt und würde dieses Jahr 30 werden. Aber ob ich meinen Geburtstag noch erlebe, weiß ich nicht. Denn ich habe den Entschluss gefasst zu sterben – für mich, für meine Familie, für die Freiheit, für Palästina.

Aber dort, wo das Leben erlischt, liegt nicht das Ende. Nein, mein Freund, dort liegt der Anfang eines Tunnels, an dessen Ausgang das Licht der Hoffnung erstrahlt. Vielleicht ist es die Hoffnung auf ein besseres Leben? Ich habe keine Angst vor dem Tod. Fast jeder, den du hier fragst, hat keine Angst vor dem Tod. Denn wir unterscheiden uns von Juden und Christen insofern, dass wir das Leben nicht in dem Maße lieben, wie sie es tun. Das Leben ist nur eine vorbereitende Prüfung auf jenes, was dich danach erwartet. Ein Meilenstein, den du auf dem Weg in Al-Janeh, in das Paradies zurücklegen musst. So oder so! Gleich dem Leben ist auch der Tod ein Geschenk …

Wenige Tage später reiste ich ab. Said hatte Recht behalten. Sie kamen zurück. Am Abend des 2. April 2002 rückte die israelische Armee mit starken Truppenverbänden und schwerem Kriegsgerät in Dschenin und in das Flüchtlingslager ein. Selbst Planierraupen hatten sie mitgebracht. Said kam nicht mehr zu seinem Einsatz. Er starb in dem Kugel- und Raketenhagel der israelischen Armee.

Andrian Kreye

Berichte aus der Kampfzone

Freiheit, Frieden und Wohlstand sollte die Globalisierung
den Menschen bringen. Andrian Kreye hat nachgesehen,
was in dieser globalisierten Welt wirklich passiert.
Er fand Menschen, für die all diese Versprechungen nur
hohle Phrasen bleiben: Im Senegal erlebte er, wie Lynch-
mobs im hysterischen Aberglauben vermeintliche »Penis-
schrumpfer« steinigen, und er traf junge Palästinenser, die
davon träumen, sich zu einem Selbstmordattentat für Allah
zu opfern.

In den neunzehn Geschichten dieses Buches erzählt Andrian
Kreye von Menschen, die sich auflehnen gegen eine Welt,
die nicht nach Gerechtigkeit fragt, sondern regiert wird von
archaischen Gefühlen: von Angst, Wut und Gier.

DROEMER